D1748014

Der Engländer
Eine wahre Geschichte

Wolfgang Böhme

DER ENGLÄNDER

Eine wahre Geschichte

Konrad Reich Verlag Rostock

Bibliografische Information Der Deutschen Bibliothek
Die Deutsche Bibliothek verzeichnet diese Publikation in der Deutschen Nationalbibliografie; detaillierte bibliografische Daten sind im Internet über http://dnb.ddb.de abrufbar

© 2003 by Konrad Reich Verlag GmbH Rostock
Käppen-Pött-Weg 6 · 18055 Rostock · Telefon 0381-693020 · Fax 0381-693021
www.konradreichverlag.de
1. Auflage 2003
Alle Rechte vorbehalten
Schutzumschlag und Einbandgestaltung: Peter Bauer
Lektorat: Dr. Katrin Pieper
Satz und Layout: bs
Gesamtherstellung: AALEXX – Das Buch Druck Haus, Großburgwedel
ISBN 3-86167-119-0

Für Martina, Daisy und Thomas

Geburtstagsüberraschung

Der 5. Mai 1956 ist sein 34. Geburtstag. Morgens klingelt es an der Wohnungstür. Die Frau schläft noch, mit ihr das ungeborene Kind. Ein Wachtmeister der Volkspolizei überbringt eine graue Karte, einen Vordruck. Martin soll sich heute elf Uhr im Volkspolizeipräsidium in der Leipziger Wächterstraße zu einer Befragung einfinden. Er geht hin. Mit gemischten Gefühlen. Der stuckverzierte, gelbe Sandsteinbau gehört zu seinen Kindheitserinnerungen. An diesem imposanten Gebäude ist er an der Hand seiner Mutter Tag für Tag entlanggetippelt, wenn sie dem Vater Essen im Henkelmann auf die Arbeit brachten. Die graue Karte betrachtet er unterwegs mehrmals, seine Hand zittert ein wenig, sein Puls geht etwas schneller. Aber da er sich keiner Schuld bewußt ist, erwacht auch Neugier.

Im Präsidium zeigt er an der Pförtnerloge seine Karte. Der Diensthabende winkt einen Uniformierten heran, der ihn »nach oben« bringt. Sie steigen in dem düsteren Treppenhaus die ausgetretenen Stufen mit dem schmiedeeisernen Geländer bis zum dritten Stock hinauf, landen auf einem Treppenabsatz mit zwei Türen: die rechte führt in einen dunklen Flur, die linke hat ein vergittertes Fenster und ist verschlossen. Rechts befindet sich eine Klingel, links steht eine abgewetzte, hölzerne Bank. An der Tür ein Schild: Untersuchungshaftanstalt. »Nehmen Sie Platz«, sagt der Uniformierte, »es wird gleich jemand kommen.«

Nun ist Martin doch irritiert. Aber zum Nachdenken bleibt keine Zeit. Ein schlanker, junger Mensch in grauer Hose und hellem Blouson eilt die Treppen herauf, zwei Stufen auf einmal, und streckt ihm, außer Atem, freundlich lächelnd die Hand entgegen: »Herbert«, stellt er sich vor, »entschuldige, daß ich dich habe warten lassen.« Die Unsicherheit ist weg, es bleibt die Neugierde.

Herbert zückt ein Schlüsselbund, öffnet die Tür mit dem vergitterten Fenster, sie landen in einem Vorraum, von dem wieder zwei Türen abgehen. Er schließt die linke auf, sie stehen in einem kleinen, nüchternen und spärlich eingerichteten Büro. Herbert setzt sich hinter den Schreibtisch, Martin auf den Besucherstuhl. Ihr Gespräch ist kurz, sachlich, beinahe freundschaftlich, sie benutzen das unter Genossen übliche »Du«. Herbert läßt durchblicken, über Martin Bescheid zu wissen und dessen Begabungen zu schätzen. »Es gibt viel zu tun im Land«, sagt er, »und nicht alles kann die Partei erledigen.« Er spricht von den Bemühungen um Friedenssicherung, um ein einheitliches, demokratisches Deutschland und von Aufgaben, die über die Grenzen des Landes hinausgehen. Dazu braucht man kenntnisreiche, überzeugend auftretende Leute. Davon gibt es nicht viele. Martin aber wäre einer mit seinen vielfältigen privaten und beruflichen Verbindungen in die Bundesrepublik.

Martin schweigt dazu. Was dieser Herbert sagt, ist überzeugend und vor allem schmeichelhaft. Natürlich hat er Verbindungen nach »drüben«, mehr als andere. Der Sport und der Journalismus hatten dafür gesorgt. Nun war man offenbar auf ihn aufmerksam geworden.

»Du sollst dich jetzt nicht entscheiden. Überlege in Ruhe, ob du uns helfen kannst und willst«, hört er Herbert sagen. Martins Befangenheit ist gewichen. Gegenüber den Kollegen von der Leipziger Tagespresse hatte er sich oft genug mit seiner Fachzeitschrift im Abseits gefühlt... Genugtuung, fast ein wenig Stolz breiten sich in ihm aus. Fast ist er geneigt, sofort ja zu sagen. Herbert gibt ihm seine Telefonnummer, nächste Woche soll er anrufen. Auf dem Heimweg fällt Martin ein, daß er nicht gefragt hat, wer eigentlich hinter diesem Herbert steht. Weil er aber keinen Zweifel hat, wird er sich die Frage verkneifen.

Abends gibt es Waldmeisterbowle. Die Geburtstagsgäste reden sich die Köpfe heiß über das Saarland und das bevorstehende Fußballländerspiel DDR – England in Berlin. Martin sitzt neben ihnen, überlegt, ob er wirklich so ein Kerl ist, der Dinge bewerkstelligt wie kein anderer, nicht einmal die Partei. Unmöglich erscheint ihm das nicht. Die Gäste gehen, die Frau verschwindet im Schlafzimmer, Martin sitzt auf der Couch und sieht den frühen Morgen heraufgrauen. Er malt sich eine Zukunft.

Noch ist das nur ein Gedankenspiel. Irgendwann wird daraus ein zweites Leben entstehen.
Dieser 5. Mai 1956 verändert alles.
Wenig nur wird bleiben können, wie es war.

Der Junge soll es einmal besser haben

Sommer 1932. Schulsportfest der Thomasschule auf der Leipziger Radrennbahn. In weißem Hemd und grüner Hose laufen, springen, werfen die Knaben um die Wette. Martin rennt. Er spürt hinter sich den Abstand zum Feld, sieht das Zielband vor sich, wirft die Arme locker in die Luft, pendelt aus, verschenkt Sekunden, ist dennoch Gewinner des 75-Meter-Laufs. Er gewinnt den Dreikampf in seiner Altersgruppe, er ist ein Sieger. Die Mutter beglückwünscht ihn, Frau Colditz, die Mutter eines Klassenkameraden, ist begeistert und lädt Martin in ihre Villa in die Karl-Tauchnitz-Straße ein.

Ganz plötzlich kommt dieser sportlicher Erfolg, aber von nun an wird er jedes Jahr zum Schulfest Klassensieger werden und im Abiturjahr Sieger im schultraditionellen Sechskampf. Dafür erhält er eine Bronzeplakette mit dem Relief seines Konterfeis. Die Familie ist so stolz darauf wie er, der Vater läßt die Trophäe rahmen und hängt sie ins Wohnzimmer.

Die Leichtathletik fesselt ihn, Sprint und Sprung werden seine Domänen. Täglich Pausensport auf dem Schulhof, dreimal in der Woche Schulsport, ihm ist das nicht genug, noch zweimal wöchentlich geht er zum »Kürturnen« auf den Sportplatz oder in die Turnhalle. Seit der dritten Volksschulklasse spielt Martin Fußball bei »TuB«, dem »Verein für Turnen und Bewegungsspiele« in seinem Stadtbezirk Kleinzschocher. Nach der ersten halben Stunde erweist er sich als untauglich fürs Feld. Er wird Torwart. Im Fußballverein trainiert er zusätzlich, ist mit dem Rad ständig unterwegs von einem Sportplatz zum anderen. Er steigt auf von der 7. bis zur 1. Knabenmannschaft, 1934, 1935, 1936 werden sie Leipziger Meister ihrer Altersklasse. Jetzt gibt Martin den

Fußball auf, er spürt, die Bewegungsabläufe auf dem Fußballfeld behindern das leichtathletische Training. Torwart will er dennoch bleiben, Mitglied einer Mannschaft und gleichzeitig ein Einzelgänger. Seit früher Kindheit fasziniert ihn der Schlußmann, der auf seine Chance warten muß, der die Möglichkeit bekommt, Fehler der anderen auszubügeln, der zum Retter eines Spiels werden kann. Ebenso begeistert ist er von der Torwartkluft – es reizt ihn, sich von den anderen abzuheben. Vom Fußball wechselt er zum Handball und zum Turn- und Sportverein (TuSV) »Eintracht 1885«, wird als schneller Linkshänder ein gefürchteter Rechtsaußen, später wieder Torwart, der es genießt, dem Ball entgegenzufliegen, noch in der Luft schwebend den Beifall aufrauschen zu hören. Dafür trainiert er hart. Einen wesentlichen Teil seines Könnens verdankt er nicht dem Trainer, sondern der eigenen »Kopfarbeit«. Die Praxis zeigt, daß sein Körper schneller reagiert, wenn er die Situationen selbst durchdenkt. Auch Faustball spielt er in seinem Verein, sie werden Sachsenmeister in ihrer Altersklasse.

Der Leichtathletik bleibt er dennoch treu. Mit 16 Jahren springt er 6,70 Meter weit, erringt erste überregionale Erfolge. Der Reichstrainer für Weitsprung, Georg Richter, stets auf der Suche nach Talenten, bietet ihm an, bei ihm im feinen »LSC«, dem »Leipziger Sport Club«, zu trainieren. Das Angebot ist verlockend, schließlich machte Trainer Richter den berühmten Luz Long zum Deutschen Meister und Olympiazweiten 1936 hinter Jesse Owens.

Doch für den LSC reicht das Geld nicht. Dreißig Reichsmark Eintritt, monatlich sechs Mark Mitgliedsbeitrag, das kann die Buchhalterfamilie nicht zahlen. Wie auf der Thomasschule, an der Martin eine Freistelle bekam, fände sich eine Lösung: eine Patenschaft. Aber Martin bleibt in seinem alten Verein und wird trotzdem von »Schorsch« Richter im LSC trainiert.

Der Vater, ein fußballbesessener Zuschauer, die Mutter, einst Tennismeisterin des Stadtbezirkes Schleußig, bestärken ihren sportbegeisterten Sohn. Die Großmutter, bessergestellt als Witwe eines »Steueroberinspektors«, zahlt die Extras, die für Gymnasium und Wettkämpfe aufgebracht werden müssen, die grüne Schülermütze mit den zwei silbernen Streifen beispielsweise und drei Reichsmark Taschengeld monatlich. Martin ist ein guter Schüler, lernt leicht, besonders Latein, Griechisch, Englisch und Französisch, wird als einer der besten »Klassenführer«, bleibt es bis zum Abitur. Die liebevolle, jedoch strenge Mutter wacht über die Zensuren. Gern beteiligt sie sich an Mathematik, eine ihrer großen Stärken, lernt mit ihm Latein, das auf der höheren Töchterschule nicht gelehrt wurde. Bei schlechten Noten nimmt sie – in seltenen Fällen – den Rohrstock vom Sekretär, Strafe muß sein. So leid es ihr tun mag, ihre Kinder, das sind Martin und seine Schwester Ruth, sollen es einmal besser haben, und dazu ist Leistung nötig. Ansonsten ist ihre Fürsorge unerschöpflich. Dem Vater werden morgens zwei abgekühlte Tassen Kaffee serviert, damit er kein »gochendes Gelumbe« trinken muß, ihm werden die Schuhe zugebunden, während er Kaffee trinkt und der Hut auf dem Wasserkessel im Küchenherd angewärmt wird. So ausstaffiert, geht er mit Zigarre zu seiner Buchhaltertätigkeit bei der Allianz. Am späten Nachmittag erwarten ihn Frau und Kinder an der Straßenbahnhaltestelle. Die Familie als Keimzelle der Harmonie, ob im Schrebergarten, beim Pfingstausflug oder beim gemeinsamen Abendessen; kein böses Wort, kein politisches Gespräch, kein »seichtes« Vergnügen wie Radio oder Kino ist üblich. Man lebt bescheiden, fleißig, glücklich. Die Mutter erschuftet diese Behaglichkeit, verbirgt das vor Mann und Kindern. Die ausgebildete Kontoristin erstellt nachts die Monatsabrechnungen für mehrere Ärzte. Einige Zeit arbeitet sie heimlich stundenweise bei einem Rechtsanwalt, hat dennoch pünktlich das Frühstück, das Mittagessen, das Abendbrot auf dem Tisch. Daß seine Frau heimlich vormittags ins Büro geht, erfährt der Ehemann nie, ihn hätte verletzt, daß sein Gehalt die Familie nicht ernährt. Im Sommer fährt die Familie an die Ostsee ins Allianz-Heim nach Baabe oder mietet zwei Zimmer und verpflegt sich selbst. Ein einziges Mal geht Martin mit seinem Vater in ein Restaurant. Die Mutter verabscheut solche Lustbarkeiten, sie liebt die Natur und ihren Garten, in dem man gemeinsam den ganzen Sommer lebt. Martin geht zur Klavierstunde, Martin bekommt zur Konfirmation ein Akkordeon, Martin meldet sich freiwillig, um bei den Thomanern im Cantus firmus bei der Matthäus-Passion mitzusingen, die jedes Jahr am Gründonnerstag und Karfreitag in der Thomaskirche stattfindet.

Er gibt jüngeren Schülern Nachhilfeunterricht, um ein wenig eigenes

Geld zu verdienen. Er ist einfach gern überall dabei. Er tut es für sich, aber auch für andere.

Eine fremde Welt eröffnet sich ihm bei seinem Schulfreund Ludolf Colditz, Stammhalter der Firma *Gebrüder Brehmer, Falz- und Heftmaschinen*, einem alteingesessenen Leipziger Familienunternehmen. Eine Straße am Völkerschlachtdenkmal ist nach einem der Urahnen benannt. In der Colditzschen Villa in der Karl-Tauchnitz-Straße gibt es zwei Autos, einen Chauffeur mit eigener Wohnung über den Garagen und einen Stall für die Reitpferde, die von einem Stallknecht gepflegt werden. Der Gärtner bearbeitet den parkähnlichen Garten mit Teich, über den ein Steg führt. Dienstboten betreuen die Familie den ganzen Tag, der mit dem morgendlichen Ausritt durch den König-Albert-Park in die Feuchtwiesen entlang der Pleiße beginnt. Die Familie Colditz gehört zum liberalen Leipziger Bürgertum, das seine Söhne traditionell auf die Thomasschule schickt. Hier lernt Martin auch den Sohn von Oberbürgermeister Carl-Friedrich Goerdeler kennen, der von der deutschen Widerstandsbewegung gegen die nationalsozialistische Herrschaft als zukünftiger Reichskanzler vorgesehen war, dann aber im Februar 1945 in Berlin Plötzensee hingerichtet wird. Davon wissen die Kinder nichts, sie verkehren miteinander, spielen in den Gärten, gehen miteinander zur Tanzstunde, zu Hausbällen. Reinhard Goerdelers Schwester schenkt Martin ein Sportemblem mit dem Leipziger Stadtwappen, stolz läßt er es sich auf sein Turnhemd nähen. Ludolf Colditz und Martin verbindet eine sehr innige Freundschaft, acht Schuljahre lang. Den Arm um die Schulter des Freundes gelegt, gehen sie im vertrauten Schritt, selbst wenn ein Lehrer oder ein Schulkamerad anmerkt, so etwas sei unter Jungen nicht üblich. Die Schulferien verbringen sie gemeinsam in der Nähe von Oschatz auf dem Gut Gaudlitz oder dem Klostergut Sornzig der Familie Colditz. Wenn sie im Winter nicht im ungeheizten Herrenhaus, sondern im langgestreckten Gebäude des Gutsverwalters wohnen, lesen sie nachts Edgar Wallace und gruseln sich auf dem dunklen, langen Gang durch das alte Gemäuer zur Toilette. Sie helfen bei der Ernte, Martin fährt begeistert in der Morgenfrühe mit einem alten Gaul die Milchkannen zum Bahnhof Mügeln. Sie arbeiten gemeinsam in der Colditzschen Fabrik im Leipziger Ortsteil Plagwitz, müssen stanzen, bohren,

Hilfsarbeiten verrichten, haben wenig Spaß daran. Doch das gehört zur gutbürgerlichen Ausbildung wie die Tanzstunde und der Smoking, den Colditzens für Martin bezahlen. Über den beruflichen Werdegang der Jungen gibt es keinen Zweifel: Ludolf wird an der Handelshochschule studieren und später die väterliche Fabrik übernehmen, Martin nimmt an der Universität ein Jurastudium auf, um später Justitiar der Colditzschen Firma zu werden. Zu diesem Zweck führt der gegenwärtige Justitiar des Unternehmens jetzt schon mit Martin ein ausführliches Gespräch, macht ihm den Beruf schmackhaft.

Lange bevor er eine Studienentscheidung trifft, fragt er sich, ob der Sport sein Beruf sein könnte. Aber genau dafür ist ihm der Sport auch wieder zu schade. Auf die ständige Spannung zwischen dem Sport und den anderen Herausforderungen des Lebens kam es ihm gerade doch an. Er beginnt schließlich ein Jurastudium und schreibt sich zusätzlich am Institut für Leibesübungen der Universität Leipzig ein. Als »Akademisch geprüfter Turn- und Sportlehrer« verläßt er 1941 die Hochschule und hat gleichzeitig drei Trimester Jura studiert. Doch vor dem Studium lag der »Reichsarbeitsdienst«, ohne ihn gab es keine Zulassung. Nach achtzehn Monaten Studium ruft die Front. Deutschland begann vor zwei Jahren den Zweiten Weltkrieg. Siebzehn junge Männer bestanden 1940 in seiner Klasse das Abitur an der Leipziger Thomasschule, nur drei überleben diesen Krieg. Auch Ludolf Colditz, der beste Freund, kehrt nicht zurück.

Die Einberufung zur Deutschen Wehrmacht kommt überstürzt. Auf dem Leipziger Augustusplatz war die Ausstellung »Weltfeind Nummer Eins« des Goebbelsschen Propagandaministeriums durch Brandstiftung vernichtet worden. Alle Leipziger gerieten in Verdacht, besonders die Studenten. Während der Semesterferien muß Martin bei der HASAG (Hugo-Schneider-Aktiengesellschaft) Kriegsdienst leisten, sie arbeiten mit polnischen Fremdarbeitern gemeinsam an den Maschinen, pressen die Leuchtspurmunition in 2-cm-Flakgranaten. Die Handpressen stehen in Flachbauten, die an allen Seiten von meterhohen Erdwällen umgeben sind, damit »nichts weiter« passiert, falls die Pulversätze unter den Pressen einmal explodieren sollten. Schadensbegrenzung. Die jungen Leute sind aufmüpfig. Bei einer Betriebsversammlung marschiert der braune Betriebsführer Hugo Schneider durch den Mittelgang, um eine Rede zu halten. Eine schwere Glasplatte löst sich von der Hallendecke, fällt ihm genau auf den Kopf, verletzt ihn erheblich. Hektik breitet sich aus. Abrupt erhalten alle bei der HASAG eingesetzten Studenten ihren Einberufungsbefehl. Martin wird überraschend zur Kriegsmarine eingezogen, und wegen seiner Kurzsichtigkeit landet er nach der Grundausbildung in Belgien und der Fahrschule bei einer Kraftfahrzeugeinsatzabteilung mit Standort Fontainebleau. Er hat Glück. In Frankreich unterschrieb Marschall Pétain 1940 das Waffenstillstandsabkommen.

Deutsche Truppen besetzen die Atlantikküste bis zur spanischen Grenze, Martin kommt als Besatzer in eine befriedete Region. Sie versorgen mit ihren Lastwagen die Marinestützpunkte von Brest bis Biarritz, von St. Nazaire bis Marseille. Spätestens nach vierzehn Tagen in der Etappe beginnt Martin Sportveranstaltungen zu organisieren, dabei wird er von seinen Vorgesetzten wohlwollend unterstützt. In der Nähe von La Rochelle an der Atlantikküste, wo sie lange stationiert sind, baut er mit seiner Einheit einen Sportplatz mit Laufstrecken, Fußballfeld, Sprunggruben und allem auf, was zum zünftigen Wettspielbetrieb gehört. Er läßt an den einzelnen Wettkampfstätten sogar Metallschilder mit den aktuellen Rekorden aufstellen. Der junge Fähnrich der Reserve bekommt eine gediegene kraftfahrzeugtechnische Ausbildung und singt, der Tradition seiner Thomasschule folgend, zeitweise im Marine-Chor mit.

Die Invasion der Alliierten in der Normandie im Juni 1944 setzt dem ein Ende. Am Strand von Dieppe sieht er die ersten Toten. Bei einem Erkundungseinsatz mit dem Krad wird sein linker Fuß mehrmals durchschossen, das bringt ihn zurück nach Deutschland, ins Lazarett. Dort geht der berüchtigte »Heldenklau« um. Alles was »krauchen« kann, kommt an die Front! Sie marschieren nachts mit vollem Gepäck bis zu 30 Kilometer, verstecken sich tagsüber in Scheunen, denn die alliierten Jagdbomber, die gefürchteten »Jabos«, entdecken jeden, der sich bewegt und schießen dazwischen. Ziel der Nachtmärsche sind die Ardennen. Dort soll die Widerstandsfront der Hitler-Wehrmacht aufgebaut werden.

Nach wenigen Etappen kommen Martin die Ortschaften, die sie passieren, bekannt vor. Einsichtige Offiziere, die selbst überleben wollen, führen die Truppe im Kreis herum. Auf Sylt endet die Odyssee, dort erlebt Martin die Kapitulation. Mit zwei Kameraden macht er sich aus dem Staube. Sie erhechten auf dem Hindenburgdamm einen Eisenbahnwaggon, der Brot geladen hat. Endlich können sie sich satt essen. Die Kapitulation ist unterzeichnet, dennoch ist in Schleswig-Holstein der Krieg nicht beendet. Die Briten hatten am Kaiser-Wilhelm-Kanal haltgemacht. Nördlich von ihnen treiben die »Kettenhunde«, die Häscher der deutschen Feldpolizei, ihr Handwerk weiter und knüpfen jeden flüchtenden deutschen Soldaten erbarmungslos auf. Martin und seine Begleiter entdecken entsetzt ihre grausige Spur, als der Wald sich lichtet, durch den sie sich schlagen, und den Blick auf die Straße freigibt. Fast an jedem Telegrafenmast hängt ein deutscher Soldat, der nach dem verlorenen Krieg nichts anderes wollte als sie selbst: so schnell wie möglich nach Hause. Martin wird den Anblick nie vergessen.

Auf einer Koppel treffen sie »Reste« von Martins alter Marine-Kraftwageneinheit. »Bleibt bei uns, wir kommen nicht in Gefangenschaft, die Engländer setzen uns mit unseren Kraftfahrzeugen für Ziviltransporte ein«, redet man ihnen zu. Von Gefangenschaft oder Internierung ist keine Rede. Wer mag das ausgehandelt haben?

Mit zehn Büssing-LKWs und mehreren PKWs werden sie in voller Montur bei den Verpflegungsämtern Flensburg und Kiel stationiert. Sie durchkreuzen mit britischem Einsatzbefehl monatelang die drei westlichen Besatzungszonen, fahren vorwiegend Lebensmittel. Martin leitet eine Fahzeugkolonne, fährt einen Mercedes 170-V-Kübel und besorgt sich bald eine Privatunterkunft in Kiel-Gaarden. Bei seinen Vermietern ist er gern gesehen wegen der Lebensmittel, die er vom Versorgungsamt mitbringt. Er schreibt, wie in allen Kriegsjahren, regelmäßig seiner Mutter. Jetzt bekommt er lange keine Antwort, weiß nicht, ob seine Eltern die Bombenangriffe auf Leipzig überlebt haben. Im Dezember 1945 wird er aus »britischem Gewahrsam« entlassen und entnazifiziert.

Bei Kriegsausbruch war Martin 17 Jahre alt, war Mitglied des Jungvolks und später »Hitlerjugend-Anwärter«, um bei Sportwettkämpfen starten zu können, doch nie in der NSDAP oder in einer ihrer Gliederungen. Der Kontrolloffizier sieht in ihm keinen Nazi und läßt ihn gehen. Sofort nimmt Martin sein vor vier Jahren abgebrochenes Jurastudium an der Universität Kiel wieder auf. Die Studentenschaft wird dominiert von einem Clan ehemaliger Marine-Offiziere, zu ihnen findet Martin keinen Kontakt.

Beim Sport ist das anders. Er wird Handballtorhüter bei THW Kiel, einem damals schon international bekannten Traditionsverein, gibt auch eine Gastrolle im Fußballtor von Holstein Kiel, trainiert wieder Leichtathletik, startet für Kiel bei ersten Regionalwettkämpfen.

Im Frühjahr 1946 taucht plötzlich seine inzwischen zwanzigjährige Schwester Ruth in Kiel auf und berichtet, daß die Eltern leben, daß das Wohnhaus noch steht und in Leipzig erstaunliche Dinge geschehen, die auf einen radikalen Neubeginn hoffen lassen. Ruth ist alles andere als eine Agitatorin, aber sie strahlt Zuversicht aus. Sie erzählt: Die großen Güter sind enteignet und das Land wird Landarbeitern und Umsiedlern geschenkt, die größeren Industriebetriebe werden volkseigen. »Volkseigen«, wie das klingt!

Sie erzählt: Die KPD und die SPD vereinen sich zu einer einheitlichen Arbeiterpartei. Sie spricht von einer spürbaren Veränderung des gesamten sozialen Lebens, und Martin wird neugierig, denn in Kiel kann er so etwas überhaupt nicht entdecken. Zur Silberhochzeit seiner Eltern geht er im August schwarz über die grüne Grenze, um sich die Sache anzuschauen. In den wenigen Leipziger Tagen trifft er viele Menschen, die von einem Neuanfang begeistert sind, und im Dezember kehrt er endgültig in seine Heimatstadt zurück. Wieder geht er schwarz über die Grenze, denn sein Entlassungsschein von den Briten wird in der sowjetisch besetzten Zone nicht anerkannt. Mit gemischten Gefühlen meldet sich Martin im Quarantänelager der sowjetischen Besatzungsmacht, einer Kaserne in Leipzig-Gohlis, wird dort einquartiert und medizinisch untersucht, nach 14 Tagen ist der Spuk vorbei. Er bekommt den Quarantäneschein und kann sich bei den deutschen Behörden offiziell anmelden. Das ist ein langer bürokratischer Weg. Immer wieder wird nach seiner sozialen Herkunft gefragt. Da hat er mit seinem Vater, dem Buchhalter, schlechte Karten. Auch sein letzter militärischer Dienstgrad, der ihm gegen Kriegsende bei den Pionieren noch zugeteilt wurde, nämlich Feldwebel ROA, also Reserveoffiziersanwärter, klingt nicht proletarisch genug. Ein Bearbeiter im Rathaus korrigiert das in »Unteroffizier«. »Is besser«, sagt er lakonisch. Martin hatte zudem im Quarantänelager gehört, daß ehemalige Offiziere noch in sowjetische Kriegsgefangenschaft geschickt wurden. Er ist froh über diese Wendung und erhält schließlich den »Vorläufigen Personalausweis« für Deutsche in der sowjetisch besetzten Zone. Es ist nicht sein einziger Ausweis. Den aus der britisch besetzten Zone besitzt er ebenfalls, niemand fragte ihn danach.

Das Arbeitsamt ist überfüllt. Zurückgekehrte Soldaten aus den Gefangenenlagern, Flüchtlinge aus Ost- und Westpreußen, aus Schlesien und dem Riesengebirge wollen in Leipzig eine Bleibe finden. Sie brauchen eine Zuzugsgenehmigung, eine Wohnungszuweisung, eine Lebensmittelkarte. Unter ihnen Martin. Er will vor allem sein Jurastudium beenden. Unterkunft hat er, Arbeit zum Geldverdienen sucht er nicht, die Studienzulassung braucht er. Der Sachbearbeiter im Arbeitsamt sieht das anders und will den jungen, kräftigen Mann in die Braunkohle schicken oder in den Uran-Bergbau, ihn zur Trümmerbeseitigung einsetzen. Martin soll nachweisen, daß sein Universitätsbesuch »gesellschaftlich notwendig« ist. Da finden sich einflußreiche Fürsprecher, die bestätigen, daß seine Talente eher geistiger Natur seien. Aber zur Immatrikulation kommt es nicht, selbst ein Schreiben vom Dekan Professor Dr. Menz, dem Leiter der Wirtschafts- und Sozialwissenschaftlichen Fakultät, bei dem Martin einige Seminare besucht hatte, nützt nichts. Immer wieder wird er abgelehnt mit der stereotypen Begründung, alle Studienplätze seien vergeben.

Die Eltern bestärken den Studienwunsch des Sohnes, obwohl niemand in der Familie weiß, wie das finanziell abzusichern ist. Der Vater hatte seine Arbeit bei der Allianz sofort nach Kriegsende verloren, weil er noch 1943 in die NSDAP eingetreten war. Dem ständigen Druck, den Drohungen, den täglichen Schikanen beugte sich der Buchhalter schließlich. Im Nachlaß seines Vaters wird Martin später einen Brief des NSDAP-Betriebsobmannes vom 2. Februar 1933 finden – drei Tage nach Hitlers »Machtergreifung« –, darin steht in steiler Sütterlinschrift auf vergilbtem Papier:

> *»Sollten Sie es ablehnen, die Beleidigungen gegenüber dem Herrn Reichskanzler zurückzunehmen, so wird gegen Sie Anklage bei der Staatsanwaltschaft erhoben, wegen wiederholter öffentlicher Beleidigungen und Verhöhnung des Herrn Reichskanzlers Adolf Hitler. Heil Hitler! Heinrich Boas.«*

Martins Vater, ein herzensguter, gebildeter Mensch, war aus den vier Jahren des Ersten Weltkriegs mit dem »Eisernen Kreuz zweiter Klasse« und einer schweren Herzkrankheit zurückgekehrt. Mit seinem Sohn sprach er nie über diesen Krieg. Ebensowenig über die Repressionen, denen er am Arbeitsplatz ausgesetzt war. In den letzten Kriegsmonaten des Zweiten Weltkriegs wurde er an die näher rückende Ostfront zum Schanzen abkommandiert und von dort nach wenigen Tagen als Todkranker zurückbeordert. Ein Nazi war der Vater nie gewesen, aber auch kein Held. Jetzt ist er krank und ohne Chance. Die vierköpfige Familie weiß nicht, wovon sie leben soll, Sohn und Tochter aber wollen studieren.

Die Mutter opfert sich auf. Wegen unheilbarer Schwerhörigkeit kann sie nicht in ihren erlernten Beruf als Kontoristin zurückkehren. Sie geht als ungelernte Arbeiterin zu »Flügel und Polter«, einer soeben volkseigen gewordenen Gummifabrik im benachbarten Stadtteil Plagwitz. Dort werden jetzt Militärmäntel für die Rote Armee hergestellt. Von der Fertigung schafft sie bald den kleinen Aufstieg in die Endkontrolle. Eine Knochenarbeit. Jeder dieser schweren Mäntel muß mehrmals über Kopfhöhe gehoben und auf Fehler überprüft werden. Die Russen sind penible Kunden, kleinste Fehler werden groß geahndet. Die Mutter verdient so jahrelang den Lebensunterhalt für die Familie und ruiniert sich ihre Wirbelsäule.

Martin besucht die Familie Colditz. Schweren Herzens. Daß Ludolf gefallen war, hatte ihm die Schwester schon bei ihrem Besuch in Kiel berichtet. Die Villa in der Karl-Tauchnitz-Straße war beim Bombenangriff auf Leipzig im Dezember 1944 zerstört worden. Von seiner Mutter erfährt er, daß die Familie ihren gesamten Besitz durch Enteignung verloren hat. Das sind auch für ihn Hiobsbotschaften, der doch gerade dabei ist, Fuß zu fassen in einer neuen Welt, die ihm eine bessere Zukunft zu versprechen scheint. Das Ehepaar Colditz lebt jetzt zusammen mit dem alten Faktotum des Hauses, der Köchin Hede, in einem Miethaus gegenüber dem Johanna-Park, keine tausend Meter von der alten Villa entfernt. Ludolfs Mutter empfängt ihn bewegt, aber freundschaftlich und gefaßt. Ihr Mann ist zerstreut und abwesend. Martin erfährt, daß der Freund, der einzige Sohn der Familie, noch nach Abschluß des Waffenstillstands in Oberitalien als Artilleriehauptmann gefallen ist. Die Familientradition hat er mit seiner militärischen Karriere fortgesetzt. Martin weiß wenig Trost. In Kiel traf ihn die Nachricht vom Tode seines Freundes wie ein Unglück, auf das man in den Kriegsjahren täglich gefaßt war. Hier in Leipzig wird sie ihm als Schicksalsschlag bewußt. Der Kontakt zu Ludolf hatte sich in den letzten vier Kriegsjahren gelockert. Die Mütter hielten die Verbindung aufrecht. Martin möchte helfen, fühlt sich aber selbst hilflos und in mehrfacher Weise verunsichert. Ludolf war sein bester, sein einziger Freund. Mit ihm hatte er die Pläne für eine Zukunft geschmiedet, die es nicht mehr geben würde. Tiefer noch als die eigene Betroffenheit, bewegt ihn das Unglück von Ludolfs Eltern. Sie gehörten zum liberalen Leipziger Bürgertum, das verdeckten Widerstand gegen Hitler leistete und daher dem Regime verdächtig war. Ihr Betrieb war kein Rüstungsbetrieb, sondern stellte Falz- und Heftmaschinen für den Buchdruck her. Aber im Sinne der Nachkriegsgesetze galten sie als »Kapitalisten« und verloren die Fabrik, die Güter, die Villa – ihren gesamten Besitz. Das ist es, was Martin über den Tod seines Freundes und das Leid der Familie hinaus quält. Auf sein neues Weltbild fallen dunkle Schatten: Wie kann eine Gesellschaft, die sich der Gerechtigkeit verschrieben hat, solches Unrecht begehen?

Er verabschiedet sich mit dem Vorsatz, die Eltern seines Freundes bald wieder zu besuchen. Vielleicht braucht er nur Zeit, um herauszufinden, wie ihnen zu helfen sei. Er will jedenfalls den Weg, für den er sich entschieden hat, weitergehen.

Als er die breite Treppe vom obersten Stockwerk des gediegenen Bürgerhauses hinabsteigt, gibt ihm das hochherrschaftliche Ambiente einen gewissen Trost. Not leiden, wie andere obdachlose Opfer dieses Krieges, würden Ludolfs Eltern nicht. Die Familie war in alle Welt verwandt und verschwägert. Die Fabrik mit dem Leipziger Stammbetrieb hatte Verbindungen zu Geschäftspartnern im Ausland. Von dort war Hilfe zu erwarten. Ein Zitat kommt ihm in den Sinn, das Frau Colditz ihm aus dem Brief eines Verwandten im Ausland vorgelesen hatte: »Niemals davon sprechen, immer daran denken.« Das war das Motto, unter das die Franzosen 1871 die Wiedergewinnung Elsaß-Lothringens gestellt hatten. Eine ähnliche Erfüllung ihrer Wünsche wird es für die Familie Colditz nicht geben. Der SMA-Befehl bleibt irreversibel.

Martin besucht seinen alten Volksschullehrer Walter Gilbricht, der 1933 aus dem Schuldienst gejagt worden war, sich danach als Schriftsteller über Wasser gehalten hatte. Gilbrichts Stück »Der Erbe seiner selbst« stand im Leipziger Schauspielhaus noch lange nach Kriegsende auf dem Spielplan. Jetzt ist sein ehemaliger Lehrer politischer Redakteur und Leitartikler an der parteiunabhängigen »Leipziger Zeitung«. Walter Gilbrichts Fürsprache verdankt Martin, daß er 1946 zunächst als Volontär, später als Hilfsredakteur eingestellt wird. Er verdient anfangs 250 Reichsmark, später 500 Reichsmark und kann also etwas zum Familienbudget beisteuern.

Die Arbeit macht ihm Spaß, er hat auch schnell Erfolg. Er nutzt seine Kenntnis der grünen Grenze, passiert sie des öfteren, um seine Freundin in Kiel zu besuchen, Walter Gilbricht nach Ostfriesland zu begleiten oder um einen ehemaligen Schulkameraden, der seine Apothekerausbildung in Leipzig nicht absolvieren kann, zu schleusen, Martins Methode ist simpel und relativ sicher. Er besitzt einen westdeutschen und einen ostdeutschen Personalausweis. Der Grenze nähert er sich stets mit dem Dokument seines Reiseziels in der Tasche, das andere ist im Saum seines Mantels eingenäht. Würde er von der Roten Armee aufgegriffen, schiebt man ihn dorthin ab, woher er angeblich kam. Schlimmstenfalls müßte er eine Nacht im Keller der Kommandantur verbringen, würde nach persönlichen Verbindungen befragt und gefilzt, Notizbücher und Telefonverzeichnisse würden beschlagnahmt. Er pendelt, um für Enthüllungsartikel Material zu sammeln, hockt drei Wochen in Greifswald, Stralsund und Rostock in Zeitungsarchiven und sucht nach

Informationen über den ehemaligen Großgrundbesitzer Schlange-Schöningen mit Gütern und Einfluß in den Ostprovinzen Vorkriegsdeutschlands. Martin wird in den vergilbten Blättern fündig, die dem berüchtigten Junker bereits in der Weimarer Republik eine »Mitschuld an der Aushöhlung der Demokratie« zuweisen, bis er im Dritten Reich seine politische Heimat fand.

An der polnischen Grenze stößt er auf Landarbeiter, die sich noch lebhaft seiner Gutsherren-Diktatur und der aktiven Mitwirkung bei der »Gleichschaltung« der Landarbeiter-Gewerkschaften erinnern. Jetzt ist Schlange-Schöningen in die Schlagzeilen geraten, da Adenauer ihn zum Direktor der Hauptverwaltung Ernährung, Landwirtschaft und Forsten in der »Bizone« berufen hat, die aus der britischen und amerikanischen Besatzungszone gebildet worden ist. Auf Grundlage seiner Recherchen schreibt Martin die mehrteilige Reportage »Schlange-Schöningen auf der Spur«. Er fordert, den Großgrundbesitzer, der in der Bizone keine Richter findet, im Osten »vor das Tribunal der Öffentlichkeit zu stellen«.

Das Echo ist nicht einhellig. Hier sei das journalistische Temperament mit ihm durchgegangen. Aber unter dem Eindruck der demokratischen Bodenreform in der sowjetischen Besatzungszone stößt er dennoch auf große Aufmerksamkeit.

Als die Agenturen melden, daß die Witwe des »Reichsführers SS«, Heinrich Himmler, im Stift Bethel bei Bielefeld Unterschlupf gefunden hat, macht sich Martin wieder mit seinen beiden deutschen Ausweisen auf die Reise. Zu seiner Überraschung stellt er fest, daß die bekannte karitative Einrichtung wie eine Touristenattraktion besichtigt werden kann. Er nimmt an einer Führung teil, ist erschüttert vom menschlichen Elend, das er dort vorfindet, aber auch beeindruckt von der Aufopferung der Pflegekräfte, dieses Elend zu lindern. Frau Himmler jedoch findet er nicht. Er wiederholt seinen Besuch zweimal, kennt sich inzwischen auf dem Gelände aus, faßt sich ein Herz, fragt sich einfach durch, verwundert, wie leicht ihm der Weg gewiesen wird; und steht schließlich vor dem Haus, in dem die Frau Himmlers untergebracht ist. Dort wird er von einer Oberschwester brüsk abgewiesen: »Lassen Sie sie gefälligst in Ruhe.«

Von anderen Hausinsassen erfährt er, daß sie in der Wäscherei arbeitet, macht sie mit Hilfe anderer Heimbewohner im Park ausfindig, aber er kommt kaum dazu, die Fragen loszuwerden, die er sich zurechtgelegt hat. Als er sie anspricht, erwidert sie nur stereotyp, mit gespielter Verständnislosigkeit: »Ich habe mit der ganzen Sache nichts zu tun.« Immerhin ergibt der karge Dialog doch noch ausreichend Stoff für den Artikel »Ich sprach mit Frau Himmler«.

Ein anderes Mal kommt ihm der Zufall zu Hilfe. Er lotst Walter Gilbricht, der Freunde auf Norderney besuchen will, und dessen Frau über die grüne Grenze. Auf der Rückfahrt hat der Zug kurz vor der Zonengrenze stundenlang Aufenthalt auf einem verschlafenen Dorfbahnhof. Martin vertritt sich die Füße zwischen Feldern und Koppeln, als plötzlich drei auffallend blonde Mädchen, im Alter nur wenig auseinander, auf ihn zukommen. Sie fragen ihn ohne Scheu nach dem Woher und Wohin und erzählen nach kurzem Wortwechsel ungefragt und stolz, daß ihr Vater der berühmte »Panzer-Meyer« sei. Martin wird hellhörig. Der Name ging wochenlang durch die Presse. Meyer war Panzer-Offizier der Deutschen Wehrmacht und bekannt durch legendäre Abschüsse, Ritterkreuzträger und offensichtlich interessant für die siegreichen amerikanischen Truppen, die ihn unmittelbar nach Kriegsende als Berater zu sich in die USA holten. Martin läßt sich von den Mädchen zu ihrer Mutter führen, die ihm die Angaben bestätigt und das Interesse der Amerikaner an seiner Person für völlig normal hält.

Die Trennung von ihrem Mann sei zwar unangenehm, aber sie hoffe, bald mit ihren Töchtern nachreisen zu können. Martin betitelt seine Reportage: »Ich sprach mit Frau Panzer-Meyer«.

Solch Reisen fordert Tribut. Fahrpläne haben nur auf dem Papier Gültigkeit. Die Herbergen, in denen er notdürftig kampiert, sind primitiv und nicht selten voller Flöhe. Lebensmittelmarken, die er von zu Hause abzweigt, ernähren ihn kärglich. »Heißgetränke« sind das einzige markenfreie Angebot der Restaurants.

Das journalistische Metier fällt ihm nicht eben leicht. Er stolpert immer wieder über die Hemmschwelle, wenn er mit Fremden ins Gespräch kommen will.

Aber seine Artikel finden ein breites Leserecho und kommen auch in der Redaktion gut an. Und er sammelt Erfahrungen, die weit über das journalistische Tun hinausreichen. Davon wird er später profitieren.

Den Kampf um seinen Studienplatz will er nicht aufgeben. Die Mutter bestärkt ihn darin, ohne abgeschlossenes Studium ist man in ihren Augen nicht am rechten Ziel. Berufliche Kontakte werden genutzt, er bittet um Empfehlungen. Nicht wenige setzen sich für ihn ein, wie der Vorsitzende des Studentenrats der Universität, Wolfgang Natonek, der Oberbürgermeister der Stadt Leipzig, Dr. Zeigner, sein Chefredakteur, Erich Ott, der Vizepräsident bei der Deutschen Zentralverwaltung für Volksbildung in Berlin und das Ministerium für Volksbildung der Landesregierung Sachsen. Alles vergeblich. Nicht die überfüllten Hörsäle, seine gesellschaftliche Herkunft steht einem Studium im Wege. Arbeiterklasse ist gefragt. Damit kann er nicht dienen.

Die »Leipziger Zeitung« nimmt im Blätterwald der sowjetisch besetzten Zone eine Sonderstellung ein, sie wird von keiner Partei, keiner Massenorganisation herausgegeben. Unabhängig vom Parteibuch versammeln sich hier die besten, erfahrensten Journalisten und eine Reihe Jungtalente. »Learning by doing« und »mit den Augen klauen« ist das Motto. Martin und die anderen Volontäre werden ins Wasser geworfen und lernen schnell schwimmen im Gewässer der neuen Medienwelt, die geprägt ist von Aufbruch und Neubeginn. Das Arbeitsklima ist angenehm, wie in einer großen Familie. Das ändert sich, als Dr. Hermann Ley überraschend als stellvertretender Chefredakteur eingesetzt wird. Die Personalie wird weder offiziell bekanntgegeben noch begründet. Der Mann von etwa vierzig Jahren ist eines Tages einfach da. Im Laufe der Zeit sickert dann durch, daß er, geboren in Leipzig als Sohn eines Zahnarztes und in bürgerlichen Verhältnissen aufgewachsen, eine wissenschaftliche Laufbahn einschlug, als Marxist aber in den dreißiger Jahren das Philosophiestudium aufgeben mußte, dann zur Zahnmedizin wechselte, als Zahnarzt promovierte und in der väterlichen Praxis arbeitete. In den letzten Kriegsjahren tauchte er in den antifaschistischen Widerstand ab, wurde inhaftiert und gehörte nach dem Krieg zu den Aktivisten der ersten Stunde. Obwohl eine solche Biographie kaum »sauberer« hätte sein können – oder gerade deshalb –, wird er mit Mißtrauen aufgenommen.

Er ist kein Journalist, was soll er hier? Nie wird klar gesagt, wer ihn eigentlich geschickt hat. Man tippt auf die Besatzungsmacht, die als Lizenzgeber mehr Einfluß gefordert haben könnte. Das Mißtrauen gegen ihn verstärkt sich, als er den jungen Erich Selbmann als Praktikanten einstellt, den Sohn des Vizepräsidenten der Landesregierung Sachsen. Vor allem die jungen Mitarbeiter fürchten eine politische Gängelung, verfassen eine Protestresolution, die zum Ostbüro der SPD nach Westberlin gebracht werden soll. Initiator ist Peter Reimann, der auch den Transport übernimmt. Einige Volontäre unterschreiben, Martin auch. Um den konspirativen Charakter der Aktion zu dokumentieren, heftet Peter Reimann das Original scheinbar unauffindbar an die Unterseite seiner Schreibtischplatte.

Peter Reimann, Sohn des Weltbühnenautors und Kabarettisten Hans Reimann, beeindruckt Martin sehr. Er hat viele Talente, führt eine spitze Feder, zeichnet brillante Karikaturen von entlarvender Schärfe, veröffentlicht eindrucksvolle Gedichte von zarter Poesie. Zwischen Reimann und Martin entsteht eine Arbeitsfreundschaft, die nach Redaktionsschluß nicht endet. Da beide wegen herrschender Wohnungsknappheit der Nachkriegszeit nur provisorisch untergebracht sind – Reimann bei den Schwiegereltern und Martin mit seiner Frau Käthe bei Walter Gilbricht –, beschließen sie zusammenzuziehen. Reimann hat als alteingesessener Einwohner Markkleebergs, eines Leipziger Villenvorortes, die besseren Beziehungen und ergreift die Initiative. Es gelingt ihm, die Leute im Wohnungsamt von der Dringlichkeit des Anspruchs zu überzeugen. Da gerade das Gebäude der sowjetischen Kommandantur in Markkleeberg frei geworden ist, wird beiden Familien eine gemeinsame, geräumige Wohnung darin zugewiesen. Allerdings in katastrophalem Zustand. Sie gehen mit Begeisterung und materiellem Aufwand, der ihre Möglichkeiten völlig ausschöpft, an die Restaurierung. Als sie fertig sind, teilt das Wohnungsamt mit, daß die Stadtverwaltung dort einzieht. Der Beschluß ist nicht rückgängig zu machen. Man weist ihnen als Ersatz ein Zweifamilienhaus zur Miete zu. Die Gemeinsamkeit hat ihre Zeit und endet tragisch. Reimann kommt mit den Realitäten des Lebens schlecht zurecht, ist aufgrund seiner sensiblen Natur stets gefährdet. Er geht nach Westdeutschland und nimmt sich später das Leben.

Die Unruhe in der Redaktion verstärkt sich, als Dr. Otto Stammer sich ebenfalls nach Westdeutschland »absetzt«. In der Gründungsphase der

»Leipziger Zeitung« ursprünglich als Chefredakteuer vorgesehen, war er am Veto der sowjetischen Besatzungsmacht gescheitert.

Man warf ihm ein negatives Pauschalurteil über das deutsche Volk in seinen Probeartikeln vor, was mit der vorgesehenen Konzeption der Zeitung nicht zu vereinbaren sei. Stammer arbeitet aber an exponierter Stelle in der Redaktion weiter mit, von allen Kollegen geachtet und bei den Lesern beliebt. Von ihm hat niemand einen solchen Schritt erwartet. »Eine falsche Reaktion auf eine falsche Behandlung« nennt jemand Stammers Schritt. Martin, auf der Suche nach einer vertretbaren Meinung, vertretbar vor sich und anderen, greift den Satz dankbar auf. Er wird ihn für sich selbst noch oft benutzen.

Um seine Praxis durch eine solide theoretische Grundlage zu ergänzen, beginnt er mit einem systematischen marxistischen Literaturstudium. Er fängt mit dem »Kommunistischen Manifest« an, aber das hilft ihm nicht aus seiner gelegentlichen Verunsicherung. Vieles reizt zum Widerspruch. Das schmale Heft füllt sich nach der Lektüre schließlich mit mehr Randbemerkungen und Fragezeichen als Drucktext. Später ist Martin das peinlich. Er vernichtet das durchgearbeitete Exemplar, will vermeiden, damit irgendwo anzuecken. Seine Zweifel kann er beiseite schieben, denn der journalistische Arbeitstag bringt genügend Anregungen und Herausforderungen. Da bleibt wenig Zeit zum Reflektieren. Wo gehobelt wird, fallen eben Späne. Auch das ist eine Maxime. In der »Leipziger Zeitung« fühlt er sich allemal wohler als in der einsamen Studentenbude in Kiel.

Am 16. Januar 1948 radelt Martin wie täglich in die Redaktion. Dort herrscht gespenstische Stille. Die Rotationsmaschine im Erdgeschoß rattert nicht. Alle Mitarbeiter, die zur Arbeit gekommen sind, sitzen in einem Zimmer beisammen und schweigen. »Was ist los?« Seine Frage verhallt in der Stille. Endlich sagt einer: »Die ham uns zugemacht.«

Der Chefredakteur kehrt zurück. Er war unterwegs gewesen, um eine Erklärung zu bekommen. »Es ist kein Papier mehr für uns da«, erklärt er. Die Sowjetische Militär-Administration, der Lizenzgeber, begründet es jedenfalls so. Wer steckt dahinter, fragen sich die Mitarbeiter der Redaktion und verdächtigen Dr. Dengler, den Chefredakteur der »Leipziger Volkszeitung«, des SED-Organs. Sie vermuten, er will die starke Konkurrenz, die »Leipziger Zeitung«, aus dem Weg räumen. Die wahren Hintergründe wurden nie bekannt. Martin ist empört. Er schreibt sich noch am selben Tage seine Wut von der Seele, der Artikel wird nirgends veröffentlicht. Gleichzeitig steht für ihn fest: Ich haue ab.

Ein Arbeitsangebot flattert ins Haus. Der deutsche Leiter des »Sowjetischen Nachrichten Büros« ist an dem jungen Mann interessiert, den er aus der Journalistenszene kennt. Das »SNB« residiert in einer Villa am Völkerschlachtdenkmal. Das Grundstück ist eingezäunt, ein Summer öffnet das Tor, Martin wird in das Büro geleitet. Dort sitzt der Chef, und neben ihm räkelt sich ein riesiger, gepflegter Schäferhund. Die Arbeit, wird Martin erklärt, unterscheidet sich kaum von jener in der Tagespresse, das Gehalt allerdings wäre unvergleichlich höher als bisher. Dazu kommt monatlich ein Pajok-Paket. Darin sind wertvolle Lebensmittel. Mit diesem Zubrot beglückt die sowjetische Besatzungsmacht Deutsche, die in verantwortungsvoller Position für sie arbeiten. Da alles rationiert ist, der Normalverbraucher weniger als das Nötige auf Lebensmittelkarte bekommt, ist das ein tolles Angebot. Trotzdem entscheidet Martin sich nicht sofort. Ihm ist während des Gesprächs unbehaglich, als sollte er einen Pakt mit dem Teufel schließen. Ein zweites Angebot kommt von Dr. Heinrich Becker, einem Ministerialrat a.D., der jetzt Vorsteher des »Börsenvereins der Deutschen Buchhändler zu Leipzig« ist. Er braucht für das weit über hundert Jahre alte »Börsenblatt« einen engagierten Journalisten, der etwas frischen Wind in die alte, wöchentlich erscheinende Fachzeitschrift bringt. Hellauf begeistert ist Martin nicht, schon der archaische Name stört ihn. »Eigentlich tendiere ich westlich, nach allem, was mit der ›Leipziger Zeitung‹ geschehen ist«, erklärt er unumwunden. »Gerade darum tendieren wir östlich«, kontert Becker trocken. Dann sprechen sie über den Mut zum Neubeginn, über Disziplin und die Lehren, die aus der Vergangenheit zu ziehen sind. Über Buchhandel und Verlagswesen sprechen sie nicht. Das wird Martin lernen müssen. Becker sagt: »Dein Ziel mußt du im Auge behalten und nicht über Steine stolpern, die im Wege liegen.« Martin entscheidet sich für das »Börsenblatt für den deutschen Buchhandel«. Am 1. März 1948 nimmt er seine Arbeit als Redakteur im unzerstörten Seitenflügel des altehrwürdigen Buchhändlerhauses im Leipziger Gerichtsweg 26 auf.

Quereinsteiger

Die Redaktion des »Börsenblattes für den deutschen Buchhandel« ist in zwei Räumen untergebracht, die wie eine Dekoration zu Fausts Studierzimmer aussehen. Im ersten Raum versperrt eine breite Theke mit Linoleumtischplatte den Weg, die Wände sind bis zur Decke mit soliden Aktenschränken verkleidet, Martin fühlt sich wie in einer Behörde. Hinter der Theke stehen drei Schreibtische. An einem sitzt eine junge Frau, sie redigiert die wöchentlich erscheinende Rubrik »Gesuchte Bücher«, eine wichtige Veröffentlichung, weil es nur wenige Neuerscheinungen gibt. An den beiden anderen Tischen sitzen die mittelalterlichen Herren Bräuer und Streubel, sie haben die Sicht aufeinander mit einem Regal verbarrikadiert, ein Telefon am Scherengitterarm wird im Bedarfsfall von einem zum anderen geschwenkt. Die Männer reden nicht miteinander. Man sagt, seit Jahren. Es heißt jedoch, aus Tradition spielen sie einmal in der Woche miteinander Skat.

Für Martin steht das zweite Zimmer bereit. Hier kann er nachdenken, was er in diesem Börsenverein, der Berufs- und Standesvertretung der deutschen Buchhändler, überhaupt anfangen will. Das Börsenblatt erscheint wöchentlich und besteht vorwiegend aus Anzeigen und einem schmalen redaktionellen Teil. Er möchte daraus eine Fachzeitschrift machen, die neben buchhändlerischen und verlegerischen Fragen auch Literaturkritik und Literaturpolitik einschließt. Er hat freie Hand. Es gibt keine Vorzensur wie bei der »Leipziger Zeitung«. Dort hatte Frau Oberleutnant Schulmann von der sowjetischen Kommandantur als Zensorin residiert. Von den Jüngeren kannte sie kaum einer persönlich, ob sie überhaupt jemals in der Redaktion auftauchte, weiß Martin nicht. Aber sie war trotzdem allgegenwärtig. Alle Fahnenabzüge, teilweise sogar einzelne Manuskripte, wurden täglich zur Kommandantur gebracht, und zwar stets von demselben Mitarbeiter, der außerdem nur gelegentlich noch mit der Auswertung des Globus-Ausschnittdienstes beschäftigt war. Damit war er »ausgelastet«. Die Legenden über Frau Schulmann, die nie persönlich in Erscheinung trat, wucherten lebhaft und prägten auch das Bild, das Martin von ihr hatte. Kontakt zu ihr bekam er nur ein Mal, und auch das nur telefonisch. Er sollte über die Feier zum 800jährigen Gründungsjubiläum Moskaus in der Leipziger Kommandantur berichten. Da die Veranstaltung erst nach Redaktionsschluß endete, wies ihn der Chefredakteur an, den Artikel Frau Schulmann am Telefon Wort für Wort vorzulesen. Als Martin vor der Kommandantur eintraf, rauschten die handverlesenen Gäste in ihren sowjetischen Limousinen Marke SIM oder SIS bereits heran und wurden von mobilen Posten ins Grundstück eingewiesen. Martin brachte ungewollt Verwirrung in die feierliche Szene: Er kam mit dem Fahrrad. Das war im Protokoll nicht vorgesehen. Es entstand eine ernsthafte Debatte darüber, wo das Fahrrad abgestellt werden sollte. Man entschied sich für eine Hausecke. Anzuschließen brauchte er es da natürlich nicht.

Nach der Veranstaltung wartete der Linotype-Setzer bereits auf das Manuskript, die Drucker standen startbereit neben der Rotationsmaschine im Erdgeschoß. Martin war nervös. Unter Zeitdruck schrieb er nicht gern. Dann wählte er mit klopfendem Herzen die Nummer der Zensorin. Es meldete sich eine sympathische Stimme in fließendem, akzentfreiem Deutsch. Martin wollte sich vorstellen, aber sie unterbrach ihn, sie wisse Bescheid, er solle gleich anfangen. Sie lauschte, unterbrach ihn höchstens mit einer Zwischenfrage, und gratulierte ihm dann zu einem Bericht, der alles Wesentliche enthielte.

Mit der Zeit konkretisierte sich das Bild, das die Redaktion von Frau Schulmann hatte und wurde damit auch freundlicher.

Sie soll die Tochter eines sowjetischen Diplomaten in Berlin gewesen sein, hatte in Dahlem ihr Abitur mit Auszeichnung bestanden. Jetzt war sie verheiratet mit einem sowjetischen Hauptmann Bravermann. Sie liebte die deutsche Sprache. »Deutsch im Goetheschen Sinne« soll ihre Forderung gewesen sein.

Einmal in der Woche muß Martin nach Berlin zum »Kulturellen Beirat« fahren, einem Vorläufer des »Amtes für Literatur und Verlagswesen«. Dort sitzt Ludolf Koven, ein etwa fünfzigjähriger, erfahrener Buchhändler und Antifaschist. Er ist stellvertretender Leiter des Amtes und nebenbei Chefredakteur des Leipziger »Börsenblattes«. Ludolf Koven wird später den »Akademie-Verlag« aufbauen und ihn zu internationalem Renommee führen. Mit ihm bespricht Martin seine Planungen, mit ihm wertet er jede Woche die erschienene Nummer aus, von ihm bekommt er Anregungen und Hinweise. Mitspracherecht bei der inhaltlichen Gestaltung hat ebenfalls eine Abteilung im Zentralkomitee der SED. Heinz Mißlitz, ein noch junger Mann, der zwölf Jahre im Konzentrationslager gesessen hat, ist für Martin zuständig. Sie verstehen sich gut.

Bald holt Martin neue Mitarbeiter in die Redaktion, erfahrene Journalisten und journalistisch begabte Buchhändler. Er weitet den Textteil auf acht bis zwölf Seiten wöchentlich aus, bei besonderen Anlässen auf vierundzwanzig Seiten. Namhafte Autoren versucht er an sein Blatt zu binden, schreibt an Thomas Mann, Hermann Hesse, Johannes Tralow und Martin Andersen Nexö, tritt mit ihnen in Briefwechsel, befragt sie nach ihrer Meinung zur gesamtdeutschen Literatursituation. Besonders stolz ist er auf solche, dazu noch handgeschriebenen Antworten, wie die von Thomas Mann:

> *»Sehr geehrte Herren,*
> *haben Sie Dank für Ihr Schreiben vom 1. Dezember.*
> *Ich kann darauf erwidern, daß es mein aufrichtiger,*
> *oft bekundeter Wunsch ist, meine Bücher möchten*
> *dem Publikum der deutschen Ostzone zugänglich gemacht werden. Nicht weniger als Sie, empfinde ich*
> *den gegenwärtigen Zustand als unnatürlich und versichere, daß ich - ohne die entgegenstehenden Schwierigkeiten zu unterschätzen - nichts unversucht lasse,*
> *ihm abzuhelfen. Ihr ergebener Thomas Mann.«*

Messen und internationale Ausstellungen in der Bundesrepublik zu besuchen, gehört in Martins Programm. Er knüpft Verbindungen zu westdeutschen Verlagen und Redaktionen, besucht den aufstrebenden Bertelsmann Verlag in Bielefeld und berichtet im Börsenblatt ausführlich über die dort neu eingeführte Lochkartentechnik, über modern eingerichtete Schreibsäle und automatische Schreibmaschinen. Die Fachwelt reagiert interessiert. Keine andere Zeitung hätte so einen Beitrag bringen können, denn unausgesprochen verweist er auf den Rückstand der Technologie am Leipziger Platz.

Martin sucht ebenfalls Kontakt zu bulgarischen, polnischen, ungarischen, tschechischen Kollegen. Man tauscht Artikel aus, beglückwünscht einander zum Geburtstag, sieht sich auf der »Leipziger Messe«. Nur zur Sowjetunion gelingt es nicht, eine stabile Verbindung herzustellen.

Die Mitgliedschaft in der SED beantragt Martin 1949. Er ist davon überzeugt, daß in seinem Land eine Gesellschaftsordnung geschaffen werden soll, die dem Nationalsozialismus jede Existenzgrundlage entzieht. Die DDR ist für ihn die Alternative zu allem, was ihm an Westdeutschland mißfällt. Er lernt vorwiegend von Emigranten, die aus der Sowjetunion zurückgekehrt sind, davon gibt es viele im Verlagswesen. Einer von ihnen sagt ihm: »Vergiß nie, die Weltpolitik wird in Moskau gemacht.« Davon ist auch Martin überzeugt. Er hängt, wie viele junge Menschen, gläubig an den Lippen seiner Mentoren und ahnt nicht, daß sie über leidvolle Erlebnisse ihrer Emigration schweigen. Nach zwei Jahren Kandidatur – er entstammt dem Angestelltenstand, Arbeiter müssen sich nur ein Jahr bewähren – wird Martin SED-Mitglied. Kurz zuvor findet eine Überprüfung aller Parteimitglieder und Kandidaten statt, die für ihn beinahe verhängnisvoll ausgeht. Pflicht ist, das Parteidokument unverlierbar und sicher im Brustbeutel zu tragen. Martin ist das zwar zuwider, denn er ist froh, den Brustbeutel der Deutschen Wehrmacht gerade abgelegt zu haben, befolgt jedoch gehorsam die Weisung. Bei jedem sportlichen Einsatz, bei Wind und Regen ist der Brustbeutel dabei. Die Kandidatenkarte sieht nach zwei Jahren speckig aus. Das wird ihm als mangelnde Parteiverbundenheit ausgelegt. Er verteidigt sich mit einer Passage über das dialektische Verhältnis von Inhalt und Form und findet unversehens Verständnis.

Fast gleichzeitig, aber doch unabhängig von der Beendigung seiner Kandidatenzeit, wird er Chefredakteur seiner Fachzeitschrift. Er nimmt es freudig als Anerkennung seiner Leistung, vor allem als Billigung des konzeptionellen Weges, den er mit dem Blatt eingeschlagen hat.

Nun werden die Reisen nach Berlin seltener, er ist auf sich selbst gestellt. Stolz ist er darauf, es als Quereinsteiger geschafft zu haben.

In Krisensituationen jedoch ist fern von Berlin guter Rat teuer. Am 17. Juni 1953 ruft am Vormittag Dr. Heinrich Becker, der Vorsteher des Börsenvereins, an und fordert ihn auf, sich die Proteste in der Leipziger Innenstadt anzusehen. Martin schwingt sich aufs Rad. Auf dem Karl-Marx-Platz stehen ungewöhnlich viele Menschen, bilden Gruppen, diskutieren über Normerhöhungen, sind unschlüssig. Davon berichtet er Dr. Becker, und sie beschließen, sich in Berlin zu erkundigen, wie die Zeitschrift darauf reagieren soll. Vom »Amt für Literatur und Verlagswesen« kommt kein Rat. Genosse Mißlitz, zuständig im Zentralkomitee der SED, möchte sich nicht festlegen. Er empfiehlt, bei den örtlichen Organen zu fragen, die könnten die Lage besser einschätzen. Von seinem Redaktionsfenster aus sieht Martin einen langen, lockeren Demonstrationszug, der langsam, still und ohne Transparente die Leninstraße entlang stadtauswärts zieht. Wieder schwingt er sich aufs Rad, fährt zur zuständigen SED-Kreisleitung, sie sitzt in einer Villa in der Karl-Tauchnitz-Straße. Die Tür ist verschlossen, erst nach energischem Rufen und Klopfen wird vorsichtig geöffnet. Drinnen erwartet ihn ein Bild des Jammers. Die Genossen haben sich verbarrikadiert. Sie haben Möbel zerschlagen und sich mit Stuhlbeinen bewaffnet, sie erwarten den Klassenfeind. Martin glaubte, hier eine Art Lagezentrum zu finden, das generalstabsmäßig Anweisungen gibt, er hoffte, hier einen Rat zu bekommen. Aber er findet nur Genossen, die ihre Erfahrungen in den Straßenschlachten der zwanziger Jahre gesammelt haben mögen, mehr findet er nicht.

Auf den Straßen von Leipzig ist Ruhe eingekehrt, der Redaktionsschluß rückt näher, sie müssen reagieren, darin sind sich alle einig. Ratschläge von zentralen Stellen bleiben aus, verwunderlich, wo sie sich doch sonst so gern einmischen.

Erich Loest taucht in der Redaktion auf, mit ihm ist Martin seit Jahren befreundet. Er hat einen Artikel über den 17. Juni 1953 geschrieben, bietet ihn an. Erich Loest beschreibt sachlich die Vorgeschichte, die zu diesen Unruhen führte, und setzt sich dann kritisch mit der Be-

richterstattung der Presse auseinander. In seiner Schlußfolgerung heißt es:
»Das Negative wurde verschwiegen, das Positive aufgebauscht. Die Proportionen wurden verschoben, und getäuscht wurden nicht etwa unsere Feinde, sondern täuschen ließen sich nur die fortschrittlichen Kräfte innerhalb unserer Republik, täuschen ließen sich nicht zuletzt die Genossen der SED. Kaum eine Zeitung gab es, die nicht den verderblichen Kurs der Selbsttäuschung mitfuhr, und an der Spitze steuerten zweifellos die Bezirkszeitungen der Sozialistischen Einheitspartei. Diese Redakteure machten sich selbst etwas vor, sie hatten sich kilometerweit von den Realitäten entfernt. Sie boten ein gleich lächerliches wie beklagenswertes Bild: sie saßen im Elfenbeinturm und schwangen die Rote Fahne.«

Später beschreibt Erich Loest die Reaktion von Martin in seinen Erinnerungen »Durch die Erde ein Riß«, erschienen 1981 bei Hoffmann und Campe: »Er war Feuer und Flamme. Das drucke ich, jawoll.«

Der Beitrag wird »Elfenbeinturm und Rote Fahne« betitelt, er löst erheblichen Wirbel aus. Nie hatte das »Börsenblatt« solche Resonanz, wurde zitiert und gelesen weit über sein Fachpublikum hinaus. Der Tenor ist begeisterte Zustimmung. Verspätet folgen erhitzte Diskussionen und erbitterte Kritiken von offizieller Seite. Dazu wieder Loest:

Der Chefredakteur »wurde zu Minister Becher bestellt und mußte sich Schelte anhören. ›Elfenbeinturm und Rote Fahne‹ stelle keine helfende, vielmehr eine zersetzende Kritik dar, folge nicht der Hauptzielrichtung der Partei, sondern entstelle, blähe auf, falle gar ihr in den Rücken.«

Martin entschließt sich zur Selbstkritik, Loest bleibt bei seiner Ansicht, der Freundschaft tut das keinen Abbruch. »Aber nagte nicht irgendwo eine scharfzähnige Angst?«, schreibt Loest später. Ähnliches spürt Martin schon, obwohl das Gewitter glimpflich vorbeigezogen ist. Er ist sich indes nicht mehr sicher, ob diese Regung so manchen Zweifel noch zurückdrängt.

Aber er will nicht zweifeln an einer Sache, für die er sich entschieden hat. Was ihm Unbehagen macht, das sind doch letztlich nur Übergangserscheinungen, Kinderkrankheiten, Engstirnigkeiten einzelner Personen, sagt er sich.

Seine Zeitschrift wird immer bekannter. In Westdeutschland und auch im Ausland nimmt man von ihr Notiz. Martin bemüht sich um eine Synthese von fachlichen Themen und Problemen der kulturellen Entwicklung, gibt den Stimmen seiner Leser Raum, erweitert das inhaltliche Konzept durch regelmäßige Buchbesprechungen und literarische Beiträge. Dafür beschäftigt er namhafte Rezensenten wie Alfred M. Uhlmann, den Kulturchef der »Leipziger Volkszeitung«, einen anerkannten Literaturkritiker.

Sein Kürzel »A.M.U.« wird zum Markenartikel. Das Börsenblatt findet durch fachliche Qualität und inhaltliche Vielfalt einen festen Platz unter den periodischen Druckerzeugnissen. Daraus ergibt sich die Möglichkeit, Austauschverträge mit Tageszeitungen, Zeitschriften und Illustrierten, wie der Frauenzeitschrift »Constanze« oder der »Neuen Illustrierten«, Köln, abzuschließen. Der Briefverkehr mit den zahlreichen Partnern aus aller Welt füllt schließlich mehrere Ordner. Das Echo ist bemerkenswert.

In einem Brief des britischen Grossisten Collett's Holdings Ltd., London und Glasgow heißt es: »Das Börsenblatt ist für den Buchhandel wirklich die einzige Zeitschrift, die einen Überblick über das Geistesschaffen der Gegenwart, zu bestimmten Teilen auch der Vergangenheit, gewährleistet. Es schafft gleichzeitig Verständnis für die gesellschaftlichen Entwicklung, soweit sie im Literaturschaffen ihren Ausdruck findet. Es ist die Zeitschrift, die dem Fachmann wie dem Buchinteressenten vermittelnd zur Seite steht.«

Ein jugoslawischer Buchhändler und Verleger, Mustafa Siric, aus Sarajewo, will zur Leipziger Messe kommen und bittet um Unterstützung. Zwischen Jugoslawien und der Sowjetunion war es nach 1945 zum Bruch gekommen, weil Tito seinen eigenen Weg zum Sozialismus einschlug.

Die DDR pflegte selbstverständlich dann auch keinerlei Verbindung mit den »Abtrünnigen«. Die briefliche Bitte aus Sarajewo aber ist nach Martins Geschmack. Gern will er etwas versuchen, was in diesem Metier vor ihm noch niemand versucht hat.

Der Messebesuch des bosnischen Verlegers gelingt. Mustafa Siric erweist sich als gebildet, perfekt Deutsch sprechend. Die beiden Männer freunden sich schnell an. Siric ist sehr interessiert daran, die DDR-

Literatur in seinem Land bekannt zu machen. Wochen später erhält Martin eine Einladung zur ersten Belgrader Buchmesse. Die Formalitäten für diese Reise sind kompliziert. Jugoslawien und die DDR unterhalten keine diplomatischen Beziehungen. Martin muß sein Visum in der jugoslawischen Militärmission in Westberlin beantragen und abholen; es kostet fünf Westmark. Nach umfangreichem Formularkrieg gibt ihm die Deutsche Notenbank ein wenig konvertierbares Geld, es reicht nicht für Visum und Fahrkarten. Eine Wechselstube zu besuchen, wagt er nicht. Aus Prinzip, denkt er und fürchtet zugleich um sein Ansehen, falls ihn jemand beobachtet. Ihm fehlt eine Westmark für die Rückreise. Er muss sie sich von einem Westberliner Großbuchhändler, den er von der Messe kennt, erbitten. Ein peinlicher Nachgeschmack bleibt.

Die Buchmesse in Belgrad, die erste in Jugoslawien überhaupt, ist beeindruckend. Martin wird überall herzlich aufgenommen. Mit Mustafa Siric durchreist er im Auto die Karpaten bis Sarajewo, bis Dubrovnik. Auf einem engen Gebirgspaß macht Mustafa halt, steht am felsigen Abgrund, singt aus vollem Halse Volkslieder mit endloser Versfolge in seiner Sprache hinunter ins Tal, hinüber zu den karstigen Felsen. Nichts daran ist verwunderlich, alles gehört zusammen, die Landschaft, die Kultur, das Lied von Mustafa.

Vollgestopft mit Eindrücken kehrt Martin zurück und mit dem Auftrag, einen Beitrag über Anna Seghers für eine Belgrader Zeitung zu schreiben. Doch zuerst entsteht eine Artikelserie über die Struktur der jugoslawischen Wirtschaft speziell im Verlagswesen. Ein hochbrisantes Thema. Es wird mit großem Interesse aufgenommen. Martin ist einer der ersten, der die kulturelle Verbindung zu dem »abtrünnigen« Jugoslawien herstellt und öffentlich macht. Eine politische Annäherung der Staaten wird es erst viel später geben.

So stehen die Dinge im Jahr 1956, als Martin den Mann kennenlernt, der sich Herbert nennt.

Start und Fehlstarts

»An deinem Leben braucht sich grundsätzlich nichts zu ändern«, hatte Herbert gesagt. Das beruhigt Martin; er ruft ihn an und sie verabreden sich für den übernächsten Tag Ecke Gerichtsweg und Dresdner Straße. Dort wird Herbert ihn »aufnehmen«.

Martin lernt die ersten Worte einer ihm unbekannten Terminologie. »Aufnehmen« bedeutet im Auto abgeholt zu werden zu einem »Treff«, der in einer »KW«, einer konspirativen Wohnung, stattfinden soll. Herbert kommt pünktlich in einem unauffälligen grauen Wartburg, fährt nicht weit, bis in die Nähe des Ringcafés, parkt abseits, die letzte Strecke gehen sie zu Fuß. Die »KW« liegt über dem Ringcafé, sie wird von einem Ehepaar geführt, das dort offenbar auch wohnt. Es gibt Kaffee und Gebäck.

Herbert erfreut Martins Interesse an einer Zusammenarbeit. »Der Ordnung halber und ganz offiziell sollst du wissen, daß ich beim Ministerium für Staatssicherheit bin«, erklärt er und spricht von einem verlängerten Arm der Partei, der notwendig ist, wenn es sich um Aufgaben oder Operationsgebiete handelt, die dem direkten Einfluß der Partei entzogen sind. Dann kommt er zur Sache.

»Du kannst uns helfen. Du hast einen großen Bekannten- und Kollegenkreis in Westdeutschland und im westlichen Ausland. Du hast einen Beruf, der das Reisen dorthin selbstverständlich macht, man braucht also dafür keine Gründe zu konstruieren, du könntest deine Kontakte noch weiter ausbauen.«

»Und was soll dabei herauskommen?«

»Informationen. Wir sind an allem interessiert, am Allgemeinen wie am Speziellen. Sicher lassen sich deine Verbindungen personell weiter ausdehnen.«

Für Martin kein Problem. Bei seinen Aufenthalten in Köln hatte sich der Kreis von Journalisten, der sich um ihn zu scharen begann, stetig erweitert. Er wurde »herumgereicht«, wanderte von Redaktion zu Redaktion, erzählte über die Lage »drüben«. Der Gedanke, seinen Aktionsradius erweitern zu können, beflügelt ihn nahezu.

Herbert schränkt ein: »Mit offenem Visier können wir nicht arbeiten. In jedem Fall müssen wir genau überlegen, wie und unter welchem Namen und mit welchem Motiv wir handeln.« Er wird ermahnt, zu niemandem über diese Verbindung zu sprechen. Alles leuchtet Martin ein, wenn ihm auch die Konsequenzen daraus nicht bewußt sind.

Danach geschieht wenig. Herbert meldet sich selten, ruft zuweilen in der Redaktion an, hat keinerlei Wünsche; er pflegt nur den Kontakt. Martin hingegen verwundert, daß er weder ausgebildet noch vorbereitet wird.

Vor der Leipziger Buchmesse kommt Post von Dr. Wolfgang Schwerbrock, Kulturredakteur der »Frankfurter Allgemeinen Zeitung«. Der bittet um eine Akkreditierung zum Messebesuch. Martin tut das gern und bedient sich dabei der Hilfe seiner neuen Beziehungen. Als Gegenleistung erwartet man nichts anderes von ihm, als daß er den Mann in Leipzig gut betreut. Dr. Schwerbrock und Martin sind einander sympathisch. Martin führt ihn einen ganzen Tag lang durch das Hansahaus, macht ihn mit Verlegern bekannt. Die Zurückhaltung des Standpersonals gegenüber einem profilierten West-Journalisten, die sonst zu den Gepflogenheiten gehört, tritt dadurch nicht auf. Der Gast profitiert davon, er kommt nächstes Jahr wieder, läßt sich in gleicher Weise protegieren.

Diese erste Aktion auf Martins neuem Terrain entpuppt sich jedoch als klassischer Fehlstart. Am Morgen nach dem Rundgang mit Dr. Schwerbrock verstummt das Telefon in der Redaktion nicht. Jeder, der in Berlin regierungsamtlich etwas zu sagen hat und in Leipzig weilt, jeder, der im Buchhandel oder Verlagswesen etwas zu melden hat, ruft Martin an. Sie alle sagen: Wie kannst du so blauäugig sein und den Vertreter einer bourgeoisen Zeitung durch die Messe führen, ohne dich mit uns abzustimmen! Wenn auch solche Schelte ihn normalerweise nicht mehr überraschte, hier hatte sie Martin nicht erwartet. Er glaubte, das mit Herbert vorher geregelt zu haben. Er ruft ihn an und fragt,

37

wie er aus dem Dilemma herauskommen kann. »Sieh erst mal zu, wie du das allein schaffst«, lautet die lakonische Antwort.

In den frühen Morgenstunden wird eine Parteiversammlung aller Aussteller anberaumt. Dort hagelt es auf Martin ein. Von sorglos bis parteifeindlich reichen die Vorwürfe. Nach der gründlichen Beschimpfung, melden sich erfahrene Genossen zu Wort. Hans Holm kann die ganze Aufregung nicht verstehen. Und sein Wort gilt! Er ist die graue Eminenz in Buchhandel und Verlagswesen, obwohl kaum einer genau sagen kann, welche Funktion er eigentlich bekleidet. Seine Dienststelle, das Büro Holm, vermutlich vom Zentralkomitee der SED ins Leben gerufen, beschäftigt sich vor allem mit der Lösung kultureller Aufgaben. Hans Holm ist das »Büro Holm« – eine Institution. Ihn umgibt die Aura des international erprobten Widerstandskämpfers, seine Biographie kennt Licht und Schatten. Als Emigrant und Kurier der Kommunistischen Internationale in Norwegen, wurde er von den Nazis verhaftet und jahrelang im Konzentrationslager Buchenwald inhaftiert. Darüber spricht er wenig, umso geduldiger beschäftigt er sich mit den jungen Menschen, die in den Buchhandlungen und Verlagen arbeiten. Martin verehrt ihn wie einen Vater, weil er nicht doziert, sondern vorlebt. Umso entsetzter ist er, als Hans Holm verleumdet, vor ein DDR-Gericht gestellt und verurteilt wird. Martin hat ihn einmal gefragt, wie er die Qualen im Konzentrationslager ausgehalten habe. »Schreien, immer nur schreien«, hat er damals geantwortet. Diesmal kann er nicht schreien. Das wäre kein taugliches Mittel gegen den bitteren Schmerz der Enttäuschung durch die eigenen Leute. Diesmal kämpft er vor den Schranken des Gerichts gegen das erlittene Unrecht. An den Idealen, für die er lebt, zweifelt er keinen Augenblick. Er wird rehabilitiert und Leiter des Mitteldeutschen Verlages in Halle, den er vor allem für junge Autoren zu einer literarischen Heimat macht. Nach Jahrzehnten sucht Martin ihn, den Rentner, unangemeldet in Berlin auf. Seine ersten Worte sind: »Du bist's – was kann ich für dich tun?« Er ist derselbe geblieben, wie damals, als er im Hansahaus für Martin in die Bresche gesprungen war.

»Wie wollen wir in Westdeutschland Resonanz finden, wenn wir der westdeutschen Presse den Zugang zur Messe verwehren?«, hat er die Genossen gefragt. Fritz Brilla, ein Emigrant, aus der Sowjetunion und jetzt stellvertretender Leiter des Dietz Verlages, kritisiert die Entrüstung der

Runde als Sektierertum. Die Stimmung schlägt um, die Parteiversammlung geht aus wie das Hornberger Schießen. Martin informiert Herbert, ein Echo seinerseits bleibt aus, ob »operativ« etwas für Herbert bei der Sache herausgesprungen ist, erfährt Martin nie.

Ein anderer Messegast bringt Martin ebenfalls wenig Freude. Aus München kommt ein unverlangter Artikel, der zur Auseinandersetzung herausfordert. Martin lädt den Autor zur Messe ein, besorgt eine Aufenthaltsgenehmigung, ein Hotelzimmer, bittet ihn in die Redaktion, um den weiteren Tagesablauf gemeinsam zu besprechen. Der Autor kommt, will erst in sein Hotelzimmer gehen, um sich auszuschlafen, denn er ist die Nacht über gefahren, nachmittags will man sich in der Redaktion treffen.

Mittags erscheint ein unauffälliger Mann bei Martin, sagt plump-vertraulich, er könne sich sicher denken, woher er komme. Martin kann sich nichts denken. Der Mann sagt, »von den Freunden«, das ist die umgangssprachliche Kurzform für alle sowjetischen Organe. Martin soll sagen, wo der Gast untergebracht ist. Martin ziert sich, dann sagt er es, weil er sich zu einer ständigen Bringeschuld gegenüber dem »großen Bruder« verpflichtet sieht. Der unauffällige Mann versichert, den Autor rechtzeitig am Nachmittag in die Redaktion zu geleiten. Der Autor erscheint am Nachmittag nicht. Die Nachfrage im Hotel ergibt, er hat das gebuchte Zimmer nicht in Anspruch genommen.

Martin informiert seine neuen Freunde, aber die wissen schon Bescheid. Der angereiste Autor wurde von jenem unauffälligen Mann unterwegs abgefangen, zu Speis' und Trank eingeladen und unterschrieb noch am selben Tag in bester Wodkalaune eine Verpflichtung, für den sowjetischen Geheimdienst zu arbeiten. »Umgchauen«, nennen sie diese Methode. Martin ist entsetzt.

Das war sein erster und letzter persönlicher Kontakt zu dem »Bruderorgan«. Es bleibt eine schmerzende Irritation. Er möchte möglichst alles akzeptieren, was von der sowjetischen Besatzungsmacht ausgeht, grundsätzlich richtig finden. Aber zu vielen ihrer Handlungsweisen, die er im Alltag erlebt, findet er keinen Zugang.

Bei einem »Treff« in der konspirativen Wohnung über dem Ringcafé ist unerwartet ein »Neuer« anwesend. Er stellt sich als »Achim« vor, ist offensichtlich ranghöher als Herbert, führt das Wort und übernimmt die Zusammenarbeit mit Martin. Der betrachtet überrascht sein neues Gegenüber. Mein Gott, denkt Martin, was für ein Schmiß – was für eine Narbe! Sie zog sich im Bogen vom linken Mundwinkel über die Wange zurück zum Kinn und gab sofort Rätsel über ihren Ursprung auf.

Das ist der erste Eindruck, den Achim, ein mittelgroßer, gedrungener Mann, auf Martin macht. Das großflächige, runde, blasse Gesicht, der markante Schädel mit spärlichem glatten, aber nicht schütterem blonden Haarwuchs, den er sich später zu einer Bürste stutzen ließ, verrieten einen »Großkopferten« im wahrsten Sinne des Wortes. Im Gegensatz dazu verlieh ihm die Goldrandbrille ein oberlehrerhaftes Aussehen.

Gleich zu Beginn legt Achim eine Verpflichtungserklärung auf den Tisch, die Martin im Wortlaut handschriftlich abschreiben und unterschreiben muß und in der verbindlich festgehalten ist, was er bisher Herbert nur mündlich hatte zusichern müssen: strengste Verschwiegenheit im gesamten persönlichen Umgang, also auch in der Familie, uneingeschränkte Offenheit und Ehrlichkeit seiner Dienststelle gegenüber, Androhung strengster Strafen bei Verletzung dieser Pflichten.

Gleichzeitig erfährt er, daß er künftig im internen Verkehr und der operativen Arbeit den Decknamen »Sport« führt. Martin ist überrascht, doch der Name gefällt ihm, beweist er doch, daß man ihn nicht nur oberflächlich beobachtet hat, sondern seine Leidenschaft kennt und akzeptiert.

Martin ist jetzt »Inoffizieller Mitarbeiter« der Hauptverwaltung Aufklärung des Ministeriums für Staatssicherheit. Auch das wird ihm in lakonischer Kürze noch gesagt. Einzelheiten wird er später kennenlernen. Er ist der IM »Sport«, wird künftig alle Schriftstücke auf diese Weise zeichnen.

Der neue »Führungsoffizier« bringt einen Kurswechsel in die Zusammenarbeit, sein Interesse zielt direkt auf die Bundesrepublik. Er trifft sich regelmäßig mit Martin, läßt sich alle Erlebnisse erzählen, nach kurzer Zeit konzentriert er sich auf Martins Journalistenkollegen im Kölner Raum.

Zum Kölner Kreis gehört ein Baron aus verarmtem Adel, von seinen

Freunden darob oft gehänselt, weil er trotz leerer Kassen und Konten auf seine Herkunft pocht.

»Nimm das ›Noblesse oblige‹ doch zum Anlaß, mit ihm ausführlich über die historische Rolle des Adels in Deutschland zu reden«, empfiehlt Achim. »Erzähl ihm, daß er eine Verpflichtung hat, die trennende Grenze zu beseitigen. Es gibt kaum noch Interessenverbände, die in Ost wie West vorhanden sind. Der Adel aber, der ist seit Jahrhunderten hier wie dort. Er kann etwas dafür tun, daß sich das Land wiedervereinigt. Sag ihm, du sprichst im Auftrag von Adligen der DDR, sie wollen mit ihm Verbindung aufnehmen, eine Art Programm für engere Zusammenarbeit konzipieren, wenn er das möchte.« Martin ist skeptisch, er glaubt nicht an einen Führungsanspruch des Adels. Der Adel spielt weder in seinem Kopf noch seiner Meinung nach in Staat oder Wirtschaft eine Rolle. Achim weiß das besser, er zählt Namen von in der DDR lebenden Adligen auf, die sehr wohl eine Rolle spielen: Karl-Eduard von Schnitzler, Bernt von Kügelgen, Egbert von Frankenberg zum Beispiel. Gemeinsam überlegen sie weiter, sind überrascht, wie viele Persönlichkeiten ihnen einfallen. Der Versuch könnte doch lohnend sein. Die Kontaktaufnahme zum Baron wird sein zweiter Auftrag.

Eine scheinbar legale Privatreise wird vorbereitet. Martins Mutter soll ihre Ende der fünfziger Jahre aus der DDR geflohene Tochter Ruth besuchen, die bei Köln mit ihrer Familie lebt. Ein Interzonenpaß wird gewährt, was nicht jedem Normalbürger zugestanden wird. Martin reist als Begleitperson der alten Dame, ein Verwandtenbesuch. In einer Zahnpastatube hat er fünfhundert Westmark versteckt, die für den Baron bestimmt sind. Die Scheine riechen nach Pfefferminz, er läßt sie im Fahrtwind des Gogomobils flattern, das er sich von seinem Schwager für die Fahrt nach Köln geborgt hat. Ein erfolgloser Versuch. »Non olet«, tröstet er sich. Zwei Begegnungen mit dem Baron hat Achim geplant. Vor der ersten muß Martin das Geld in einem Erdversteck »ablegen«. Martin hat zum ersten Mal Gelegenheit, das anzuwenden, was er in mehreren Sitzungen über die Anlage eines »toten Briefkastens« (TBK) von Achim als Trockenübung gelernt hat. Wenngleich er von Anfang an jede mögliche Variante als unverzeihlichen Unsicherheitsfaktor betrachtet hat. Ob es sich um Erdverstecke, morsche Baumwurzeln, um Mauerritzen, noch so gut getarnte Hohlräume aller Art in günstigen Lagen – nicht zu einsam, nicht zu belebt – handelte: überall geriete seiner Meinung nach das abzulegende Material außer Kontrolle und könnte durch die verrücktesten Zufälle entdeckt werden. Er hat später in seiner Praxis keine der erlernten Methoden angewandt. Hier aber gilt es, im »Feldversuch« ein »Erdversteck« anzulegen. Martin unternimmt vom Wohnort seines Schwagers aus lange Spaziergänge, findet schließlich an einem abgelegenen Bahndamm einen verlassenen Kaninchenbau, legt die Geldscheine gut verpackt dort ab, verschließt den Eingang zur Höhle mit Grasbüscheln, bringt mit Zweigen unauffällige Kontrollzeichen an, denen er rechtzeitig ansehen würde, wenn sie zwischenzeitlich berührt worden wären, und überzeugt sich schließlich, daß er tatsächlich alles unbeobachtet erledigt hat. Er kommt sich anschließend wie ein Pfadfinder beim Geländespiel vor, der den kurzen Hosen entwachsen ist.

Am übernächsten Tag sichert er sich wieder gründlich ab, ehe er den Ort aufsucht, findet den Bau unberührt vor und entnimmt ihm das Geld – überzeugt davon, daß Anlage und Benutzung dieses TBK die einzigen Unsicherheitsfaktoren seiner Reise waren.

Beim ersten Treffen ist der Baron zu Martins Überraschung sofort bereit, seine Verpflichtung als Adliger wahrzunehmen, er ist von der Mission seines Standes tief überzeugt, und ebenso selbstverständlich ist ihm, daß er bei solcher Zusammenarbeit nicht leer ausgeht. Weder über Inhalt noch über Bezahlung muß lange geredet werden. Der Baron solle alles überschlafen, wiegelt Martin ab, man verabredet sich für den nächsten Tag, dann wird auch »die erste Rate« zur Stelle sein.

Beim zweiten Treffen erscheint der Baron verändert, aber Martin überwindet seine Unsicherheit, wiederholt seine Argumente, zieht das Geld aus der Tasche, schiebt es dem Baron zu. Der sagt:

»Ich muß leider refüsieren.«

Eine Ablehnung. Total überrascht von diesem Sinneswandel, fragt Martin nach Gründen. Der Baron möchte sich darüber nicht äußern. Man scheidet mit Höflichkeitsfloskeln, verabredet, einander wieder anzurufen.

Wie von Achim angeordnet, deponiert Martin das Geld wiederum in einem »toten Briefkasten«, diesmal in einer Baumwurzel auf einer kleinen Parkanlage in Köln, abgesichert mit allen Schikanen. Als er es Monate später abholen will, hat sich der Park in eine Baustelle verwandelt, das Geld ist weg. Martin hofft, daß es wenigstens ein Bauarbeiter gefunden hat.

Der Mißerfolg wird zu Hause überraschend gelassen zur Kenntnis genommen. Martin aber verbucht ihn als seinen zweiten Fehlstart. Wochen später berichtet Achim, bei dem Baron sei in jener Nacht eingebrochen worden, man hätte ihm sämtliche Hosen seiner Anzüge geklaut. Ein Bubenstreich? Der Schaden betrug genau 500 Mark, jene Summe, die Martin als Startgeld geboten hatte. Der Baron hätte einen Zusammenhang gewittert. So kann es gewesen sein, es kann auch ganz anders gewesen sein, das Projekt ist jedenfalls gestorben. Martins Frage, woher Achim seine Kenntnisse bezog, bleibt unbeantwortet.

Achims Lächeln ist schwer zu durchschauen. Freundlicher Ernst oder Süffisanz? Zu einem der nächsten Treffs erscheint er, wie Martin findet, freundlich lächelnd und erklärt dann unvermittelt: »Wir wollen dich umsetzen.«

Erst allmählich beginnt Martin zu begreifen. »Soll ich in den Westen übersiedelt werden?« fragt er unsicher.

»Warum nicht?« erwidert Achim leichthin. Das heißt, Aufklärungsarbeit von dort aus zu leisten. Martins Herz klopft, dann weicht die Überraschung jenem berauschenden Gefühl, das ihn stets durchströmt, wenn eine besondere Leistung von ihm erwartet wird, die nur er vollbringen kann: das »Torwartgefühl«. Er wird meistern, was von ihm erwartet wird, und er ist stolz darauf, daß man es ihm zutraut.

»Wohin?« fragt Martin in das Schweigen hinein.

»Mal sehen, wo die beste Ausgangsbasis ist. Alles will sorgfältig überlegt sein.« Martin hat Vorschläge. Seine Freunde könnten ihn gewiß in einer Kölner Redaktion unterbringen.

Im Anschluß an die Frankfurter Buchmesse 1958 besucht Martin seine Bekannten in Köln. Hans Krupp von der »Neuen Illustrierten« und Jürgen Jagla vom »Düsseldorfer Mittag« würden ihn gern in ihre Redaktionen einstellen, würden es allerdings ebensogern sehen, wenn er in Leipzig bliebe und ihnen dort weiterhelfen könnte. Aber seine berufliche Existenz wäre bei einer Übersiedlung geregelt.

Doch dann tauchen für Martin Probleme auf, mehr und mehr gerät er ins Grübeln. Was soll mit Frau und Tochter geschehen? Er kann doch nicht einfach weggehen, sie ahnungslos zurücklassen! Soll er sie nachholen oder soll er die Familie in seine Pläne einweihen? Plötzlich überfallen ihn tausend Fragen, seine Überlegungen werden zunehmend panisch. Er müßte illegal ausreisen. Damit hätte er mit einem Schlag alle seine Freunde verraten, enttäuscht und verloren, seiner Mutter den letzten Halt genommen, die den Weggang der Tochter kaum verkraftet. Er denkt daran, wie nahe es ihm gegangen ist, wenn Bekannte oder Freunde das Land verließen. Nein, das bringt er nicht fertig, hier zu Hause als Abtrünniger dazustehen, da kann die neue Aufgabe so wichtig sein, wie sie will.

Seine Euphorie schlägt in Ernüchterung um. Sicher hat Achim Antworten auf seine Fragen, er wird ja nicht der erste sein, der diesen Weg gehen soll, aber Martin stellt gar keine Fragen mehr. Er erläutert bei der nächsten Begegnung mit Achim, weshalb er nicht Republikflucht begehen kann. Achim ist nicht enttäuscht. Zumindest zeigt er es nicht. Er versucht auch nicht, Martin umzustimmen. Wahrscheinlich haben die Genossen »im Hause« , wie er die Zentrale der Aufklärung der Einfachheit halber nennt, alle Varianten einkalkuliert. Nun ist eine davon eingetreten. Man kann einen Mann nicht gegen seinen Willen oder unter Zwang ins Lager des Gegners schicken, um etwas auszukundschaften. Der Mann bleibt dort oder der Mann bringt »Spielmaterial« oder der Mann läßt sich von der anderen Seite anwerben. Wie unterschiedlich die Motive auch sein mögen: Aufklärer wird man aus freien Stücken.

Nach Köln geht Martin also nicht. Er bleibt im Lande. Dafür geht er nach Berlin. Dr. Heinrich Becker, der Vorsteher des Börsenvereins der Deutschen Buchhändler zu Leipzig, beschreibt Martins Weggang im Börsenblatt so: »Nun ist die Situation eingetreten, die wir seit einiger Zeit kommen sahen: eine Berliner Stelle hat ihre Hand nach Dir ausgestreckt und möchte Deine journalistischen und organisatorischen Fähigkeiten nutzbar machen.« Diese Berliner Stelle ist der »Verband der Deutschen Journalisten«. Der Generalsekräter Walter Graul bietet Martin das Sachgebiet »Westdeutschland« an und sagt etwas hemdsärmelig: »Wir brauchen dich, in Leipzig versauerst du auf Dauer sowieso.«

Das läßt Martin nicht auf sich beruhen. Hier in Leipzig ist er wer! Er verteidigt seine Arbeit an der Fachzeitschrift, seine vielseitige Tätigkeit außerhalb der Redaktion: hier hat er bei der »Leipziger Zeitung« und in den ersten Jahren beim »Börsenblatt« nebenher als wissenschaftlicher Assistent am »Institut für körperliche Erziehung und Schulhygiene« der Universität gearbeitet, war als Vorsitzender der Pressekommission der Sektion Leichtathletik im Deutschen Sportausschuß mehrere Jahre verantwortlich für die Zeitschrift »Leichtathletik«, hatte an Wochenenden den »Vorwärts«, die Montagsausgabe des »Neuen Deutschlands« mit redigiert, hatte in den Vorständen des Kulturbunds und des Klubs der Kulturschaffenden gearbeitet, hier hatte er sein Fernstudium an der Fakultät für Journalistik begonnen und 1962 abgeschlossen. Hier war er jahrelang im Presseverband stellvertretender Vorsitzender, hier sind Familie und Freunde, hier ist seine Heimat. Das kann man wohl nicht versauern nennen.

Das Angebot aus Berlin ist finanziell nicht verlockend. Er wird keinen Pfennig mehr verdienen als in Leipzig. Im Gegenteil: Seinen Einzelvertrag als »Angehöriger der Intelligenz« muß er sausen lassen. An die Folgen für seine Rente verschwendet er keinen Gedanken.

Martin bittet um Bedenkzeit. Er spricht mit Achim. Der nimmt den geplanten Wechsel mit stoischer Gelassenheit. Verabredungen werden nicht getroffen. Achim weiß, wie er Martin erreichen kann.

Obwohl es ihm schwerfällt, entscheidet sich Martin für die Berliner Aufgabe und damit für den Abschied aus der praktischen journalistischen Arbeit und vom Leistungssport. Schon in Berlin arbeitend, absolviert Martin noch die letzten Punktspiele in der Handballmannschaft der DHfK, der »Deutschen Hochschule für Körperkultur«, für die er jetzt im Tor steht, wird mit ihr Deutscher Meister.

Auf diesen Titel ist er stolz, denn seine Mannschaft ist wirklich die beste im geteilten Land. Zwei Jahre später erobert sie – schon ohne ihn – in Paris den Europapokal.

Funkstille

Der Empfang in Berlin zerstreut alle Zweifel an seinem Entschluß. Er kennt die Geschäftsstelle des Journalistenverbandes in den beiden obersten Etagen des imposanten Jugendstilflügels, der vom Admiralspalast am Bahnhof Friedrichstraße unzerstört blieb. Die Sekretäre des Zentralvorstandes erläutern ihm seine Aufgaben als Mitarbeiter für gesamtdeutsche Fragen. Er muß also etwas Neues aufbauen. Das hatte ihn schon beim Vorgespräch in Leipzig am meisten gereizt. Man zeigte ihm sein Zimmer mit Blick über die Spree zum Schiffbauerdamm, zum alten Friedrichstadtpalast und zum Berliner Ensemble. Fast das ganze Haus wird vom Verband genutzt. In den oberen Stockwerken (in den ersten Nachkriegsjahren gab es hier auch ein kleines Journalistenhotel) befinden sich Büros, im Erdgeschoß ist das Pressecafé mit Weinkeller im Souterrain, im ersten Stock der Journalistenclub und darüber das bekannte Kabarett »Die Distel«.

Der Verband hat ihm ein möbliertes Zimmer reserviert, jenseits der Spree und bequem zu Fuß zu erreichen. Er gewöhnt sich schnell ein, zumal ihm überall mit Offenheit begegnet wird, nur mit der Aufgabe, die er lösen soll, tut er sich schwer. Martin frischt seine Freundschaften zu den Kollegen am Rhein auf. Die sind ihm nach wie vor wohlgesonnen, aber außer Kontakten entsteht nichts Neues. Nach Wochen der Mühen fährt Martin zur Leipziger Frühjahrsmesse. Dort betreibt der Verband im Pressezentrum ein internationales Büro, das Kollegen aus aller Welt betreut. Ein Strohhalm, den Martin dankbar ergreift. Er lernt wieder Leute »von drüben« kennen, kann sie beraten, ihnen Wege ebnen, Kontakte vermitteln. Man wird in Verbindung bleiben, »man sieht sich«. Aber es bleibt bei solchen Unverbindlichkeiten.

Der Sekretär des Berliner Bezirksverbandes der Journalisten kann aus

Gesundheitsgründen seine Funktion nicht mehr ausüben.»Würdest du das machen?« fragt Walter Graul. Martin kann. Er wird zunächst kommissarisch eingesetzt und auf der nächsten Delegiertenversammlung gewählt. Jetzt ist er in seinem Element. Er beginnt, den Presseclub aus einem Restaurant in ein journalistisches Veranstaltungszentrum zu verwandeln, läßt es umbauen und modernisieren, unterteilbar in mehrere Räume verschiedener Größe, Tanzfläche, Kinosaal, Fernsehzimmer (damals ein Novum). Er versucht, die HO als Betreiberin des Restaurants für seine Idee zur Bundesgenossin zu machen, was ihm nie richtig gelingt, und fängt dann gezielt an, das Verbandsleben in den einzelnen Redaktionen und Verlagen auf der Basis von Fachsektionen zu entwickeln. Ein ganzes Schulungssystem entsteht, vor allem ein reges Clubleben mit interessanten Veranstaltungen und renommierten Referenten. Die Geselligkeit kommt nicht zu kurz. Es gibt Tanzabende, Modenschauen, alles in geschlossener Gesellschaft. Gäste sind willkommen, wenn sie eine Referenz nachweisen können. Zu diesem Zwecke werden Clubkarten an Künstler und andere Prominente ausgegeben. Er schließt ein Abkommen mit dem Künstlerclub »Die Möwe«, der in der alten Luisenstraße, in enger Nachbarschaft zu beiden Häusern des Deutschen Theaters, zum Berliner Ensemble, dem Friedrichstadtpalast, der Charité und den Instituten der Humboldt-Universität die erste Adresse kultureller Begegnung im Herzen Berlins geworden ist. Hier hat das ehemalige Palais Bülow eine Bedeutung bekommen, die seiner Tradition würdig ist. Hier treffen sich Künstler und Wissenschaftler jeglicher Couleur zum Meinungsaustausch, zu Veranstaltungen und zu geselligem Beisammensein. Hier finden sie auch ihr Publikum, denn der Club ist kein elitäres Haus, sondern offen für Kenner und Könner. Wer sich dazu zählen darf, ist willkommen. Die Clubkarten sind gefragt. Das kulturelle Spektrum für Journalisten und deren Gäste erweitert sich auch durch den Kontakt, den Martin zu den Schauspielern des Kabaretts »Die Distel« pflegt, die im Theatersaal des Presseclubs zu Hause sind.

Meist wird es abends spät, früh muß er rechtzeitig wieder im Büro sein – Martin gibt sein möbliertes Zimmer auf und zieht in einen bescheidenen Raum, der im fünften Stock vom ehemaligen Journalistenhotel noch übrig geblieben ist. Eine Wohnung in Berlin hat er noch nicht, an den Wochenenden pendelt er zwischen Berlin und Leipzig.

Im August 1961, an einem Sonntagmorgen, klingelt ihn das Telefon in aller Herrgottsfrühe aus dem Schlaf. Die SED-Kreisleitung ist am Apparat. »Gut, daß du schon da bist, trommle alle Genossen zusammen, weitere Weisungen später.« Martin ist zwar hellwach, aber völlig ratlos. Eine Frage zu stellen, hat er verpaßt. Aus dem Radio kommt des Rätsels Lösung: Es ist der 13. August. Die Grenzen zu Westberlin sind geschlossen worden.

Martins erster Gedanke ist keineswegs weltpolitischer Natur: das Ereignis durchkreuzt alle privaten Wochenendpläne. Aus der Fahrt zum Müggelsee wird nichts. Martin telefoniert. Die meisten holt er aus dem Schlaf. Dann geht er mit seiner Frau ins Pressecafé zum Frühstück. Es sind mehr Leute auf der Friedrichstraße unterwegs als sonst sonntags. Das können sie beobachten. Doch von Hektik keine Spur. Nachdem der Parteisekretär eingetroffen ist, meldet Martin sich ab nach Leipzig. Am Montag will er planmäßig zurück sein.

Reisen nach Berlin sind ab sofort gesperrt. Eine Bekannte seiner Mutter hat am Montag einen Operationstermin in der Berliner Charité. Mit der Bahn könnte sie nicht fahren. »Du nimmst sie doch mit«, sagt seine Mutter, die »Mimsche«, wie selbstverständlich zu »ihrem Jungen«. Der macht es, hat Glück bei der Ausweiskontrolle an der Berliner Stadtgrenze. Zurück im Journalistenverband holt dann auch ihn der Mauerbau ein. Die jungen Kollegen gehen als Kampfgruppenmitglieder direkt an die Grenze, werden von den »Zurückgebliebenen« marketenderisch versorgt. Martin gehört als »Leitungskader« nicht zur Kampfgruppe. Er hat alle Hände voll zu tun mit Anträgen auf Einreisebefürwortungen von Westjournalisten. Martin tut sein möglichstes. Die Diskussionen im Club nehmen allerdings kein Ende. Die Lage konsolidiert sich zwar, doch nichts wird wieder so sein wie zuvor.

Während vor allem die Berliner die Folgen der Teilung rigoros spüren, stellt Martin verwundert fest, daß sich für ihn eigentlich gar nichts ändert. Jetzt versteht er plötzlich, warum viele seiner Leipziger Bekannten ihn um die Versetzung nach Berlin beneideten, wegen der Möglichkeit, Westberlin zu besuchen. Der Gedanke war Martin fremd. Er war in die Hauptstadt der DDR versetzt worden. Westberlin blieb für ihn Ausland.

Nach beinahe fünf Jahren gerät Martin an einen ähnlichen Punkt wie vor seinem Weggang aus Leipzig: Er hat das Gefühl, auf der Stelle zu treten.

Von Achim hat er seit seinem Wechsel nach Berlin nichts mehr gehört. Nach vier Jahren »Sendepause« und nach den zwei Fehlstarts ist er überzeugt, disqualifiziert worden zu sein. Mehr Fehlversuche hat man in der Leichtathletik auch nicht. Er vergißt die Episode.

Ein neues Bewährungsfeld wird gebraucht.

Zweimal besucht er Dr. Hermann Ley, inzwischen Professor und Vorsitzender des Staatlichen Rundfunkkomitees. Der will Martin haben. Auf welchem Posten, ist noch nicht klar. Aber es herrscht beiderseitiges Interesse.

Unterdes besucht Martin regelmäßig die Ostseewoche in Rostock, arbeitet im Pressezentrum und beobachtet begeistert, wie sie von Jahr zu Jahr gegenüber der längst etablierten Kieler Woche durch ihre Vielfalt an Bedeutung gewinnt. Mit freudiger Aufmerksamkeit sieht er die vielen Veränderungen, mehrmals fährt er die Küste zwischen Lübecker und Pommerscher Bucht entlang, schreibt zahlreiche Reportagen darüber und textet zwei Bildbände für den Hinstorff Verlag über die »Sieben stolzen, wundervollen Schwestern«, jenes Siegel, das der Dichter Kuba den Anliegerstaaten der Ostsee verliehen hat. Es ist zum Motto der Ostseewochen geworden.

In Rostock soll ein Fernsehsender eingerichtet werden. Auch das lockt ihn. Ein drittes Angebot kommt von Hertha Classen, Intendantin des Berliner Rundfunks. Sie will in absehbarer Zeit im Beruf kürzer treten.

Martin wägt zwischen den drei Möglichkeiten ab. Das Jahr 1963 neigt sich dem Ende zu. Wenn er sich verändern will, dann wäre jetzt der richtige Zeitpunkt. In seine Überlegungen drängt sich überraschend der Anruf von Achim. Ein Termin wird vereinbart. Martin bleibt wie versteinert mit dem Hörer in der Hand am Schreibtisch sitzen. Dieser Anruf paßt ihm nun überhaupt nicht. Er hatte das Kapitel Achim abgehakt.

Aber er geht am nächsten Tag zum Treff. Achim nimmt ihn mit dem Wagen auf. Das ist immer noch ein Wartburg. Aber die »Konspirative Wohnung« ist inzwischen eine Villa mit Betreuerehepaar. Die Frau scheint zu kochen, der Mann die schwereren Hausarbeiten zu machen und den Garten mit dem dichten Wall aus Nadelbäumen zu versorgen, der das Grundstück umgibt und Einblick zu jeder Jahreszeit verwehrt.

Achim, unergründlich lächelnd, erwartet Martins Frage, was er denn in Berlin mache. Dann hat er seinen Auftritt. »Ich bin ebenfalls nach Berlin versetzt.« Es folgt eine Pause. »Und zwar auf Dauer.« Er genießt die Überraschung Martins.

Entscheidung für ein zweites Leben

Es wird ein langes Gespräch. Ein Frühstück ist vorbereitet. Getränke stehen auf dem Buffet, gelegentlich klopft die Hausdame an und fragt, ob es noch Wünsche gäbe. So ein Aufwand wurde bisher nie getrieben. Martin genießt es, hofiert zu werden. Gleichzeitig wächst die Vermutung, daß Achim hier nicht nur eine Wiedersehensfeier arrangiert hat. Der gibt sich jovial und betont, daß seine Versetzung zur Zentrale nach Berlin unabhängig von der Wiederaufnahme des Kontakts zu Martin erfolgte, daß er die Verbindung zu ihm aber nun gern wiederherstellen möchte. Scheinbar interessiert läßt er sich berichten, wie es Martin in der Zwischenzeit ergangen ist. Sie kommen ins Erzählen, wobei Achim wortkarg bleibt, was Martin nicht verwundert. Was hätte Achim auch über sich berichten sollen – von Anfang an war vereinbart, daß seine privaten und persönlichen Angelegenheiten tabu bleiben müssen. Das Verhältnis zwischen ihnen ist also einseitig und unterscheidet sich dadurch generell von allen zwischenmenschlichen Beziehungen, die Martin bisher kennengelernt hat. Aber er findet sie auch wiederum interessant, diese Art Geheimniskrämerei. Beim Mittagessen kommt er auf seine Abwanderungspläne vom Journalistenverband zu sprechen, erzählt von den drei Eisen, die er im Feuer hat. Doch ehe er sie erläutern kann, unterbricht Achim ihn.

»... und ich biete ein viertes Eisen an«, wirft er bedeutungsvoll ein und zaubert seine Offerte wie ein Magier das Kaninchen aus dem Zylinder: »Wir wollen dich ganz für uns haben.«

Martin legt sein Besteck beiseite. Das ist für Sekunden das einzige Geräusch im Raum.

Er ist nicht völlig überrascht. Er hat schon einen gravierenden Vorschlag erwartet. Aber einen, der sein ganzes Leben verändern würde? Das sagt er Achim und will Genaues wissen, ehe er sich weiter äußert. Achim beschwichtigt: »Es muß nicht für dauernd sein. Vielleicht für zwei, drei Jahre. Während dieser Etappe wärst du allerdings viel auf Reisen, deshalb müßten wir dich aus dem Beruf herauslösen. Wie und wo wir dich dann wieder eingliedern würden, müßten wir sehen. Aber das dürfte nicht das Problem sein.«

Martin zögert mit der Antwort. Die hat Achim auch so schnell nicht erwartet. Aber die Neugier ist geweckt und seine Geduld am Ende. Also erfragt er Einzelheiten.

Gerade da aber liegt der Hase im Pfeffer. Ohne grundsätzliche Zusage wird Achim nicht konkret werden. Martin ist kein Taktierer, aber auch kein Hasardeur. Wenn er schon keine Einzelheiten erfahren darf, möchte er über seinen Arbeitgeber etwas mehr wissen als bisher. Natürlich hat er in Leipzig für die Hauptverwaltung Aufklärung unterschrieben, aber er kennt außer Herbert und Achim weder Personen noch konkrete Aufgaben. Er arbeitet mit einer anonymen Institution.

Achim lächelt nachsichtig. Er hat die Frage offenbar nicht erwartet. »Also paß auf«, läßt Achim sich herab, »die HVA, also die Hauptverwaltung Aufklärung, ist die Auslandsaufklärung der DDR. Sie gehört zum Ministerium für Staatssicherheit, aber unser Chef ist Markus Wolf. Das ist eigentlich alles, was du wissen mußt. Kommt es zu einer Zusammenarbeit, bekommst du eine Rufnummer, unter der du mich ständig erreichen kannst. Mit dem Ministerium hast du weder räumlich noch organisatorisch zu tun. Alles läuft über mich.«

Damit hält er Martins Frage für beantwortet und der spürt, daß er keine weiteren Auskünfte erhalten würde, selbst wenn er nachhaken wollte. Immerhin, der Name Wolf macht ihm die Sache sympathisch. Er weiß, daß er Berichterstatter beim Nürnberger Prozeß gegen die Nazikriegsverbrecher war. Sein Bruder Konrad ist ihm als Regisseur ein Begriff, und er kennt den Vater der beiden, den Arzt und Schriftsteller Friedrich Wolf, den er in Leipzig kurz nach der Kapitulation im Saal des Neuen Rathauses bei einer Dichterlesung erlebt hat. Da aber der Teufel im Detail steckt, hätte es Martin doch gern etwas konkreter, ehe er sich entscheiden würde. Was also will Achim von ihm?

Da der alle Präliminarien offenbar für erledigt hält, sagt er trocken:

»Wir wollen einen wichtigen Mann in der Bundesrepublik für uns werben. Dazu brauchen wir dich. Genauer gesagt: ohne dich geht es nicht.«

Martin durchzuckt es. »Das ist es!« Aber er hütet sich, verhaltene Begeisterung spüren zu lassen. Es wartet wieder eine Torwartaufgabe auf ihn, von größerem Reiz und höherem Risiko als bisher. Er muß einen kühlen Kopf bewahren.

Achim mahnt ebenfalls zur Besonnenheit: »Den Entschluß mußt du ganz allein fassen. Du hast keine Möglichkeit, dich mit jemand darüber zu beraten, weder aus der Familie noch mit Kollegen, und wären es auch die zuverlässigsten Genossen. Alle Fragen kannst du ausschließlich mit mir besprechen. Später wirst du Gelegenheit bekommen, noch andere Genossen aus dem Haus zu Rate zu ziehen. Aber nach draußen darf nichts dringen, sonst ist die Sache geplatzt, ehe sie begonnen hat, und du selbst bist für uns wertlos geworden. Bei der Herauslösung aus dem Beruf werden wir dir natürlich helfen. Du hast im Journalistenverband Westarbeit gemacht. Also werden wir dich mit einer ähnlichen Aufgabe ›in den Parteiapparat‹ delegieren und im übrigen dafür sorgen, daß keiner überflüssige Fragen stellt.«

Achim sagt das mit einer solchen Selbstverständlichkeit, daß Martin kaum Grund zum Zweifeln hat.

»Für alles andere«, fährt Achim fort, »müssen wir von jetzt an Legenden entwickeln.« Er spürt Erklärungsnot und beseitigt sie im Eiltempo. »Legenden können fiktive Lebensläufe, Aufenthaltsbegründungen an bestimmten operativ notwendigen Orten oder erfundene Motive für bestimmte Handlungen sein.« Er ist jetzt fest in seiner »Amtssprache« verankert und setzt sie bei Martin als normal verständlich voraus.

Sie legen Organisatorisches fest: Martin wird seine Kündigung beim Journalistenverband perfekt machen. Anschließend werden sie sich mehrmals in der Woche ganztägig treffen und das Vorhaben, das ein »Vorgang« werden soll, vorbereiten. Bis zum nächsten Treff hat Martin Gelegenheit, sich noch einmal alles durch den Kopf gehen zu lassen. Dann wird seine Entscheidung endgültig sein.

Martin zögert nicht. Er war im Aufbruch, als Achim an ihn herantrat, mochte das nun Zufall sein oder nicht. Er ist bereit, sich in das Abenteuer zu stürzen.

Was ihn unwiderstehlich reizt, ist das Vertrauen, das man in ihn setzt, die Erwartung, daß er die Aufgabe lösen wird. Die Wertschätzung seiner Person, die sich in solchem Vertrauen manifestiert. Wohl auch sein Ehrgeiz, der dahintersteht. »Ohne dich geht es nicht«; genau diese Worte Achims haben seinen Nerv getroffen.

Die Ungewißheit, die auf ihn zukommt, betrachtet er als Herausforderung.

Vieles wird er lernen müssen, das traut er sich zu. Er muß die neue Arbeit mit seinem Gewissen vereinbaren können, da hegt er keinen Zweifel. Er kann sich auch vorstellen, seinen Alltag nach außen so zu kaschieren, daß er für seine nähere Umgebung überzeugend und glaubhaft bleibt.

Beim nächsten Mal fahren sie wieder in das »Objekt«. Nach dem Essen die erwartete Frage: »Hast du dich entschieden?« Achim erwartet nichts anderes als eine Zusage. »Ich mache das«, sagt Martin. Daß er insgeheim entschlossen ist, seine zweite Frau Irene einzuweihen, behält er für sich. Achim nimmt ihm den Gewissenskonflikt überraschend ab. Er fordert ihn auf, mit seiner Frau bald zu reden, um sie so »einzubeziehen«, so daß sie praktisch zum Schweigen über alles verpflichtet wird, was aus dem gemeinsamen Alltag heraus unvermeidbar über Martins Tätigkeit sich ihr mitteilen würde.

Martin fällt ein Stein vom Herzen.

Nun plagt ihn nur noch eine für Achim anscheinend nebensächliche Frage:

Wie nennt sich sein neuer »Beruf« – Aufklärer?

Achim amüsiert die Frage. »Aufklärer« sei schon korrekt, antwortet er, oder »Kundschafter«. »Im Grunde streben wir alle danach, Tschekisten zu werden.« Aber dieses sowjetische Vorbild verfehlt bei Martin seine Wirkung. Die Erinnerung an sein Leipziger Erlebnis mit einem Tschekisten hat Spuren hinterlassen. Ein anderer Begriff steht für ihn von vornherein nicht zur Debatte: Spion. Er wird weder Spion noch Agent. Er wird seine Arbeit nie aus zwielichtigen Motiven, sondern aus Überzeugung machen. Weltpolitik wird gegenwärtig von den Gesetzen des Kalten Krieges dominiert. Martin ist fest davon überzeugt, daß sein Land für den Frieden eintritt, dabei alle Möglichkeiten ausschöpft. Eine davon, eine wichtige, wie er glaubt, wird seine künftige Arbeit sein.

Martins Zusage wird durch eine erneute Verpflichtung besiegelt. Sie unterscheidet sich von der Erklärung, die er in Leipzig abgegeben hat, die eigentlich nichts anderes als eine eidesstattliche Versicherung war, über die Zusammenarbeit zu schweigen, in ihrer Strenge. Das neue Schriftstück, das ihm Achim vorlegt, muß von Martin in vollem Wortlaut handschriftlich abgeschrieben werden. Es ist in sehr ernstem Ton abgefaßt, fordert bedingungslos den Einsatz aller Kraft für die Sicherung der Deutschen Demokratischen Republik und des Friedens, fordert strengste Geheimhaltung und endet in der Drohung, Verrat mit der schärfsten Strafe des Gesetzes zu ahnden.

Trainingsläufe

Sollte sich jemand für Martins neue Tätigkeit interessieren, so gibt er sich als wissenschaftlicher Mitarbeiter an einer Hochschule außerhalb Berlins aus. Eine plausible Erklärung, da er sich dabei auf seine frühere Tätigkeit als wissenschaftlicher Assistent am Institut für Körperliche Erziehung und Schulhygiene der Universität Leipzig stützen kann. Martin besorgt sich Unterlagen über die Studiengänge, Vorlesungspläne, Namen der Lehrkräfte und informiert sich an Ort und Stelle. Er weiß Bescheid, wenn die Rede zufällig darauf kommen sollte.

Es gibt keinen fließenden Übergang. Von heute auf morgen lebt er im Doppelpack. Das echte Leben hat sich in vierzig Jahren entwickelt, das fiktive muß so schnell wie möglich konstruiert werden. Martin muß beide, jedes zu seiner Zeit, verkörpern und »vergeistigen«. Es soll ein Pilotprojekt werden. Aber das weiß nur Achim.

Es beginnt eine Etappe intensiven Lehrens und Lernens. Achim hat ein neues »Objekt« für diesen Zweck rekrutiert, eine Villa am Stadtrand mit riesigen Kastanienbäumen im Vorgarten, geräumigen Zimmern mit hohen, stuckverzierten Decken und spiegelglattem Parkett – eine kalte Pracht auf den ersten Blick, wäre da nicht Trudchen, die Dame des Hauses, eine alleinstehende Frau in mittleren Jahren, die kocht, putzt und die Honneurs macht. Sie begrüßt die beiden herzlich, aber voller Respekt und zugleich Respekt heischend. Sie erinnert Martin auf den ersten Blick an »Hede«, das Faktotum in der Colditzschen Villa im Leipzig seiner Kindheit – er spürt die Kälte der Noblesse nicht mehr. Hier wird er sich die nächsten Monate, vielleicht auch länger, zu Hause fühlen. Hier wird er sich vorbereiten auf seine Reise in ein unbekanntes Abenteuer. Hier wird Achim für ihn Lektor, Seminarleiter, Repetitor und Prüfer in einer Person. Im Unterschied zur Universität darf Martin sich keine Notizen machen, geschweige denn Nachschriften anfertigen. Das erschwert die Sache. Der Lehrplan erscheint zunächst unübersichtlich. Aber allmählich beginnt Martin den Sinn zu entdecken. Achim vermittelt eine Fülle von Themen und behandelt sie in der zeitlichen Reihenfolge, in der sie angewendet werden müssen.

Das Schema folgt einer einfachen Logik: Wer »drüben« als Bundesbürger auftreten soll, muß sich wie ein Bundesbürger bewegen. Das kann er nur an Ort und Stelle lernen. Wenn er aber nach »drüben« fahren will, muß er die Grenze passieren. Also braucht er einen entsprechenden Ausweis. Als DDR-Bürger kann er nicht fahren, also muß er Westberliner, Bundesbürger oder Ausländer sein, um die Standardvarianten zu nennen. So einfach fängt es an.

Den Ausweis besorgt Achim. Zum Ausweis gehört die Person. Das ist der reisende DDR-Bürger, der als Aufklärer eingesetzt werden soll. Sein Paßbild im Ausweis ist echt, alles andere fiktiv. Das heißt, er muß einen Namen bekommen, der drüben nicht auf der Fahndungsliste steht. Das erledigt Achim. Zum Namen gehört eine Lebens- und Berufslegende. Die sollte zweckmäßigerweise vom Träger des Ausweises selbst ausgearbeitet werden, weil sie sich so am besten merken läßt. Das wird besonders später wichtig für Reisen, auf denen mehrere Ausweise mit ebenso vielen Legenden benutzt werden. Dann darf nichts durcheinander geraten. Außerdem müssen für den Transport der Ausweise »Container« benutzt werden. Das wird ein Thema für sich.

Die Kleidung muß der verkörperten Person entsprechen. Es kommen also nur »Westklamotten« in Frage. Die Beschaffung organisiert Achim. Schließlich braucht der Reisende noch, je nach benutztem Ausweis, zum Überqueren der Grenze ein Visum, einen Tagespassierschein oder eine Tagesaufenthaltsgenehmigung, mit der er angeblich die DDR betreten hat und die er bei der Rückreise nun wieder vorweisen muß. Auch die wird ihm von Achim besorgt. Der Reisende muß nur lernen, richtig damit umzugehen.

So ausgestattet und ausgebildet in der Beherrschung seiner Legenden, kann Martin beginnen, seinen ersten operativen Auftrag zu erfüllen: nämlich die Sammlung von »Regimekenntnissen, Aneignung und Verinnerlichung allgemeiner Lebensverhältnisse, alles, was den Menschen, die dort wohnen, selbstverständlich ist: die Kenntnis der Städte, Stadtbezirke, Straßen, Verkehrsmittel, Gewohnheiten, Preise, aber auch scheinbare Kleinigkeiten wie die Höhe des Trinkgeldes, das man gibt, bis hin zu Anmeldeformalitäten in Hotels und vieles andere Alltägliche, womit man auffällt, wenn es einem eben nicht geläufig ist. Mit seinem fiktiven Dokument darf sich der Aufklärer weitgehend sicher fühlen. Nur eines darf er nicht: auffallen. Das ist der Zweck einer guten Legende.

Ein Thema aus dem Programm, das Achim jetzt mit ihm im täglichen Privatissimum paukt, beherrscht Martin bereits: die Regimeverhältnisse. Sie hat er bei seinen zahlreichen offiziellen Reisen im Beruf und Sport so intensiv kennengelernt, daß eigentlich die Rollen vertauscht sein müßten. Achim, der auch dieses Fach unterrichtet, hat das »Operationsgebiet« noch nie in seinem Leben kennengelernt. Er überspielt dieses Manko, indem er Martin gelegentlich Zeitungen, Zeitschriften und Bücher mitbringt, dann mit ihm darüber diskutiert und den Disput schließlich auf »Grenzregimeverhältnisse« oder Hinweise für Hoteleinmietungen und den Umgang mit fiktiven Dokumenten sowie den daraus resultierenden Aufenthaltslegenden reduziert.

Eine große Rolle spielt die »Absicherung«. »Sie beginnt«, sagt Achim bedeutungsvoll, »sobald du die Wohnungstür hinter dir schließt.«

»Doch nicht meine eigene«, wirft Martin ein. »Natürlich deine«, kontert Achim, »vielleicht jetzt noch nicht, aber wenn du die ersten Einsätze in Kürze hinter dir hast, müssen wir auch die Möglichkeit einräumen, daß dich von drüben jemand ›aufnimmt‹ oder ›tippt‹ und dich verfolgt, ehe du überhaupt damit rechnest.«

Auf diese Idee war Martin nicht gekommen. Der Hinweis gilt nicht unbedingt für den Alltag, aber für das Verlassen des Hauses vor Fahrten über die Grenze nach Westen. »Grundsätzlich mußt du dich ständig unter Kontrolle haben«, beginnt Achim, »auch wenn du die harmlosesten Dinge erledigst. Achte auf alles, was um dich herum vorgeht.«

Martin lernt, daß man auf belebten Straßen zwar besser untertauchen, aber seine Umgebung in unbelebten Gegenden besser beobachten kann. Glaubt man eine Verfolgung festgestellt zu haben, kann man sie in unübersichtlichen Gebäuden mit mehreren Ausgängen am besten abschütteln. Aber alles hat eben zwei Seiten: Dort hat man selbst keinen klaren Überblick. Hinzu kommt, daß jeder Weg motiviert sein sollte. Planloses Herumirren würde auffallen. Bei einem Schaufensterbummel dagegen besteht die Gefahr weniger. Man hat genügend Gelegenheit, sich zu kontrollieren und seine Umgebung sogar im Schaufenster-Spiegelbild zu beobachten. Am Ende warnt Achim noch vor einer raffinierten gegnerischen Beobachtungsmethode: Man kann der zu beobachtenden Person im Gedränge lässig die Hand auf die Schulter legen und ihr mit Kreide oder anderen Hilfsmitteln auf diese Weise ein »Kainsmal« aufdrücken, so daß andere sie weiter verfolgen können.

Martin registriert: Wachsamkeit ist nötig. Das ist der grundsätzliche Unterschied zum normalen Leben. Sie darf aber nicht zum Selbstzweck oder zur Manie werden. Aber eine gesunde Routine wird ihm in Zukunft am besten helfen.

Auf den ersten Blick hängt seine Sicherheit vom äußeren Erscheinungsbild ab. Es wird vornehmlich durch die Kleidung geprägt. Daß sie westlicher Provenienz entstammen soll, versteht sich. Sie muß zur Legende passen und zur Persönlichkeit, der Jahreszeit entsprechen, modisch sein, aber nicht zu auffällig. Allein aus diesen Kriterien ergeben sich deutliche Unterschiede zum DDR-Niveau.

Gleiches gilt für Toilettengegenstände verschiedenster Art: Zahnpasta, Rasierapparat, Rasierwasser, Spray – alles muß aus dem Westen sein.

Das Äußere aber erschöpft sich nicht in Anzug und Duft: Martin trägt eine Brille, Achim ist aus nicht näher erklärten Gründen dafür, ohne Brille zu reisen. Also muß Martin sich Haftschalen anschaffen. Er hat einen Horror davor, die ersten Erfahrungen damit hat er zu seinen Handballzeiten als Torhüter gesammelt. Haftschalen verträgt man, oder man verträgt sie nicht. Eine Gewöhnungsphase als Mittelweg gibt es kaum. Seine Augen vertragen Contactlinsen nicht. Er benutzt sie nur, wo es auf die Übereinstimmung von Original und Paßbild ankommt, und kauft sich drüben eine Brille. Das sind die kleinen Freiheiten, die er sich fern von Achim leistet.

Der überfällt ihn nächstes Mal mit der Frage: »Welche Namen wären dir am liebsten?« Martin fällt auf Anhieb nichts ein. Er muß sich schnell entscheiden, denn Achim hat zwei »Zweitdokumente« mit, einen Rei-

sepaß der Bundesrepublik Deutschland und einen Westberliner Personalausweis, beide blanko, sie müssen ausgefüllt werden.
Sie entscheiden sich schließlich für Vor- und Zunamen, die nicht zu ausgefallen erscheinen. Martin übt seine neuen Namenszüge – es bleiben nicht die letzten. Nach dem Treff erhält er den Auftrag, sich unterschiedliche Paßbilder machen zu lassen. »Laß dir aber unbedingt die Negative mitgeben«, mahnt Achim. Martin wundert sich und stellt später fest, daß Achim sie im Hause auf Westpapier kopieren läßt, damit sie echt sind.
Er unterschreibt seine ersten fiktiven Dokumente. Achim steckt sie ein und bringt sie erst wieder mit, als Martin auf seinen ersten Übungseinsatz vorbereitet wird. Dafür hat Achim vorher Unterwäsche, Strümpfe, Krawatten und eine »Nato-Plane«, einen der üblichen Nylonmäntel, mitgebracht, alles aus irgendeinem Fundus der Hauptverwaltung Aufklärung. Martin besaß von früheren Dienstreisen noch Schuhe und einen Anzug. Er war also notdürftig ausstaffiert, wird sich Mantel, Unterwäsche und Oberbekleidung kaufen, aber auch Kleinigkeiten wie Maniküresbesteck, Rasierutensilien, Hausschuhe, Regenschirm und einen guten Anzugstoff. Das dazugehörige Futter und einen Schneider hat Achim besorgt. Außerdem muß er einen Koffer kaufen, in den er alles verstaut, den er später auf seinen Reisen benutzen wird. »In diesen Koffer«, sagt Achim, »packst du alle Sachen, fährst zum Bahnhof Zoo und gibst ihn an der Gepäckaufbewahrung ab. Den Schein bringst du mir mit, ich lasse ihn dann abholen.«
Beim nächsten Treff werden die Legenden zu den beiden Zweitdokumenten ausgearbeitet. »Das machst du selbst«, bestimmt Achim, »dann kannst du sie dir leichter merken.« Martin hält sich an die Hilfskonstruktion, geläufige Stationen der eigenen Entwicklung zu verwenden, und schreibt seine ersten beiden fiktiven Lebensläufe mit Geburtsdaten, die seinen ähnlich und deshalb leicht zu behalten sind, eine Kölner Adresse, die er kennt, für den Paß sowie eine Westberliner Anschrift, die sie nach dem Stadtplan aussuchen. Als Beruf, der nicht im Ausweis steht, nach dem aber gefragt werden könnte, vereinbaren sie »Sportlehrer«. Hierzu könnte Martin im Ernstfall Handfestes aussagen.
Eine Frage spielt bei der Fülle des Neuen, das auf Martin einströmt, überhaupt keine Rolle: Wie verarbeitet man psychisch den Umgang mit

fremden Biographien? Für Martin ist das ein Kernproblem. Er ist in seinem Elternhaus zu Treu' und Redlichkeit erzogen worden. Da gilt ein falscher Ausweis als Betrug. Und nun? Achim versteht diese Frage nicht. Martins Besuch in der DDR-Hauptstadt wird als privat deklariert. Das nächste Mal werden sämtliche Festlegungen gründlich wiederholt. Achim ist unerbittlich mit seinen Fragen. Martin fühlt sich wie in der Klippschule. Aber Achims Argument zieht: Martin muß seinen neuen Hintergrund wie im Schlaf beherrschen. Nur dadurch kann er das Risiko auf ein Minimum beschränken.

Achim hat eine Aktentasche mitgebracht.

»Sie enthält einen ›Container‹«, sagt er bedeutungsvoll und erläutert den Terminus technicus: »So groß der Unterschied zum gängigen Begriff auch sein mag – dies ist tatsächlich ein ›Behälter‹, freilich klein und unsichtbar.« Mit diesen Worten enthüllt er das Innenleben der Mappe. »Siehst du, hier ist als Zwischenfach eine doppelte steife Wand eingezogen. Sie ist ebenso wie die lederne Außenwand daneben oben mit einer unsichtbaren Metallschiene versehen, so daß die eine in die andere einrastet. Beide können mit einer Nadel, die durch die Naht im Leder zwischen beiden Wänden nicht wahrnehmbar eingeführt wird, miteinander verriegelt werden.«

Martin bewundert das handwerkliche Meisterwerk. Damit können Papiere, Geld, Ausweise und ähnliche wichtige Gegenstände transportiert werden – elektronische Augen bei Kontrollen gibt es noch nicht. Mit Achims Demonstration ist es nicht getan, Martin muß mit dem Container so lange üben, bis er den Verschluß auch bei Dunkelheit beherrscht. Eine weise Voraussicht.

Das Lampenfieber am Tag des ersten Übungseinsatzes, das Martin einkalkuliert hatte, bleibt aus. Er weiß aus der Vergangenheit, daß ihn an äußeren Eindrücken wenig Neues erwarten wird. Er würde ein Heimspiel haben. Gewissenhaft befolgt er alle Anweisungen, als er seine Wohnung verläßt, fährt er mit der S-Bahn bis Ostkreuz, wo Achim ihn pünktlich auf die Minute an vereinbarter Stelle aufnimmt.

»Um neun ist um neun, nicht eine Minute davor oder danach«, lautet seine Devise. Sie fahren zur Villa, dem »Objekt«!

Achim hat die Dokumente mitgebracht: den westdeutschen Paß, jetzt versehen mit den verschiedensten Ein- und Ausreisestempeln, wie sie

61

Grenzorgane in aller Welt scheinbar systemlos durcheinander anbringen; den Westberliner Personalausweis zusammen mit einem Tagespassierschein, nach dem er 8.46 Uhr am Bahnhof Friedrichstraße die Grenze zur DDR passiert hat. Gegen Mittag wird er nach einem Verwandtenbesuch mit diesem Ausweis wieder zurück nach Westberlin fahren. Dazu erhält er jetzt »die letzte Ölung«. Achim hakt bei der Instruktion Punkt für Punkt von seinem Plan ab, der zu Martins Überraschung um einen Auftrag erweitert wird. »Wenn du alle Besorgungen erledigt hast, fährst du noch einmal zurück zum Kurfürstendamm«, erklärt Achim, »und suchst dort ein kleines Hotel auf.« Sie stecken die Köpfe über dem Stadtplan zusammen, Achim bohrt seinen Finger darauf, »dort fragst du am Empfang, ob Herr Rüdiger Schumann schon angekommen ist. Anschließend verläßt du das Hotel, vor- und nachher sicherst du natürlich gründlich ab.«

Die Akribie, mit der Achim ihn vorbereitet, gibt Martin Sicherheit. Alle Taschen werden umgekrempelt, damit nichts Verdächtiges steckenbleibt. Selbst das Taschentuch wird gewechselt. Martin legt seine Brille ab und setzt die Haftschalen ein. Eine andere Armbanduhr wird er sich auch besorgen müssen. Dabei fällt ihm sein Ehering auf. »Den mußt du ablegen«, wirft Achim erschrocken ein, er hatte ihn übersehen. Martin begreift. Wenn Komplikationen eintreten, hat er es als Junggeselle leichter. Aber nun haben sie ein Problem: Der Ring läßt sich zwar mit Seife entfernen, zurück aber bleibt ein heller Streifen, der mehr auffällt, als der Ring. »Make up!« befindet Achim. Trudchen wird alarmiert, die Blässe läßt sich kaschieren. In Zukunft muß das anders gelöst werden.

Portemonnaie und DDR-Geld wandern zu Achim, Martin erhält im Gegenzug 1500 DM. Tausend für die Ausrüstung, 500 als Reserve für unvorhergesehene Fälle. Unter Achims Aufsicht »vercontainert« er die 500 DM, den Rest steckt er in die Brieftasche, die Achim ihm mitgebracht hat. Im Container wird auch der westdeutsche Reisepaß verstaut. Sein Schlüsselbund nimmt Achim in Verwahrung. Dabei fällt Martin auf, daß er ja ganz ohne Schlüssel unterwegs ist. »Ungewöhnlich«, stellt Achim fest, »aber für diesmal nicht zu ändern, für später müssen wir uns was einfallen lassen.«

Beide fiktiven Dokumente walkt Achim kräftig in seinen Händen, ehe er sie übergibt, damit sie nicht mehr neu aussehen. Martin steckt Westberliner Personalausweis und Tagespassierschein ein, fährt noch einmal prüfend über alle Taschen – nichts Verdächtiges mehr. Er nimmt seine »Nato-Plane« über den Arm und steigt zu Achim ins Auto. Unterwegs herrscht lange Schweigen. Es ist alles gesagt. Achim betont noch einmal eindringlich die Selbstkontrolle auf allen Etappen. Dort, wo er ihn am Morgen aufgenommen hat, Nähe S-Bahnhof Ostkreuz, setzt er Martin wieder ab.

Die Gegend ist unbelebt. Niemand folgt ihm, er kommt sich auf einmal merkwürdig verlassen vor, löst eine Fahrkarte und steigt ohne Hast in einen Zug Richtung Friedrichstraße. Dort ist Endstation, alle steigen aus. Martin will sich nach der Kontrollstelle orientieren, als ihm einfällt, daß er eine neue Fahrkarte braucht. Wo löst man als Westberliner eine Fahrkarte nach Westberlin? Auf die simple Frage war er nicht vorbereitet, aber im Sog der reisenden Westberliner landet er am richtigen Schalter. Dann reiht er sich ein in die Menschenschlange die schon außerhalb des Bahnhofs beginnt und sich langsam zur Kontrollhalle windet. Die Papiere werden dort zweimal kontrolliert, seinen Passierschein behalten die DDR-Grenzer ein, plötzlich ist er in die Katakomben des Bahnhofs entlassen, läuft treppauf, treppab immer den Hinweisschildern nach, kauft sich ein paar Zeitungen und Zeitschriften, damit füllt er seine Aktentasche, landet an der Rolltreppe, die ihn hinauf zum Westbahnsteig bringt und fährt los mit der nächstbesten Bahn. Jetzt hast du die erste Hürde genommen, denkt er erleichtert. Hält sich weiter gewissenhaft an den Plan, steigt am Bahnhof Zoo aus und begibt sich, weiter aufmerksam auf seine Umgebung achtend, zum Café Kranzler. Er muß so schnell wie möglich seinen Westberliner Personalausweis loswerden. Also bei Kranzler auf die Toilette und den Ausweis wechseln.

Da zeigt sich, wie gut es war, den Umgang mit dem Container auch im Dunkeln geübt zu haben, denn auf der Toilette des weltbekannten Hauses brennt kein Licht.

Jetzt fühlt er sich sicher. Er macht einen Ku-Damm-Bummel, landet im KaDeWe, kauft dort nicht nur einige Artikel, sondern ortet vor allem die von Achim geschilderten Absicherungsmöglichkeiten, findet den Trubel für seine Zwecke als zu unübersichtlich und kauft die restlichen Sachen in verschiedenen Läden, die er in der Umgebung zu Fuß erreicht. Zum Schluß den Koffer. Die Dinge, die er gekauft hat, läßt er

63

gleich vom Verkäufer darin verstauen. Dann gibt er den Koffer bei der Gepäckaufbewahrung am Bahnhof Zoo ab.

Er läuft zum angegebenen Ku-Damm-Hotel und nutzt alle Wege zur ständigen Selbstkontrolle. Als der Schriftzug des Hotels vor ihm auftaucht, fühlt er sich plötzlich unsicher. Er geht an der Eingangstür vorüber, redet sich diesen Schritt als zusätzliche Absicherungsmaßnahme ein und kehrt an der nächsten Kreuzung auf der anderen Straßenseite zurück. Jetzt ist ihm wohler. Fast gelassen, fragt er am Empfang nach dem ominösen Herrn Rüdiger Schumann. Der Portier schaut in sein Vorbestellungsbuch, erwidert dann etwas irritiert nein, er sei noch nicht da, habe aber auch gar keine Reservierung machen lassen. Martin kann sich das nicht erklären, bedankt sich und verabschiedet sich. Nach dem Verlassen des Hotels sichert er sich noch einmal ganz gewissenhaft ab. Die Unbehaglichkeit scheint sich wieder heranzuschleichen. Aber schließlich läuft er sich frei. Auf dem Rückweg zum Bahnhof Friedrichstraße findet er seine Unbefangenheit wieder. Die Grenzpassage verläuft unspektakulär. Er erhält eine Tagesaufenthaltsgenehmigung zu seinem Paß, verläßt den Bahnhof, um Achim anzurufen. Aber jetzt hat er keine Ostgroschen. Wütend auf die Bürokraten im Hause, weil keiner an diese Kleinigkeiten gedacht hat, und auf sich selbst, läuft er zurück zur Wechselstelle im Bahnhof. Dort muß er wieder den Paß zeigen, die Frau am Schalter füllt ein Formular aus. Dann tauscht er fünf Mark um.

Achim nimmt ihn wieder in der Nähe des Bahnhofs Ostkreuz auf und läßt sich anschließend im Objekt den Verlauf seines Einsatzes minutiös schildern. Größten Wert legt er auf die Absicherung: Wie hast du dich nach der ersten Kontrolle schon im Bahnhof Friedrichstraße verhalten? Welche Personen deiner Umgebung sind dir aufgefallen? Welche Wege bist du gegangen? Und vor allem: Wie hast du den Dokumentenwechsel vorgenommen?

Am wenigsten scheint Achim sein Besuch im Hotel mit der Frage nach Herrn Schumann zu interessieren. Er nimmt Martins Bericht mit Schulterzucken entgegen, dabei war dieser Auftrag der einzige des Einsatzes, den er mit Herzklopfen erledigt hatte. Wahrscheinlich gehört Achims Reaktion zu seiner Taktik. Ob Martins Schrecksekunden beim Kauf der Fahrkarte nach Westberlin und die Panne beim Telefonieren auf dem

Heimweg auch kalkulierte Taktik waren, bleibt offen. Martins geharnischte Kritik zeigt jedenfalls bei Achim kaum Wirkung. Er macht sich zu allen Einzelheiten eifrig Notizen für einen Bericht, den er noch in der Nacht im Hause abliefern muß. Dieser Vorgang wird sich über die Jahre hinweg nach jeder Reise Martins wiederholen.

Anschließend folgt die Rückwandlung zum DDR-Bürger. Achim nimmt die Westdokumente wieder an sich. Die Tagesaufenthaltsgenehmigung muß er rechtzeitig zurückbringen lassen, sonst würde nach Mitternacht die Fahnung nach dem »fiktiven Martin« ausgelöst werden.

In dieser Phase seiner Ausbildung fährt Martin noch mehrfach nach Westberlin, um seine Ausrüstung zu ergänzen und sich weiter mit den Verhältnissen vertraut zu machen. Der Anzugstoff, den er mitgebracht hatte, ist aufgrund einer Empfehlung von Achim beim Schneider Gansel in der Frankfurter Allee gelandet. Martin hätte keine Ahnung gehabt, wo man einen Schneider für solche Zwecke findet. Mit seiner »Konfektionsfigur« hatte er bisher alles von der Stange gekauft. Der Schneider war angewiesen, kein Firmenschild einzunähen. Martin war dieser Wunsch peinlich, berührte er seiner Meinung nach doch die Berufsehre des Schneiders. Aber der war anscheinend an solche Kundenwünsche gewöhnt.

Nun ist seiner Meinung nach die Erstausrüstung komplett. Aber Achim besteht unbedingt auf einen Hut. Den findet Martin zwar überflüssig, zumal er seit einiger Zeit eine Bürstenfrisur trägt, die von jeglicher Kopfbedeckung zerdrückt wird. Aber der Hut ist ein »Muß«. Warum, erfährt er in den folgenden Wochen.

Bei der nächsten Begegnung in Trudchens Erkerzimmer kommt Achim zur Sache.

»Du weißt, es geht um eine Werbung, sonst hätten wir dich nicht vom Journalistenverband weggeholt.« Martin, der theoretischen Präliminarien und praktischen Trockenübungen überdrüssig, atmet erleichtert auf. Der zu werbende Mann ist hoher Offizier im Bundesministerium des Innern, dem BMI in Bonn. Oberst des Bundesgrenzschutzes (BGS), bei Kriegsende war er Hauptmann in der Deutschen Wehrmacht. Er ist alleinstehend und hat eine Schwester in der DDR. Im Moment hat er eine lockere Liaison mit einer Sekretärin im BMI. Zu diesem Oberst ist bereits ein Kontakt über mehrere Stationen hergestellt worden. Versuche einer Werbung sind noch nicht unternommen worden. Die Erfolgsaussichten wären bei der zur Zeit bestehenden Konstellation aussichtslos und viel zu riskant. Der Mann mit dem Decknamen »Buchmacher« (seine Schwester ist Buchhändlerin oder Bibliothekarin, und eine solche Beziehung sollte im Decknamen sichtbar sein) sitzt in einer so sensiblen Sicherheitsfunktion, daß ein falscher Schritt alles verderben würde. Nach bisherigen Erkenntnissen wäre er nie bereit zu einer sonstwie gearteten Zusammenarbeit mit einem östlichen Organ.

Andererseits ist er kein Krösus. Zur Zeit besteht zu ihm eine Verbindung der HVA durch einen inoffiziellen Mitarbeiter namens Reinhold, der ihm als Schweizer Geschäftsmann begegnet ist. Dieser Kontakt ist über eine frühere Freundin Buchmachers aus Hannover hergestellt worden, zu der Reinhold gezielt Verbindung aufgenommen hatte und mit der er im Urlaub Buchmacher kennengelernt hatte.

Diese scheinbare Urlaubsbekanntschaft erwies sich aber auf Dauer für eine Zusammenarbeit mit Buchmacher als nicht tragfähig. Reinhold hätte die Rolle eines Schweizers, so fürchtete man, nicht durchhalten können, auch war damit keine Motivation für eine nachrichtendienstliche Zusammenarbeit herzustellen. Der erste Hinweis auf Buchmacher war seinerzeit durch ein vor Jahren aus der DDR übersiedeltes Rentnerehepaar gegeben worden.

»So«, sagt Achim »und nun bist du dran.«

Martin fühlt sich angesprochen und erschrickt. Das Vorhaben erscheint ihm so abenteuerlich, daß er sich nicht vorstellen kann, etwas schaffen zu können, was andere sich nicht zutrauten. Achim hatte zwar nur das Gerippe des Plans geschildert, aber das war schon erstaunlich genug. Wie sollte er da noch eins draufsetzen? Aber die Genugtuung über das in ihn gesetzte Vertrauen siegt auch diesmal.

Er ist wie ein Joker, den man aus den Ärmel zieht. Er kann das Spiel entscheiden und das beflügelt ihn.

Ohne Achims Regie aber wird das nicht möglich sein, das ist klar, doch auf der Bühne wird nur er stehen. Nur wird das Spiel diesmal ohne Zuschauer stattfinden. Kein Beifall auf offener Szene, nicht einmal Schulterklopfen von den eigenen Mitspielern. Das wird hart.

Achim scheint sich über Martins Schweigen verhalten zu amüsieren. »Nach dem Essen erkläre ich dir, wie wir vorgehen werden. Wir haben keine große Wahl und noch keine eigenen Erfahrungen.« Das weckt Martins Neugier, die Skepsis schwindet.

Sie lassen den Kaffee im Erkerzimmer servieren. Achim lehnt sich zurück. Entgegen seiner sonstigen Gewohnheit – er ist stets präzise schriftlich vorbereitet – erläutert er den Plan frei, beherrscht seinen Stoff perfekt:

»Wir werden unter ›Fremder Flagge‹ arbeiten«, beginnt er, »das heißt, wir treten Buchmacher und dem ganzen Umfeld nicht als Vertreter einer deutschen oder gar DDR-Institution gegenüber, sondern als ausländische Firma auf. Konkret: Du wirst Engländer, wirst als solcher Buchmacher kennenlernen und mit ihm zusammenarbeiten.«

Martin muß sich zwingen, Achim nicht sogleich ins Wort zu fallen. Engländer! Wer kann sich das zutrauen, noch dazu, wenn es schnellgehen muß, denn der Countdown läuft ja, sein Eintritt ins Spiel ist bereits programmiert. Er reißt sich zusammen.

»Du agierst als ein führender Mitarbeiter des britischen Elektrokonzerns ›English Electric‹. Reinhold wird versuchen, Buchmacher mit dem Gedanken einer Art Lobby-Tätigkeit neben seinem Beruf, aber unter Nutzung seiner beruflichen Erfahrungen und Verbindungen, vertraut zu machen. Reinhold tritt als erfolgreicher Geschäftsmann auf, allerdings in einer Branche, die für eine Zusammenarbeit mit Buchmachers Metier nicht in Frage kommt. Er wäre jedoch bereit, ihm als Freundschaftsdienst einen Weg zu öffnen. Reinhold hat schon vorsichtig vorgefühlt und festgestellt, daß Buchmacher einem solchen Gedanken nicht abhold wäre. Einzelheiten sind aber noch nicht besprochen.«

Achim macht eine Pause und wartet die Wirkung seiner Worte ab.

Martin schwindelt allein bei dem Gedanken, als Engländer zu fungieren. Gleichzeitig packt ihn die Neugier. Erinnerungen aus der Schulzeit werden wach. In der Thomasschule hatten sie einen hervorragenden Englischlehrer, der in Oxford studiert hatte. Er legte vor allem in der Aussprache Wert auf »Oxford-English«. Martin machte das Spaß, anderen auch. Mehrere Schüler seiner Klasse, die wie er in den westlichen Vororten Leipzigs wohnten und täglich mit dem Rad zur Schule kamen, hatten einen privaten Radclub gegründet. Martin hatte eine Satzung verfaßt und Clubkarten mit einer primitiven Handdruckerei hergestellt, mit Zellophan bezogen und mit Kalliko eingefaßt. Man mußte eine Aufnahmeprüfung ablegen, die allerlei Kenntnisse von Fahrrädern und vor allem praktische Fahrkünste umfaßte.

Als zusätzliches »Prüfungsfach« kam die Beherrschung einer Mixtur aus deutschen und englischen Wörtern in Oxford-Phonetik, gezwängt in englische Grammatik, dazu. Das gab einen Klang, glaubten sie, der sich vom Deutschen (und noch dazu vom Sächsischen) unverwechselbar abhob. Martin hatte einen entfernten Onkel in New York, den er auf der Durchreise auf dem Leipziger Hauptbahnhof einmal kennenlernte, und der sprach diesen unverwechselbaren Englisch-Deutsch-Mix.

Martin sah darin, wenn auch in abgewandelter Form, den Rettungsanker, an dem man das Vorhaben festmachen könnte.

Das Risiko aufzufliegen, sieht er auch. Achim beschwichtigt, kann Martin aber nicht überzeugen. Er garantiert ihm einen Englisch-Intensiv-Kurs und verspricht, man würde ihn nicht ins Wasser werfen, ohne vorher von Englisch sprechenden Experten trainiert und überprüft worden zu sein. Entsprechende Fachkräfte seien schon angeheuert. Doch darüber hinaus müßte er die englische Lebensart erlernen, vor allem die des britischen Alltags, um sie für einen Deutschen erkennbar zu machen und so die englische Legende dezent zu stützen. Es müßten dabei auch Dinge berücksichtigt werden, die nur für den speziellen Einsatz von Bedeutung sind, weil sie von Beteiligten so erwartet werden: Buchmachers frühere Freundin, durch die Reinhold ihn kennengelernt hatte, war mit einem Engländer verheiratet gewesen. Der trug stets einen Hut. Daraus schlußfolgerte sie: alle Engländer tragen Hut. Daraus schlußfolgerte Achim: Martin trägt im Einsatz Hut. Basta. Daher der echte Borsalino, der zur Ausrüstung unbedingt besorgt werden mußte.

Achim umreißt das weitere Vorbereitungsprogramm. Es würde zweigleisig verlaufen: allgemeine operative Kenntnisse und spezielles, auf »Fremde Flagge« zugeschnittenes Wissen. Beide Themen sollen aus Zeitgründen parallel behandelt werden. Achim geht akribisch vor. Zu Beginn jeder Lektion wird der Stoff vom letzten Mal wiederholt – bis Martin ihn beherrscht. Dann erst folgen die neuen Themen.

Manches wiederholt sich in der Ausbildung, wie die ständig behandelten Absicherungsfragen, die Martin in Fleisch und Blut übergehen müssen. Das sieht er ein. Manches hält er für graue Theorie, wie das Anlegen toter Briefkästen, mit denen er schon trübe Erfahrungen gemacht hat. Wahrscheinlich gibt es im Haus einen Ausbildungsplan, an den Achim sich bei seinen Lektionen für Martin hält, ganz gleich, ob er das erworbene Wissen später anwenden muß. So wird beispielsweise die Einrichtung einer Funkbrücke vom Einsatzort zur Zentrale geübt. Dazu wird ein Spezialist als Ausbilder beordert. Die Aktion erfordert viel Zeit und Aufwand. Martin lernt, wie man mobile Funkantennen spannt, mit den einschlägigen operativen Geräten umgeht, wie man Nachrichten ver- und entschlüsselt – anwenden wird er diese Fertigkeiten kaum jemals müssen. Das scheint auch Achim klar zu sein, aber diszipliniert, wie er ist, stellt er den Sinn der Ausbildung nie in Frage. Für ähnlich unsinnig hält Martin den Umgang mit sogenannten Geheimschreibmitteln. Sie erinnern ihn an die Räuber- und Gendarmspiele seiner Kindheit: Man beschreibt die geheime Briefseite mit einer farblosen Flüssigkeit, dann die Vorderseite des Bogens mit Tinte als normalen Urlaubsbrief. Durch eine chemische Behandlung kann der Empfänger die Geheimschrift entschlüsseln. Als Kinder haben sie das mit Milch versucht, die durch Erhitzen sichtbar wurde. Martin wird schon in dieser Phase seiner Ausbildung den Verdacht nicht los, daß geheimdienstliche Arbeit offenbar vielfach mit recht schlichten Mitteln betrieben wird. Ihre Wirkung bezieht sie erst aus der Kraft der Persönlichkeit, die sie anwendet und aus der Selbstverständlichkeit, mit der sie angewendet wird.

Dagegen beeindruckt ihn die Methode, im Operationsgebiet über ein handelsübliches Kofferradio erreichbar zu sein, doch sehr. Bei einem seiner Trainingsbesuche in Westberlin kauft er in Achims Auftrag ein Gerät mit gespreizter Kurzwelle. Das wird er später mit auf Reisen nehmen. Zu vorher festgelegten Zeiten um Mitternacht kann er auf einer bestimmten Frequenz auf Empfang gehen. Dann ertönen aus dem Äther nach einem Erkennungsvierklang mehrstellige Zahlenkolonnen, die er durch mitgeführte winzige Filmschablonen entschlüsseln kann. Eine Methode, wie er von Achim hört, die der Gegner ebenfalls anwendet. Eine Art Gentlemen's Agreement garantiert, daß man sich bei der Wahl der Frequenzen nicht gegenseitig ins Gehege kommt.

Die Zentrale muß in die Lage versetzt werden, seinen Reiseweg zurückzuverfolgen, falls unerwartete Schwierigkeiten eintreten. Deshalb können für Zwischenetappen Nachrichten vereinbart werden, deren Sinn vorher festgelegt und von Dritten nicht zu entschlüsseln ist: einfache Ansichtskarten an Deckadressen, zum Beispiel mit Urlaubsgrüßen. Aus dem Poststempel geht hervor, welcher Ort wann erreicht worden ist. Das kann für die Zentrale aufschlußreich sein oder dort bestimmte Maßnahmen auslösen. Durch einfache Textvarianten können unverfängliche Mitteilungen über inhaltliche Fragen übermittelt werden. Sind bei einem Treff zwei Resultate möglich, kann man sie auf offener Postkarte mitteilen, indem man bestimmte Namen für die beiden Varianten vereinbart und das passende Wort dann einsetzt. Eva = alles gut, Ursula = Ziel nicht erreicht. Nach demselben Prinzip wurde der später immer wieder verwandte »Knastcode« bei Martins erster Westberlinreise festgelegt. Es zeigt sich, daß die Einfachheit der Methoden gar nicht so naiv ist, wie sie auf den ersten Blick scheint.

Martin fragt: »Was ist, wenn ich irgendwo in einen Unfall verwickelt werde?« Das hinge von der Schwere des Geschehens ab, lautet die Antwort. »Bei einer geringfügigen Verletzung setzt du die Reise planmäßig fort. Kannst du das nicht, bist aber noch in der Lage, ohne fremde Hilfe zu reisen, kehrst du zurück und meldest dich zu Hause telefonisch über deine Direktnummer bei mir.«

»Was ist, wenn Arzt- oder Krankenhauskosten entstehen?« spinnt Martin den Gedanken weiter.

»Dazu hast du deine Reserve von 500 DM, die du mitbekommst.«

»Angenommen, ich werde als Zeuge in irgendeiner Sache vernommen, die mit mir persönlich nichts zu tun hat?«

»Dann gibst du die Adresse an, die aufgrund des Dokuments, das du mitführst, gültig ist und entscheidest nach Lage der Dinge, ob du die Reise weiterführst oder abbrichst.«

Das Frage- und Antwortspiel geht lange. Im Endeffekt stellt sich heraus, eine totale Sicherheit gibt es nicht. Das hat Martin auch nicht erwartet. Es war ihm trotzdem wichtig, den Extremfall so weit wie möglich auszuloten. Übrig bleibt als Ultima ratio die Offenbarung seiner wahren Identität und die Hoffnung auf einen guten Anwalt, den die Zentrale zusichert. Absolut tabu bleibt der operative Auftrag selbst und die Quelle im Westen.

Von Treff zu Treff wiederholt und erweitert wird auch das Thema Legenden. Dabei entsteht häufig eine Kettenreaktion, weil eine Legende die andere nach sich zieht und daher oft mehrere zueinander passen müssen.

»Wir werden das bei den Vorbereitungen stets am konkreten Fall festlegen«, entscheidet Achim. »Je nachdem, mit welcher Identität du reist, wo du dich aufhältst und welche Aufgabe du dabei lösen mußt, brauchst du die passende Legende. Die wiederum muß zum Äußeren passen. Es bleibt nicht aus, daß du heute der und morgen ein anderer bist, dich aber in kritischen Situationen nicht irren darfst. Legenden müssen ständig abrufbar sein.«

Noch ehe die »Fremde Flagge« ausgearbeitet wurde, ist umfangreiches Sichtmaterial hergestellt oder gesammelt worden, das die Echtheit der »Flagge« optisch glaubhaft machen soll: Schreibutensilien mit den Firmenzeichen, Briefbogen mit Firmenkopf, Schreibmappen mit Firmenprägung, aber auch zahlreiche Prospekte, die Aufschluß geben über das Branchenspektrum von »EE«, die Elektrotechnik, perspektivisch ausgerichtet auf Elektronic, Hardware und Software.

Während das Werbematerial offensichtlich zur Leipziger Messe gesammelt wurde, stammen die übrigen Materialien aus eigener Produktion der HVA. Martins Neugier geht manchmal mit ihm durch, er hätte gern mehr gewußt über »seine« Firma, aber von Achim erfährt er nur das Notwendigste und das nur etappenweise.

Martin erhält das gesamte Sichtmaterial zum Studium im Objekt. Gleichzeitig beginnt seine Sprachausbildung. Es bleibt nicht mehr viel Zeit bis zur vorgesehenen Kontaktierung von Buchmacher.

Ein neuer Mann wird von Achim eingeführt: »Jack«. Nomen est omen. Er ist der Spezialist für Englisch. Ein honoriger Herr, ursprünglich Universitätsdozent für Anglistik und Amerikanistik, dann von der Theorie in die Praxis gewechselt und gemeinsam mit seiner Frau bei der Aufklärung gelandet, mit der Perspektive, als Ehepaar in England seßhaft zu werden. Zu diesem Zwecke waren beide gemeinsam nach England auf ein mehrmonatiges Seminar für Ausländer geschickt worden zur Komplettierung ihrer Englischkenntnisse und um Land und Leute kennenzulernen.

Es geht zunächst auch alles gut, bis Jack plötzlich die Nerven verliert: Er entdeckt überall Verfolger, die keine sind und muß abgezogen werden.

Nun steht er mit seinem geballten Wissen für Martin zur Verfügung. Das erweist sich als wahrer Segen. Jack ist nicht nur heimisch in englischer Sprache und Literatur, sondern kennt auch die Verhältnisse im Lande, vor allem kann er als ausgezeichneter Pädagoge sein Wissen vermitteln. Martin und er sitzen wochenlang zusammen bei Trudchen, loben den Kuchen, den sie ihnen gebacken hat und pauken in entspannter Atmosphäre Vokabeln und Grammatik, unterhalten sich übungshalber nur auf englisch. Martin dringt in die Sprache ein, lernt Idiome, umgangssprachliche Ausdrücke, auch Spezialbegriffe. Für seine zukünftige Fachrichtung hat er sich extra ein Wörterbuch des Militärwesens angeschafft, um mit seinem zukünftigen Partner mithalten zu können. Damit nicht genug. Sie unternehmen Reisen innerhalb der DDR, besuchen Ausstellungen und leben dabei ausschließlich als Engländer. Dann fahren sie – stets in Achims Auftrag – zur Leipziger Frühjahrsmesse. Ebenfalls als Engländer.

Da steigt Martin aus. Hier, inmitten seiner heimatlichen Umgebung, wo er selbst auf dem Messegelände immer wieder Bekannte trifft, wird ihm das ganze Theater peinlich. Das hier ist nicht der Ernstfall, das ist ein läppisches Sandkastenspiel – für Martin ein gravierender Unterschied. Er war nie ein Trainingsweltmeister, seine Höchstform erreichte er nur im Wettkampf. Er beendet die Aktion von sich aus und stellt fest, daß Achim nicht überrascht ist. Dabei nimmt er erstmalig wahr, daß Achim gelegentlich Forderungen stellt, von deren Verwirklichungsmöglichkeit er selbst kaum überzeugt ist.

Achim hat noch ein zweites Eisen für Martins Englisch im Feuer: Margaret, eine Anglistik-Dozentin. Sie ist Engländerin. Sie wird zum strengen und gültigen Maßstab für Martin. Von ihr lernt er nicht nur eine Fülle neuer Begriffe und abweichende Ausspracheregeln, sondern vor allem englische Gewohnheiten. Selbst bei bester Beobachtungsgabe hätte er sicher nie bemerkt, daß Engländer bei Tisch den Löffel anders hal-

ten als »Europäer« (geläufige Bezeichnung der Engländer für die Bewohner des Kontinents). Sie führen die breite Seite des Löffels zum Mund, nicht die ovale. Martin weidet das später genüßlich aus und sammelt damit Punkte. Er lernt bei ihr englische Lebensart, soweit das möglich ist. Eines Tages kommt die Rede auf die im Kino laufenden James-Bond-Filme. Sie sind in der DDR und damit auch bei Achim verpönt. Margaret, eine unbescholtene britische Genossin, amüsiert sich über so viel deutsche Engstirnigkeit und Humorlosigkeit: »Wir in England nehmen die Filme nicht ernst und finden sie sehr unterhaltsam.«
»Auch die Genossen?« fragt Achim konsterniert.
»Auch die Genossen.«
Zusätzlich zum Privatunterricht nimmt Martin eine weitere Möglichkeit der Sprachausbildung wahr, die er noch selber beim Journalistenverband eingerichtet hatte. In Berlin arbeitet seit einigen Jahren der amerikanische Journalist Victor Grossman. Martin hatte ihn für Konversationskurse im Journalistenverband gewonnen und nimmt nun selbst daran teil. Einmal in der Woche treffen sich im Bibliothekszimmer des Presseclubs interessierte Kollegen und diskutieren in zwangloser Runde über aktuelle Fragen. Ausschließlich in englisch. Martin spürt, wie er sicherer wird, stellt befriedigt fest, daß er schneller Fortschritte macht, als die meisten anderen und lernt vor allem auch, das Amerikanische zu verstehen. Jack hatte schon – weitgehend vergeblich – versucht, ihm begreiflich zu machen, welche Unterschiede es zwischen beiden Sprachen nicht nur in der Phonetik, sondern auch vielfach im Wortinhalt gibt. Das begreift er jetzt.
Martins Sprachkenntnisse beurteilt Margaret so: »Er spricht wie ein Deutscher oder Norweger, der seit Jahrzehnten in England lebt.« Das müßte für den Vorgang ausreichen. Achim ist zufrieden. Martin indes kennt seine Schwächen.

Reiseauftrag

Es folgt die Probe aufs Exempel. »Du wirst eine längere Reise nach England machen«, sagt Achim ohne lange Vorrede bei der nächsten Begegnung. »Dort mußt du englisch sprechen, es wird also eine Art Praktikum. Du kannst selbst prüfen, wie weit du bist. Das ist das eine. Genauso wichtig ist, daß du dort Regimekenntnisse sammelst und Informationen über deine künftige Firma einholst.«

Martin reagiert mit gemischten Gefühlen, wie immer, wenn er mit Neuem konfrontiert wird. Wenn eine solche Wendung nicht von ihm selbst ausgeht, sondern von außen oder gar »von oben« kommt, braucht er Zeit, um es zu verdauen.

»Du wirst drei Wochen bleiben, dich umsehen und als gestandener Engländer zurückkommen.« Achim beginnt seinen Plan zu erklären, der bereits abgesegnet von der Zentrale schriftlich vor ihm liegt, den Martin aber nicht zu lesen bekommt. Der meldet sofort Widerspruch an. Als Tourist durch die Gegend zu fahren, um fremde Länder kennenzulernen, nur so zum Vergnügen, ohne beruflichen Hintergrund? Das widerstrebt ihm. Er hat als Kind Urlaub im Schrebergarten gemacht, war in den Ferien bei Verwandten im Erzgebirge, später dann mit seinen Eltern in Allianz-Heimen in Baabe und Bad Harzburg. Das prägt bis heute seine Vorstellungen von Urlaub oder Luxus. Die Schwester seines Freundes Ludolf Colditz bekam als Anerkennung für ihr bestandenes Abitur seinerzeit von ihren Eltern eine Mittelmeerreise mit dem Schiff geschenkt. Das war selbst für die wohlhabenden Leute eine Riesenausnahme und für Martin das Nonplusultra der Verschwendung. Er fürchtet, mit der Legende eines Globetrotters unglaubwürdig zu sein, vielleicht sogar aufzufallen.

Achim beschwichtigt: »Du kannst ganz beruhigt sein, das ist heutzutage, Mitte der sechziger Jahre, keineswegs ungewöhnlich. Sieh dich um – der Wohlstand blüht, die Entfernungen werden kürzer, der Tourismus entwickelt sich mehr und mehr zu einem bedeutenden Wirtschaftszweig.«

Martin bleibt argwöhnisch, aber er sagt sich schließlich, daß ihn Achim nicht losschicken würde, ohne das Risiko auf ein Minimum zu senken. Er würde sich ja ins eigene Fleisch schneiden.

Die Reise soll mit der Bahn gemacht werden. Achim erklärt noch einmal die grundsätzlichen Bedenken gegen Flugreisen mit fiktiven Dokumenten: Erstens bieten Passagierlisten Nachweise über Reisewege, die im verborgenen bleiben sollen, zweitens werden die Gepäckkontrollen als Folge von Flugzeugentführungen zunehmend schärfer, und generell ist es ein Unsicherheitsfaktor, wenn das Gepäck außer Kontrolle des Reisenden gerät. Also wird er über Köln – Aachen – Brüssel bis nach Ostende fahren, von dort mit der Fähre nach Dover übersetzen, dann mit dem Zug London erreichen. Von da aus soll er sich dann weiter umschauen. Das wird noch im einzelnen festgelegt, aber auch seiner Improvisation überlassen.

»Du wirst mit westdeutschem Reisepaß und Tagesaufenthaltsgenehmigung nachmittags am Bahnhof Friedrichstraße über die Grenze gehen. Dann hast du genügend Zeit, um in Westberlin abzusichern und die Dokumente zu wechseln. Weiter reist du mit Westberliner Personalausweis, und zwar mit dem Nachtzug nach Köln ab Bahnhof Zoo. Du löst eine Fahrkarte zweiter Klasse. Der Zug führt Liegewagen, einen Liegewagenplatz bekommst du direkt beim Schaffner.«

Martin fragt, warum er denn nicht mit dem Schlafwagen fahren könnte, das würde seinem fiktiven Status sicher eher entsprechen. »Das verbietet sich«, erklärt Achim, »weil im Schlafwagen die Ausweise vom Schaffner eingesammelt und bei der Kontrolle den Grenzorganen vorgelegt werden. Sie sind also stundenlang in fremden Händen – das Risiko ist zu groß.« –

»Du kommst am nächsten Morgen in Köln Hauptbahnhof an, sicherst sofort wieder ab, wechselst die Dokumente und fährst mit westdeutschem Reisepaß vormittags weiter nach Brüssel. Dort übernachtest du, und am nächsten Morgen fährst du über Ostende – Dover nach London. Aller Voraussicht nach erreichst du die Stadt noch bei Tageslicht und mietest dich in einem Boarding-House ein. Das ist nach deutschen Begriffen eine Art Pension, gutbürgerlich, sehr seriös und in England typisch für Touristen. Alle Einzelheiten stellst du an Ort und Stelle fest, das gehört zum Ausbildungsprogramm.«

Der gesamte Reiseverlauf ist leicht zu behalten. Sie können zu den Legenden übergehen: die Grenzpassage nach Westberlin wird begründet mit der Rückkehr von einem Verwandtenbesuch in Ostberlin. Die Fahrt nach Köln macht Martin angeblich als Mitarbeiter einer Versicherung. Nach Brüssel und weiter nach London reist er mit BRD-Paß als Tourist.

Achim schärft wiederholt gründliche Absicherung auf jeder Etappe ein. »In London wirst du es am leichtesten haben, denn du bist westdeutscher Tourist und machst dir dein Programm nach den Möglichkeiten, die du am Ort findest.«

Genaue Anweisungen gibt Achim zum »Verbindungswesen«. »Nach Ankunft in Brüssel schreibst du am besten im Hotel einen Brief an deine Deckadresse. Der Inhalt ist dir freigestellt, erfinde etwas über die Urlaubsreise, die du machst. Du benutzt nur eine Briefseite. Auf die Rückseite schreibst du zuvor mit dem Geheimschreibmittel, das ich dir in einem Fläschchen für Pelikan-Füller-Tinte mitgebe, ob es Besonderheiten im Reiseverlauf gegeben hat.«

Martin hat Achim mehrfach seine Abscheu vor einem solchen Verfahren drastisch mitgeteilt. Es nützt nichts, er muß den Brief schreiben. Aber es bleibt der letzte seiner Laufbahn.

»Außerdem«, fährt Achim fort, »machen wir Versuche mit dem Funkempfang auf Kurzwelle: am Ankunftstag in Brüssel und zweimal in London. Stets Punkt Mitternacht, Reserve, also wenn es beim ersten Mal nicht geklappt hat, jeweils eine Stunde später.« Das imponiert Martin im Gegensatz zum Experiment mit dem vermeintlichen Geheimschreibmittel. Inhaltlich allerdings erwartet er auch hierbei nichts anderes als eine Luftnummer.

Zum Reiseplan hat Martin kaum Fragen. Gern hätte er gewußt, wie der Übergang in Ostende vom Zug auf die Fähre vor sich geht. Ist es überhaupt eine Fähre oder ein Trajekt, wie er es in seinen frühen Kindheitstagen bei der Überfahrt nach Rügen kennengelernt hat. Damals mußte man von Stralsund nach Altefähr übersetzen, der gesamte Eisenbahnzug fuhr auf das Schiff – ein unvergeßliches Erlebnis! Das weiß Achim auch nicht, Martin wird es an Ort und Stelle erfahren. Er ist vorbereitet, soweit das am grünen Tisch möglich ist, durch einen Ausbilder, der die Materie auch nur aus der Theorie kennt. Die praktischen Erfahrungen muß Martin auf der »großen Reise«, wie Achim den bevorstehenden Englandaufenthalt umschreibt, selbst sammeln. Dazu bekommt er drei Wochen Zeit und die inhaltliche Vorgabe, das Leben als Tourist möglichst so gut kennenzulernen, daß er in seinem künftigen operativen Verhalten seine unmittelbare Umgebung überzeugen kann, ohne daß Ungereimtheiten auftreten oder – was gefährlicher wäre – sich Zweifel einschleichen. Gleichzeitig soll er sich Kenntnisse für seine in Aussicht genommene fiktive Funktion in der Vorstandsetage des britischen Konzerns »English Electric« (EE) aneignen. Dazu wird es erforderlich sein, die Logistik, also die Unterbringung der Firma, ihr äußeres Erscheinungsbild, aber auch ihren Bekanntheitsgrad in der Öffentlichkeit zu studieren, andererseits in die Materie selbst einzudringen, sich also in Bibliotheken oder sonstwie Produktionskenntnisse anzueignen. »Sonstwie« bedeutet so viel wie: Sieh zu, wie du das schaffst.

Am Tag der Abreise holt Achim ihn ausnahmsweise von zu Hause ab. Martin hat seinen Koffer gepackt wie zu jeder normalen Dienstreise, die erforderlichen operativen Ausrüstungsgegenstände wird er von Achim erst während des abschließenden Gesprächs bei Trudchen erhalten. Diese Verabschiedung mit Dinner wird zum Ritual und dient nicht nur der letzten Überprüfung der Reisevorbereitungen, sondern gibt Martin auch zusätzlich moralischen Halt. Der organisatorische Reiseplan, einschließlich aller vereinbarten Verbindungs- und Sicherheitsfragen, wird noch einmal eingehend wiederholt, ebenso der erteilte Auftrag. Das Gepäck wird kontrolliert, Toilettengegenstände werden ausgetauscht, alles muß den Duft der großen, weiten Welt atmen. Achim übergibt Martin abschließend die Dokumente, die samt der dazugehörigen Legenden noch einmal durchgesprochen werden. Der Westberliner Personalausweis, der beim ersten Grenzübertritt nicht benötigt wird, verschwindet im Container, ebenso die Geldreserve und ein Teil der Reisekosten, der erst später gebraucht wird. Dann bringt Achim Martin mit dem Auto bis zum S-Bahnhof Ostkreuz und setzt ihn dort in einer Seitenstraße ab.

Von diesem Zeitpunkt an schwirrt Martin zum ersten Mal wie ein Satellit, der die Startrampe verlassen hat, als Phantom durch die Lande. Die Personen, die er verkörpert, sind fiktive Wesen, die durch diese Reise zunehmend Leben gewinnen sollen. Sie werden Informationen sammeln, die lebenswichtig für seinen Staat und anders nicht zu erhalten sind.

Nun sitzt er in der S-Bahn und startet in eine neue Laufbahn, die zwar nur für einige Jahre geplant ist, aber von Anfang an vollen Einsatz fordert. Mit verhaltenem Antritt kann man sich während eines Sprints nicht mehr steigern. Das weiß er vom Sport. Er erwischt einen guten Start. Wenn überhaupt mitten im Kalten Krieg eine relative Sicherheit geschaffen werden kann, dann nicht durch Absichtserklärungen der unterschiedlichen Interessengruppen, sondern nur durch größtmögliche Transparenz ihrer Potentiale und Pläne. Das ist seine Überzeugung. Deshalb kämpft er an der unsichtbaren Front. Er findet den Begriff, den seine Aufklärungstruppe geprägt hat, der Weltlage adäquat. Er hat die Aufgabe bei seiner Werbung vor Jahren aus Überzeugung übernommen. Damals konnte er nicht ahnen, was sie von ihm fordern würde. Jetzt schon eher, aber jetzt hat er erst recht keine Zweifel. Er ist gut vorbereitet und mit seinem Gewissen im reinen. Der Plan, nach dem seine Reise verlaufen soll, trägt er im Kopf. Nach dem gleichen Schema werden künftig alle seine Einsätze stattfinden. Der »Reiseplan« wird später durch einen Treffplan ergänzt, der Inhalt und Argumentation der Verhandlungen enthält, die er unterwegs zu führen hat. Bis dahin liegt noch ein weiter Weg vor ihm.

Reiseplan

des IM »Sport« für die Reise vom 9. bis zum 31. August 1964 nach London über Köln – Brüssel – Ostende – Dover und zurück

Reisebeginn: 9.8.1964, 13.00 Uhr am Bahnhof Friedrichstraße
Rückkehr: 31.8.1964, 9.00 Uhr am Bahnhof Friedrichstraße

I. Dokumentation
- Westdeutscher Reisepaß zur Grenzpassage DDR-Hauptstadt – Westberlin am Bahnhof Friedrichstraße mit Tagesaufenthaltsgenehmigung und zurück; zur Grenzpassage BRD – Belgien und Belgien – Großbritannien und zurück; zur Hoteleinmietung Brüssel und London, drei Wochen Aufenthalt London.
- Westberliner Personalausweis zur Transitreise Westberlin – BRD und zurück.

II. Zweck der Reise
II.1. Sammlung von Regimekenntnissen in England, Vervollkommnung der englischen Sprachkenntnisse, Aufklärung der britischen fremden Flagge.
II.2. Sammlung von Erfahrungen im Verhalten mit Legenden und fiktiven Dokumenten im Operationsgebiet.
II.3. Überprüfung der Kenntnisse im Verbindungswesen – Funkempfang und Nachrichtenübermittlung mit Geheimschreibmittel.

III. Reiseverlauf
IM »Sport« passiert die Staatsgrenze der DDR nach Westberlin am 9.8.1964 um 13.00 Uhr am Bahnhof Friedrichstraße mit westdeutschem Reisepaß und Tagesaufenthaltsgenehmigung. Nach Dokumentenwechsel fährt er mit dem westberliner Personalausweis abends ab Bahnhof Zoo nach Köln. Dort wech-

selt er erneut die Dokumente und setzt die Reise vormittags mit westdeutschem Paß nach Brüssel fort. Er übernachtet und fährt am nächsten Morgen weiter über Ostende – Dover nach London, wo er sich in einem Boarding-House einmietet. Am 29.8.1964 fährt er über Dover – Ostende zurück nach Brüssel, übernachtet dort und setzt seine Reise am 30.8.1964 fort nach Köln. Dort wechselt er die Dokumente und fährt mit dem Abendzug und westberliner Personalausweis nach Westberlin, wo er wieder die Dokumente wechselt und am 31.8.1964, 9.00 Uhr, die Grenze zur DDR-Hauptstadt mit westdeutschem Reisepaß und Tagesaufenthaltsgenehmigung am Bahnhof Friedrichstraße passiert.
Nach allen Etappen gründliche Absicherung, permanente Selbstkontrolle!

IV. Sicherheits- und Verbindungsfragen
IV.1. Absicherungsstrecken s.o., ständige Selbstkontrolle
IV.2. Legendierungen
- Grenzpassage Hauptstadt DDR – Westberlin: Rückkehr von Verwandtenbesuch; bei Befragung Deckadresse angeben.
- Westberlin – Hauptstadt DDR s.o.
- Transit Westberlin – Westdeutschland: Dienstreise (Versicherungsmitarbeiter im Außendienst, selbständig).
- BRD – Belgien, Belgien – GB und Aufenthalt London: Tourist.
- Das jeweils nicht benutzte Dokument sowie ein Teil des Geldes wird im Container (Aktentasche) mitgeführt.

IV.3. Verbindungswesen
- Die Ehefrau ist einbezogen.
- Am 10., 15. und 25.8.1964 setzt die Zentrale jeweils um Mitternacht über Kurzwelle eine Nachricht an »Sport« ab.
- Nach Ankunft in Brüssel auf der Hinreise schreibt »Sport« einen Brief an seine Deckadresse mit der verschlüsselten Mitteilung durch Geheimschreibmittel (über eventuelle Reisezwischenfälle).

IV.4. Verbindungsmöglichkeiten für Notfälle.

- Krankheit (Reiseabbruch und vorzeitige Rückkehr): Postkarte aus Abreiseort, Text mit dem Namen »Heinrich«.
- Verspätete Rückkehr: Text mit dem Namen »Hermann«.
- Krankenhausaufenthalt: Text mit dem Namen »Karla«.
- Unfall: Text mit dem Namen »Ulla«.
- Wenn Bitte um Kontaktaufnahme: »Liebste Karla«.
- Auslösung des Standardtreffs: »Ganz herzliche Grüße«.
- Nachricht bei Inhaftierung (»Knastcode«): Karte mit Textpassage: »es geht mir gut« = notwendige Hilfsmaßnahmen einleiten (ggf. offizielle Kontakte, Einschaltung eines Rechtsanwaltes durch die Zentrale, Übergang »Sports« auf Klarangaben).

IV.5. Standardtreffort: Köln, Heinzelmännchendenkmal jeweils mittwochs 17.00 Uhr, Reserve 18.00 Uhr.

V. Finanzen
Reisekosten, Tagegeld, Übernachtungen, Reserve.

Engländer in drei Wochen

Am Übergangsbahnhof Friedrichstraße hat sich ein Menschenstrom gebildet, der sich in Richtung Abfertigungshalle nach Westberlin wälzt. Martin reiht sich ein. Aber er empfindet im Gegensatz zum ersten Mal, als er hier über die Grenze ging, nichts Besonderes. Jetzt ist er nicht mehr Außenseiter. Jetzt ist er Teil der Masse, die sich Schritt für Schritt in Vierer- oder Fünferreihen wie im Trauermarsch vorwärtsschiebt. Die meisten Menschen werden Verwandte besucht haben oder waren als Touristen im Osten. Jetzt strömen sie zurück nach Westberlin. Sie kennen einander nicht, aber es verbindet sie das gleiche Erlebnis. Als die Schlange ins Stocken kommt, entsteht Murren und leise Unruhe, man blickt zum Nachbarn, schaut sich in beherrschter Empörung an, beruhigt sich, wenn es weitergeht.

Martin ist einer von ihnen. Routiniert zeigt er wie alle hier beim ersten Kontrollposten seinen Paß, den er wortlos zurückerhält. Dann schlurft er mit den anderen im Schneckentempo auf »seinen« Schalter mit dem Schild »Bürger der BRD« zu, hält wieder teilnahmslos seinen Paß hin, bekommt ihn zurück und wandert durch die verwinkelten Eingeweide des Bahnhofs hoch zur S-Bahn. Er fährt nach Lankwitz, das hat er sich auf dem Stadtplan ausgesucht und beim letzten Westberlin-Besuch ausprobiert. Noch steht dort die S-Bahn-Brücke, die später, weil baufällig, gesperrt wird, was zur Schließung der Station führt. Es ist ihm keiner gefolgt. Er steigt als einziger aus dem Zug aus. Auf dem Bahnhofsvorplatz befinden sich ein Imbißstand und eine öffentliche Toilette. Sie ist in Ordnung. Er steckt eine Münze in den Schlitz am Türschloß und ist mit sich allein. In dieser makabren Abgeschiedenheit wechselt er die Dokumente und fährt als Westberliner Bürger zunächst zu seiner fiktiven Adresse, prägt sich einige Namen von Hausbewohnern ein, fährt mit Bus und U-Bahn zum Bahnhof Zoo und verflucht bei den Fußmärschen, die er zur Absicherung einlegt, sein schweres Gepäck.

Den Koffer kann er nirgends in einem Schließfach ablegen, würde er beobachtet, brauchte ihn der Observierer gar nicht weiter zu verfolgen, sondern nur zu warten, bis er zurückkehrt und den Koffer abholt. So stoßen sich im Raum die Dinge, Patentlösungen gibt es auch in der konspirativen Arbeit nicht.

Im Bahnhof Zoo erwartet ihn eine unangenehme Überraschung: Aus der Menge taucht plötzlich eine abenteuerliche Gestalt vor ihm auf und spricht ihn an. Martin erschrickt unwillkürlich. Der Mann stellt sich vor, sagt, daß er gerade aus dem Gefängnis entlassen worden sei und hält ihm tatsächlich einen Entlassungsschein unter die Nase, ordnungsgemäß mit Unterschrift und Stempel. Nun brauche er eine kleine Starthilfe für den Weg zurück ins Leben.

Martin verläßt sich auf seinen gesunden Menschenverstand, gibt ihm fünf Mark, der Mensch dankt und macht weiter seine Runde. Leider kann Martin nicht beobachten, wie andere reagieren. Eine Streife der Bahnpolizei taucht auf und der Bettler verschwindet.

Auf dem Bahnsteig ergründet er am Zuganzeiger die Position des Liegewagens und reiht sich dort wieder in die wartende Menge ein. Der Zug läuft ein. Es gibt mehr Wartende als Liegewagenplätze. Wer bereits reserviert hat darf vor, dann kommen die an die Reihe, die am geschicktesten drängeln. Martin ist dabei. Im Wagen ein Chaos. In jedem Abteil sind sechs Liegeplätze, je drei übereinander. Die mittleren Liegen wären sicher die bequemsten, weil noch ohne Leiter erreichbar und nicht ganz in der Nähe des Fußbodens. Aber Martin verschlägt es nach oben.

Als der Zug abfährt, ist eigentlich Schlafenszeit. Aber wie verhält man sich im Liegewagenabteil? Männlein und Weiblein durcheinandergewürfelt, zwar liegen auf jeder Pritsche Decken, Kopfkissen und ein weißes Laken. Kann man sich ausziehen?

Martin wartet ab, wie es die anderen halten. Inzwischen erreicht der Zug Griebnitzsee, die Grenzstation von Westberlin zur DDR. Kontrolle. Die Grenzer gehen mit einer Art Bauchladen durch die Abteile, auf denen sie die Unterlagen für die Einlegevisa ausstellen für die Durchfahrt durch die DDR. Abschließend geht der Zoll durch. Eine Kontrolle auf westlicher Seite gibt es auch hier nicht. Schließlich findet man, halb angezogen, doch noch Schlaf.

An der Grenze zur Bundesrepublik erneute Kontrolle durch DDR-Grenzpolizei, kurze Zeit später, im fahrenden Zug zwischen Helmstedt und Braunschweig, durch den Bundesgrenzschutz gemeinsam mit dem Zoll. Für Martin sieht es so aus, als ob es für die Beamten eine reine Formalität sei. Er nimmt noch eine Mütze Schlaf, steht aber frühzeitig auf, um die spärlichen Waschmöglichkeiten am Kopfende des Wagens als einer der ersten benutzen zu können. Bei Ankunft morgens in Köln fühlt er sich zwar, ungeduscht wie er ist, nicht wohl in seiner Haut, kann aber mit seinem äußeren Erscheinungsbild die Legende eines Geschäftsmannes oder Touristen mit gutem Gewissen vertreten.

Das alte Dilemma: Wohin mit dem Koffer? So komisch es aussieht, er muß ihn wieder mitschleppen. Eilmarsch durch die Kölner Innenstadt, die sich so früh am Morgen zum Glück noch im Halbschlaf befindet, und anschließend ein Spaziergang zum Rhein und durch die Altstadt. Dann sieht er sich die Geschäfte in der Hohen Straße an, die eine Gasse ist, frühstückt in einem Café am Dom, wechselt wieder die Dokumente, schlendert durch die Käufhäuser, ißt zu Mittag und kehrt zum Hauptbahnhof zurück. Am frühen Nachmittag besteigt er den Zug nach Brüssel. Kurz hinter Aachen ist wieder Paß- und Zollkontrolle, erst durch die BRD-Organe, später dann im ersten belgischen Grenzort durch belgische Beamte. Jetzt muß er schon nicht mehr vorher repetieren, wie er sich verhalten muß. Es wird sehr schnell zur Routine.

Die Zeit vergeht schneller als erwartet, sie erreichen die Vororte von Brüssel noch vor Eintritt der Dunkelheit. Da stellt Martin erschrocken fest: Brüssel hat drei Bahnhöfe: Gare Midi, Gare Central und Gare du Nord. Wo ist es am günstigsten auszusteigen? Martin hat keine Ahnung und kann niemanden fragen, um mit einer solchen Frage nicht aufzufallen. Er entscheidet sich für Gare Midi, also den Südbahnhof, den ersten, auf dem der Zug hält: ein Glaspalast. Ein Neubau, offensichtlich entstanden vor der Weltausstellung in Brüssel 1958. Er greift sich seinen Koffer, um zu Fuß wieder abzusichern, obwohl er sich sagt, sicherer wäre, es nicht zu tun. Aber Martin ist diszipliniert und hält sich an die Anweisung.

Zu seinem Entsetzen landet er in einem Stadtviertel, das im krassen Kontrast zum supermodernen Bahnhof steht. Ein- bis zweistöckige alte Häuser, schmale Gassen, kleine verrußte Fabrikgebäude, zahlreiche billige Geschäfte, viele sehr einfach gekleidete Menschen. Am Bahnhofsvorplatz einige Hotels, die zwar einen ordentlichen Eindruck machen, aber keinesfalls dem entsprechen, was Martins Legende erfordern würde. Es dunkelt mittlerweile, morgen früh muß er bereits weiterfahren, Martin entschließt sich zu bleiben. Er sucht das von außen am solidesten aussehende Hotel auf und fragt nach einem Einzelzimmer. Die Madame am Empfang nickt erfreut. Er trägt sich in die Anmeldung ein. Das Zimmer ist einfach, aber sauber. Er legt sein Gepäck ab, fährt noch einmal zum Stadtzentrum, ißt zu Abend und kauft vor allem Briefpapier und Marken. Im Hotel schreibt er den vereinbarten Ankunftsbrief an seine Deckadresse in Berlin, geht noch einmal zum nächsten Briefkasten und steckt ihn ein.

Um 24.00 Uhr ist für Brüssel Funkempfang von der Zentrale vereinbart. Martin probiert rechtzeitig aus, ob er die festgelegte Frequenz von seinem Zimmer aus auch empfängt. Es klappt tatsächlich. Er nimmt aus seinem Container die Folie mit den Zahlenkolonnen und merkt sich seine Kennziffer. Aufgeregt ist er schon, obwohl nichts passieren würde, wenn der Empfang nicht klappen würde, es soll ja nur ein Versuch sein. Aber er möchte nicht, daß bei ihm etwas schiefgeht.

Punkt 24.00 Uhr ertönt der Vierklang, dann eine Frauenstimme, die sympathisch klingt, obwohl sie ja nur Zahlen ansagt. Eigenartig. Mitten in der Fremde ein anonymer Gruß aus der Heimat. Zuerst kommt eine fremde Kennziffer mit endlosen Zahlenkolonnen. Aber dann hört er seine Code-Nummer, notiert die Zahlen, nimmt anschließend seine Schablone zur Hand und entschlüsselt, was er empfangen hat. Einige Buchstaben hat er falsch übertragen aber der Kontext rekonstruiert den Sinn: eine belanglose Mitteilung von Achim:»Gratuliere zum Verlauf. Fortsetzung planmäßig. Alles Gute.«

Verhaltene Freude erfüllt ihn. Es ist zwar nicht sensationell, was er vollbracht hat, aber immerhin hat er bisher alles ziemlich richtig gemacht. Er verstaut die Folie wieder im Container, in England wird er sie erneut brauchen. Dann verbrennt er die Reste der abgearbeiteten Zahlenkolonnen, die er von der Folie abgeschnitten hatte, ebenso im Aschenbecher wie das Papier mit Notizen und spült die Asche in der Toilette fort. Nach der Nacht im Zug schläft er traumlos.

Am nächsten Morgen reist er als normaler Tourist über Ostende nach London. Ostende ist Endstation. Das Fährschiff hat an der Pier schon festgemacht. Ein Schwarm Gepäckträger wartet auf Kundschaft und stürzt sich sofort auf die Schar der Reisenden, die den Zug verlassen. Martin trennt sich nicht von seinem Koffer, was die Träger verärgert quittieren. Er ist froh, daß er kein Flämisch versteht. Leider ist er kein Reisender wie jeder andere und hütet sein Gepäck wie seinen Augapfel. Die Menschenmenge stürmt über die Gangway aufs Schiff, die meisten scheinen die Überfahrt nicht zum ersten Mal zu machen. An Deck reißen sie ihr Gepäck den Trägern aus der Hand, entlohnen sie und stürzen sofort an die Regale, die sich an Deck befinden. Da ist Martin wieder aufgeschmissen. Da er seinen Koffer auf dem Schiff aber nicht ständig mit sich herumschleppen kann, entschließt er sich, die Aktenmappe mit Container herauszunehmen und den Koffer im »Luggage Rack« abzustellen. Dann läßt er sich vom Strom der Passagiere mitreißen und landet ohne Umwege unter Deck in der Bar, wo alle nach »Duty-free«-Alkoholika anstehen. Das war zwar nicht Martins Absicht, aber aus der Umklammerung kann er sich jetzt nicht lösen. Umso kurzweiliger sind die Erlebnisse in der babylonisch schwatzenden Menschenmenge. Seine unmittelbare Nachbarin, eine mittelalterliche Blondine, bestellt ihren Drink beim Barkeeper in ursächsischem Englisch. Martin muß sich das Lachen verbeißen. Eine neue Version »Angelsächsisch«. Die Sachsen sind eben überall. Er hat allen Grund, seinen Whisky gutgelaunt zu genießen, zumal er sich jetzt zwei Stunden lang wie auf einer Kreuzfahrt fühlen darf.

Am Bug spritzt Gischt. Martin, der ein Faible für das Meer hat, genießt den salzigen Geschmack auf seinen Lippen und könnte in diesem Augenblick den ganzen Zweck seiner Reise vergessen. Er wandert nach unten, in den Zwischendecks befinden sich weitere Verkaufsstände und komfortable Restaurants, die er meidet – er weiß noch nicht, wie er mit seinen Reisespesen auskommen wird und möchte auf keinen Fall seine Reserve angreifen. Ganz unten landet er bei gemütlichen Ruhekojen, wo man die gesamte Überfahrt im Schlaf verbringen könnte. Aber Martin zieht es wieder nach oben, um die See zu genießen.

Als sich die Möwenschwärme nähern, weiß er, daß die englische Küste nicht mehr fern ist. Er ist der erste beim Gepäck. Man kann ja nie wissen... Die Steilküste von Dover kommt in Sicht, das Schiff fährt noch ein Landemanöver, die Passagiere stehen auf dem Sprung, dann legt es an der Pier an. Im Gegensatz zu Ostende führt die Gangway hier steil hinab. Nach der letzten Stufe setzt er seinen Fuß zum ersten Mal auf englischen Boden, am Dienstag, dem 11. August 1964 – das Datum bleibt für ihn ein Ereignis der ganz persönlichen Art.

Unten am Kai warten wieder Gepäckträger. Martin folgt dem Menschenstrom in die Abfertigungshalle. Das ist eine kreisrunde verglaste Konstruktion aus Gußeisen noch aus der Viktorianischen Ära Großbritanniens. An der Frontseite drei Eingänge mit Flügeltüren, zu denen die Ankömmlinge schon ausreichend vorher durch Schneisen, die mit Seilen gekennzeichnet sind, geschleust werden. Über den Türen Hinweisschilder: »British«, »Non-British« und »Commonwealth«. Die Weltmacht läßt grüßen, auch wenn ihr Ruhm verblaßt ist.

Martin reiht sich in die Schlange »Non-British« ein. An der Tür zur Halle steht ein Bobby, wie aus dem Bilderbuch mit Helm, und achtet darauf, daß die Leute einzeln eintreten. Denn hinter den Türen landet man auf einer kreisrunden Fläche auf der sich in zehn Meter Abstand gegenüber den Eingängen Stehpulte befinden, dahinter Männer in Zivil, zu denen der Bobby die Reisenden erst dann vorläßt, wenn der Vorgänger abgefertigt ist.

Jetzt kommt also die Probe aufs Exempel. Es leuchtet Martin immer noch nicht ein, daß man als Tourist in diesem Teil der Welt nicht auffällt. Und tatsächlich, die erste Frage, die der Kontrolleur an ihn stellt, lautet: »What do you want in this country?« Er spricht offensichtlich nur Englisch, schießt es Martin durch den Kopf, ehe er antwortet »I'm travelling as a tourist«. Daraufhin will der Mann wissen, wohin Martins Reise führt, ob er schon eine Adresse hat, wo er wohnt, und wie lange er voraussichtlich bleibt. Fragen, die er wahrscheinlich an alle stellt, die Martin aber als hochnotpeinliches Verhör empfindet. Er versucht, so gelassen wie möglich zu antworten, es ist ihm etwas unangenehm, daß er noch nichts Konkretes über seine Reise sagen kann. Aber der Kontrolleur stempelt wortlos seinen Paß und reicht ihn Martin zurück. Hinter den Pulten wartet wieder ein Bobby, der die kleine Ausgangstür bewacht. Martin öffnet sie und steht unmittelbar auf dem Bahnsteig, wo ein Zug wartet, der ihn nach London bringen soll. Als »Tourist«, was er nicht für möglich halten wollte.

Der Zug ist solide und gepflegt, aber Martin fällt sofort auf, daß im Unterschied zu deutschen Wagen jedes Abteil seine eigene Tür hat. Martin kennt das nur noch aus seiner Kindheit. Die Fahrt nach London dauert nicht lange, und schon bei der Ankunft auf Victoria Station wartet die zweite Überraschung: Die Bahnsteige sind breit wie Straßen – und Taxis fahren bis an die Züge heran!

Gleich am Bahnhofseingang findet er ein Büro von London Tourist Board. Auch hier macht er eine ähnliche Erfahrung wie bei der Hotelsuche in Brüssel. Vor ihm steht eine Gruppe junger Menschen, die nach ihrem Äußeren zu urteilen ohne viel Geld durch die Weltgeschichte fahren. Auch sie erkundigen sich nach einem Boarding-House und bekommen eine Adresse. Martin will sich viele Worte sparen und fragt nach einem ähnlichen Quartier. Aber die junge Dame mustert ihn kurz und meint, das sei nichts für ihn, ihm müsse sie schon etwas Besseres empfehlen. Martin registriert das mit Genugtuung. Die Boarding-Houses, die man ihm anbietet, befinden sich alle in der Nähe des Hyde Parks. Er nimmt sich ein Taxi, ein hochbeiniger, eckiger Austin, rechtsgesteuert wie alle englischen Autos, die linke Vordertür fehlt, statt dessen befindet sich dort der frei zugängige Platz für das Gepäck. Sehr bequem findet Martin.

Von Jack hat er gelernt, daß man dem Taxifahrer 10 bis 15 Prozent Trinkgeld,»Tip«, gibt. Er sucht die Münzen etwas umständlich zusammen, sie sind ihm noch fremd. Der Taxifahrer ist zufrieden. Martin inspiziert die Häuser von außen. Sie sind durchweg einstöckig, solide, villenartig. Er hat Glück: In dem Haus seiner Wahl ist ein Einzelzimmer frei, und das nimmt er. Die Empfangsdame scheint auch die Besitzerin zu sein, wohnt ebenfalls dort, trägt ihn in ihr Meldebuch ein und macht ihn mit den Gepflogenheiten vertraut. Er bekommt die Schlüssel zur Haustür, sie erklärt ihm die Bedienung des Gasautomaten, führt ihn ins Souterrain zum Frühstücksraum. Ein Gasautomat ist ihm völlig fremd, erweist sich aber als beherrschbar, man muß nur die passenden Münzen immer parat haben, sonst steht man beim Duschen plötzlich im Kalten. Martin macht noch einen kleinen Spaziergang in die Umgebung des Hauses und besucht schon am ersten Tag den gegenüberliegenden Hyde Park mit Speaker's Corner, der Redner-Ecke unweit vom Marble Arch, weltweit ein Begriff und in Martins Phantasie Ausdruck britischer Demokratie. Das ist sie natürlich nicht. Aber ein Unikum dennoch. Martin erlebt sie tatsächlich so, wie sie ihm von seinem Englischlehrer geschildert worden war. Leute unterschiedlichster Couleur stellen sich auf Obstkisten und reden über Gott und die Welt.

In einem kleinen Restaurant ißt er etwas zu Abend und erhält, weil es spät geworden ist, auch sein gewohntes Bier. Die meisten Lokale dürfen erst abends Alkohol ausschenken. Ausgenommen die weit verbreiteten Clubs. Aber dazu bedürfte es einer Mitgliedschaft.

Wie frühstückt man auf der Insel? Das haben Jack und seine Englischlehrerin zwar mit ihm besprochen, aber in der Praxis zeigen sich jetzt Tücken. Im Frühstücksraum herrscht eine familiäre Atmosphäre. Man kann sich nicht isolieren, wird beobachtet und steht vor einem Buffet, auf dem sauber geordnet alles bereitgestellt ist. Ein Mann von seinem Habitus ist welterfahren und weiß sich zu bewegen. Also: Orangensaft zweifellos zuerst. Das kann nicht falsch sein. Dann Kaffee oder Tee? Das ist Geschmacksache. Als Continental-Europäer entscheidet er sich für Kaffee. Was ist mit den Cornflakes? Nimmt man sie mit Milch oder ohne? Martin schielt in die Runde. Manche machen's so, manche anders. Er probiert sie nur mit Zucker und scheint nicht falschzuliegen. Zum Glück werden die warmen Speisen von der Hausdame angeboten. Er kann sich entscheiden zwischen Ham and eggs oder Eggs with bacon oder auch Sausages. Im Laufe seines Aufenthalts probiert er alles und sein Gefühl sagt ihm, was er hier lernt, wird wichtig werden, wenn er später als Engländer unterwegs ist.

In den nächsten Tagen will er sich zunächst einen Überblick über die Riesenstadt auf beiden Seiten der Themse verschaffen und sich dann um die speziellen Gebiete für seine Legende kümmern. Wichtig ist beides: ein normaler Londoner Bürger zu werden und ein in seinem Beruf überzeugender Mann. Fast verzagt er in Anbetracht von drei kurzen Wochen, die ihm dafür zur Verfügung stehen. Zunächst unternimmt er eine ausgedehnte Stadtrundfahrt und vermerkt dabei, welche Stätten er ausführlicher kennenlernen muß. Von da an sucht er sich Tag für Tag Startpunkte für Wanderungen durch Stadtviertel oder zu Sehenswürdigkeiten. Auf diese Weise findet er sich allmählich zurecht auf den Linien der verschiedenen Busgesellschaften, mit denen er erst einmal seine Ausgangspunkte erreichen muß, und wird im weitverzweigten Netz der »Tube«, wie die Londoner ihre Underground liebevoll nennen, heimisch. Sie ist auch jenseits der Unterwelt im Stadtbild mit ihren Bahnhöfen eine Orientierungshilfe. Unterirdisch entfaltet sie ein rasantes Eigenleben. Eine Stadt unter der Stadt, und verführerisch dazu, denn wer sich »oben« nicht zu Fußmärschen zwingt, läuft Gefahr, London nur von unten kennenzulernen.

Bei seiner ersten Talfahrt auf der steilen Rolltreppe hinab ins Labyrinth der Schienenwege wird Martin schwindelig: Die schier endlose Menschenkette auf der entgegenkommenden Rolltreppe verursacht eine optische Täuschung, die Fahrgäste scheinen alle schräg zu stehen und drohen im nächsten Moment umzukippen. Er muß sich an den Jugendstilkandelabern entlang des Handlaufs orientieren, um sein Gleichgewicht zu halten.

Endlich der Bahnsteig. Züge fauchen heran, bremsen, die Türen öffnen sich und schließen automatisch schnell. Auf der Wand gegenüber hängt ein riesiges Plakat: auf grüner Fläche ein Mädchen mit roten Schuhen. Darunter der Text: Kinderschuhe müssen weite Wege gehen. Eine Werbung. Nur eine Werbung. Aber sie löst bei Martin eine schmerzliche Sehnsucht aus. Er kann den Blick nicht von dem Mädchen wenden, es scheint auf ihn zu zu stürmen und nimmt die Züge seiner Tochter Daisy an. Sein Zuhause holt ihn ein, seine bevorstehende Scheidung – die zweite. Aus der Magengegend spürt er einen Krampf. Er setzt sich auf eine Bank und atmet tief durch. Dann steigt er in die nächste Bahn. Die Türen schließen sich. Er ist wieder in seinem zweiten Leben.

In drei Wochen erobert er sich London zu Fuß und sucht nach einer Möglichkeit, sich originelles Hintergrundwissen zu verschaffen, das ihn später als Engländer glaubwürdig machen kann.

Ein Zufall kommt ihm zu Hilfe. Er steht mit Hunderten Schaulustiger gegenüber dem schmiedeeisernen Portal des Buckingham Palace, wenige Meter vor dem riesigen Queen Victoria Memorial, um sich die Wachablösung, das berühmte »Changing the Guard«, anzusehen. Die abzulösende Wache ist im Forecourt, dem Innenhof des Palastes, angetreten. Marschmusik ertönt. Die Menge gerät in Bewegung, jeder will etwas sehen. Da drängt sich ein unscheinbarer kleiner Mann mittleren Alters an Martin heran und beginnt, ihm zwanglos zu erzählen, was vor seinen Augen vor sich geht. Und während die neue Wache heranmarschiert und das Zeremoniell vor sich geht, erfährt Martin viele Histörchen über die Historie Londons, so kommt er mit dem kleinen Mann ins Gespräch.

Der schlägt ihm schließlich vor zu gehen, ehe sich die Massen in Bewegung setzen, lädt ihn zu einer Tasse Kaffee am Ufer eines kleinen Sees im nahe gelegenen St. James' Park ein und erzählt Martin dabei die ganze Geschichte des Hauses Windsor mit allen kleinen Anekdötchen, die teils Jahrhunderte zurückliegen und teils noch ganz frisch sind. Dann gehen sie noch gemeinsam zum ehemaligen Marineministerium, den Old Admiralty Offices, hinüber, wo er Martin vor allem den Weg zeigt, den Lord Nelson, Englands berühmtester Seeheld, unbemerkt gegangen sein soll, wenn er seine Geliebte, Lady Hamilton, aufsuchte. Admiral Nelson, der im Seekrieg gegen Frankreich schon ein Auge und später den rechten Arm verlor, gilt als eigentlicher Begründer der britischen Weltmacht, nachdem er 1805 in der Seeschlacht bei Trafalgar die vereinigte französisch-spanische Flotte besiegte. Dabei wurde er tödlich verwundet. »Aber weniger wegen dieses historischen Sieges«, erzählte Martins Begleiter hinter vorgehaltener Hand, »als vielmehr, weil er die schöne Lady eroberte, wurde er in England so populär.« Solcherart waren fast alle Annekdoten, die der kleine Mann erzählte. Sicher stimmten sie alle nicht. Aber sie hätten stimmen können. Das war es, was Martin so wichtig erschien.

Er geht mit ihm noch zu Abend essen, erfährt, daß er verwundet aus dem Zweiten Weltkrieg zurückgekehrt und nun arbeitslos ist. Ohne daß sie eine Absprache getroffen hätten, verlangt er ungeniert beim Abschied zwölf Pfund Honorar, das sind etwa 120 DM. Scheinbar viel Geld für einen unverlangten Service, für Martin ist es das Geld wert.

London hält eine Unmenge Sehenswürdigkeiten für ihn bereit, aber es wird Zeit, sich um die Firma zu kümmern, die er für seine Legende okkupiert hat. Das Telefonbuch ergibt zahlreiche Adressen, die alle unter »English Electric« rangieren. Martin macht sich auf die Suche. Die Zentrale regiert im »Marconi-Haus«, das seinen Namen nach dem Erfinder der Telefonie nach britischer Version führt. Die Deutschen nehmen Philipp Reis für sich in Anspruch, die Russen wieder einen anderen ...

Der Hauptsitz von »English Electric« liegt im Westend und macht schon äußerlich etwas her. Das Gebäude hat einen hochhausartigen Mitteltrakt und stützt sich zu beiden Seiten auf fast symmetrische Seitenflügel. Der Haupteingang mündet auf ein kleines Rondell. Dort steht Martin jetzt und ist unschlüssig: Soll er hineingehen oder nicht? Eine Ahnung von dem Haus müßte er schon haben, wenn er später mit anderen eventuell darüber ins Gespräch kommen sollte. Was erwartet ihn hinter der schweren Eichentür mit den kleinen Fensterscheiben aus geschliffenem Glas? Ein Pförtner, der ihn inquisitorisch (wie zu Hause) nach seinen Absichten und seinem Ausweis fragt? Andererseits hat er hier schon so viel Sorglosigkeit erlebt, daß er schließlich alle Bedenken beiseite schiebt. Er steigt die fünf Stufen vom Vorplatz zur Tür hinauf, ergreift den wuchtigen Metallknauf, die Tür öffnet nach außen – und er steht in einer kleinen Vorhalle. Statt eines Pförtners gibt es eine Tafel mit Namens- und Zimmerverzeichnis als stummer Portier. Er prägt sich einige Namen und Funktionen ein, meidet dann den Fahrstuhl und steigt zu Fuß zwei Stockwerke empor bis zur Chefetage, die durch eine spiegelblanke Messingtafel gekennzeichnet ist, stattet dort der Toilette einen Besuch ab und geht auf demselben Weg wieder hinaus.

So clever wie er – hoffentlich – auf einen Beobachter wirken würde, fühlt er sich allerdings keineswegs. Gemessenen Schrittes – trotz aller Unruhe – geht er zur nächsten Underground-Station.

Er muß lernen, sich nicht unnütz aufzuregen. Lernen muß er auch, daß sich die Adressen der Zweigstellen und Fabriken von EE mit wenigen Ausnahmen nicht im vornehmen Westend Londons befinden, wo er sich bisher fast ausschließlich bewegt hat, sondern in den Fabrikvierteln des Ostens. Überrascht, ja fast enttäuscht ist er vom Kontrast zwischen der glänzenden Fassade und den Hinterhöfen, die man besser nicht vorzeigt.

Das Resümee ist unbefriedigend. Er benötigt mehr Informationen über seine Firma. Dreist vorzugehen, lag ihm schon als Journalist nicht. Jetzt wäre es ein unverantwortliches Risiko. Beim Grübeln stößt er auf die Lösung. Aus EE muß eine virtuelle Firma werden. Die wird er aufbauen aus seinen Londoner Kenntnissen und mit dem »Sichtmaterial«, das Achim schon früher auf der Leipziger Messe und in den Werkstätten des »Dienstes« hat zusammenstellen lassen.

Abends hat er wieder einen Funkempfang von der Zentrale. Achim wünscht ihm weiterhin alles Gute. Konkrete Anweisungen enthält der Spruch nicht, sie wären ja auch illusorisch, wenn der Empfang nicht zustande käme. Es bleibt die letzte Nachrichtenübermittlung in seiner Laufbahn.

Martin macht weitere Studien für seine Berufslegende, besucht eine Bibliothek für elektronische Fachliteratur, speziell für Fachzeitschriften. Hier spielt er den interessierten Laien, der den Trend der Zeit zu einer Mediengesellschaft erkannt hat. Die kleine Fachbibliothek befindet sich im Seitenflügel eines Zentralgebäudes, das zur naturwissenschaftlichen Fakultät der Universität gehört. Der Angestellte, den er dort antrifft, ist begeistert von Martins Weitblick und gibt ihm eine Fülle von Hinweisen, von denen Martin kaum einen Bruchteil versteht. Er läßt sich einen Stapel Zeitschriften geben, blättert sie in Ruhe durch, macht sich Notizen, versichert dem Bibliothekar, wie wichtig der Besuch für ihn war und läßt sich abschließend noch eine Fachbuchhandlung nennen, wo er derartige Zeitschriften abonnieren kann.

Jetzt, beschließt er für sich selber, hat er eine Belohnung verdient. Martin macht sich auf den Weg zum Wembley-Stadion. Er kann nicht darauf warten, ob während seines Aufenthalts vielleicht ein Spiel der Premier League stattfindet. Also besichtigt er das leere Stadion. Das weite Rund, ein Ort, an dem auch Wettkämpfe in Leichtathletik und anderen Sportarten stattfinden, hinterläßt in ihm einen fast feierlichen Eindruck, intensiver noch, als wären die Ränge besetzt. Ähnlich ist das Erlebnis der Royal Albert Hall, von Kindheit an ein Begriff für Veranstaltungen aller Art. Er will sie gesehen haben, ein Engländer seiner Art muß solche Orte verinnerlicht haben, um glaubhaft zu sein. Davon ist er überzeugt.

Erst recht gilt das für Wimbledon, dem Mekka des Tennissports. Er hat Glück: Ein Turnier findet gerade statt. Mit der Underground fährt er hinaus zu dem Londoner Vorort, muß vom Bahnhof aus ein ganzes Stück durch die ländliche Gegend laufen. Er braucht nicht nach dem Weg zu fragen, mit ihm haben Hunderte dasselbe Ziel. Rechts und links säumen dichte Hecken, weitläufige Koppeln zwischen den verstreuten Häusern den Weg, und alle diese Wiesen sind für das Turnier zu Parkplätzen umfunktioniert. Englischer Boden und englisches Klima geben das her: Als die Massen am Abend zurückwandern, haben die Autos auf dem saftigen Grün kaum Spuren hinterlassen.

Martin ist überwältigt. Court reiht sich an Court, teils mit Zuschauerwällen, die zur Peripherie des Geländes hin seltener und niedriger werden und schließlich ganz verschwinden, so daß die Ansetzungen durch das Kampfgericht bereits eine indirekte Klassifizierung der Spieler darstellen. Die Namenlosen spielen auf den hinteren Plätzen, zumindest in den Vorrunden. Tribünen haben nur der Centre Court und Platz zwei. Aber dieser Centre Court ist kein Tennisplatz mehr, sondern eine Arena – fast ein Tempel. Die Ränge umschließen kreisrund den Platz hermetisch und erreichen in mehreren Etagen Turmhöhe. Im Schein der Mittagssonne treten sie durch die dunkle Patina ihrer Holzverkleidung farblich zurück, und das Grün des Rasens leuchtet im grellen Licht. Dort kämpfen die Gladiatoren des weißen Sports um Punkte, Satz und Sieg.

Eine heitere Gelassenheit herrscht über der ganzen Veranstaltung. Draußen wandert das Publikum zwischen den Spielen über das Gelände, unterhält sich, man ist wie zu anderen Sportereignissen in London oft mit Kind und Kegel da, schlürft traditionell Erdbeeren mit Schlagsahne und amüsiert sich. Merry old England! Martin fühlt sich so heimisch, daß er mit Betrübnis von der Absicht hört, die Tribünen des Centre Court in Wimbledon und die ganze Anlage zu modernisieren. Es wird viel vom Charme der Veranstaltung verlorengehen. Er ertappt sich, damit eigentlich englisch zu empfinden und ist zufrieden mit sich, wenn er auch bedauert, die Fülle der Stories, die er mitbringt, in seinem künftigen Alltag gar nicht gebrauchen zu können.

Unverkennbar hat er das Inselbewußtsein der Briten verinnerlicht. Ein Hauch von »Splendid Isolation« scheint allenthalben vorhanden. Daraus resultiert Selbstbewußtsein, nicht Überheblichkeit. Selbstbewußtsein hat Martin aus der Antwort der Livrierten vor der Bank of England ebenso herausgehört wie von dem Bobby bei Scotland Yard. Er hatte sie über die Institutionen befragt, die sie bewachten. Selbst die Landlady im Boarding-House war sich der repräsentativen Rolle bewußt, die sie ihren Gästen gegenüber zu spielen hat, um ihnen ihr Land richtig zu verkaufen. In England gehen die Uhren anders, und das wortwörtlich: Sie haben die »doppelte Sommerzeit«, sind »Europa« also immer eine Stunde voraus.

Erste Begegnung mit Buchmacher

»Das ist Reinhold«, sagt Achim. Es ist der erste Treff nach der Englandreise, »ich habe dir ja schon von ihm erzählt. Ihr werdet von jetzt an beide miteinander zu tun haben.«
Man gibt sich die Hand. Martins erster Eindruck von Reinhold ist zwiespältig. Liebe auf den ersten Blick ist es nicht, aber doch Respekt, schließlich hat Reinhold das Kunststück fertiggebracht, über jene frühere Freundin Buchmachers die Bekanntschaft mit ihm herzustellen. Reinhold scheint nicht glücklich darüber zu sein, nur noch eine Übergangsrolle im Vorgang zu spielen. Eine gewisse Rivalität knistert zwischen beiden. Reinhold, früher Direktor einer Sportschule, leidet an der Berufskrankheit vieler Lehrer: Er gibt sich allwissend.

Er hatte Buchmachers Interesse an einer Bekanntschaft mit seinem Chef, den Martin verkörpern sollte und den er als leitenden britischen Konzernvertreter beschrieben hatte, bereits geweckt. Dabei hatte er auch erfahren, daß Buchmacher, bisher Oberst beim Bundesgrenzschutz (BGS) und Mitarbeiter des Bundesministeriums des Innern (BMI) in Bonn, als Kommandeur einer BGS-Einheit an die »Innerdeutsche Grenze« in Niedersachsen versetzt werden sollte. Das änderte Achims Konzeption, die auf das BMI gerichtet war. Aber alle Versuche Reinholds, Buchmachers Widerstand gegen eine Versetzung zu wecken, waren fehlgeschlagen. Bei einer dieser Debatten hatte Buchmacher unter dem Siegel tiefster Verschwiegenheit gestanden, daß er im Moment gerade Offizier vom Dienst im BMI sei. »Die Sicherheit der Nation hängt also von mir ab«, erzählte er mit Verschwörermiene, wenn auch nicht ohne Stolz.

Fakt bleibt schließlich: Die »Quelle«, die Martin erschließen soll, wird nicht am Rhein, sondern an der Leine sprudeln, die durch Hannover fließt. Reinhold erhält von Achim den Auftrag, mit Buchmacher beim nächsten Treff einen Termin für eine Zusammenkunft mit »seinem Chef« zu vereinbaren. Anlaß dafür sollte ein geschäftlicher Aufenthalt Martins in Hannover sein. Dabei würde sich bestimmt eine Gelegenheit finden, ihn bei einem gemeinsamen Abendessen kennenzulernen. Buchmacher akzeptiert. Zum vereinbarten Zeitpunkt wird Reinhold sich zuerst mit Buchmacher treffen und dann mit ihm gemeinsam seinen Chef, also Martin aufsuchen.

Zu dieser Begegnung wird Martin drei Dokumente mitnehmen: einen Reisepaß der BRD zum Grenzübertritt nach Westberlin, einen Westberliner Personalausweis zum Transit in die Bundesrepublik, für das Treffen mit Buchmacher aber erstmalig einen britischen Paß. Für den muß Martin sich noch einen Namen ausdenken, der typisch sein muß, zu dem er aber auch eine gewisse emotionale Beziehung haben sollte, denn er wird ja einige Jahre damit leben müssen – wenn alles gutgeht.

Martin überlegt. Ein Name spukt seit Jahrzehnten in seinem Kopf. Er hat ihn zum ersten Mal gehört, als er, die Kopfhörer des Detektorradios seiner Großmutter auf den Ohren, die Reportage über den 1500-Meter-Endlauf zu den Olympischen Spielen 1936 in Berlin atemlos verfolgte. Es gewann mit riesigem Vorsprung ein Läufer aus Neuseeland. Er hieß Lovelock. Am nächsten Tag sah er das Bild in der Zeitung: Lovelock, ein blonder Lockenkopf, lief strahlend über die Linie, das Zielband flatterte ihm um die Hüften, und die Arme streckte er im Triumph empor.

Also Lovelock sei sein Name! Den Vornamen weiß er leider nicht mehr. Er entscheidet sich für James. Weil das etwas zu nackt klingt, setzt er noch ein R. dazwischen, analog zu Johannes R. Becher und als stille Referenz an seinen Vater Robert: James R. Lovelock steht in seinem britischen Paß. Die Legende dazu bastelt er nach bewährtem Strickmuster mit austauschbaren Daten aus seinem eigenen Lebenslauf. Das Geburtsjahr behält er bei, das Datum erfindet er, die Geburtsstadt ist London, seine Eltern betrieben ein Boarding-House in der Nähe des Hyde Parks (sic!), der Vater starb kurz nach dem Krieg. Martin blieb unverheiratet und lebt mit seiner Mutter zusamen in London, Upper Berkeley Street. Die Adresse hat er sich bei seinem Besuch in London ausgesucht. Er hat ein humanistisches College besucht und dann nach dem Krieg, den er bei einer motorisierten Artillerieeinheit einschließlich der Invasion und des Frankreichfeldzuges mitgemacht und als Lieutenant beendet hat, die Londoner High School of Commerce absolviert. Von dort aus landete er direkt in der Marketingabteilung von »English Electric«.

Martin und Reinhold reisen drei Tage vor dem vereinbarten Zeitpunkt getrennt in verschiedene Städte der Bundesrepublik, sichern jeweils gründlich ab und treffen am Tage vor dem Termin auf unterschiedlichen Wegen in Hannover ein. Martin übernachtet mit britischem Paß im Grand Hotel gegenüber dem Hauptbahnhof, wo er am Abend auch Buchmacher kennenlernen soll. Reinhold wohnt in einem anderen Hotel. Er hat sich mit Buchmacher bereits am Nachmittag verabredet. Dabei kann er Buchmachers Anfahrt beobachten und feststellen, ob er verfolgt wird. Nur wenn das nicht der Fall ist, nimmt er anschließend den Treff mit ihm wahr. Dabei teilt er ihm mit, daß sein Chef sie beide zum Abendessen erwartet. Sie machen noch einen Spaziergang zum Maschsee. Das gibt Reinhold die Gelegenheit, noch einmal abzusichern. Dann begeben sie sich zu Martins Hotel. Der hat bereits sein Zimmer gekündigt und sein Gepäck am Bahnhof abgelegt. Ein Tisch im Restaurant des Hotels ist reserviert, und dort erwartet Martin jetzt seine Gäste bei einem vorgezogenen Aperitiv. Reinhold führt Buchmacher zum Tisch. Das ist der spannendste Augenblick: Wie wird Buchmacher auf Martin reagieren? Beide sehen sich zum ersten Mal, und wenn dies auch nicht der alles entscheidende Moment zu sein braucht, ein Rolle spielt der erste Eindruck schon für beide Seiten. Martins Vorstellung von seinem Partner ist nur vage; er kennt ihn aus den Schilderungen von Achim und Reinhold, hat aber nie ein Bild von ihm gesehen.

Und nun ist alles anders. Martin hatte in Habitus, Diktion und Gestik einen preußischen Offizier erwartet: drahtige Gestalt, knappe Bewegungen, schneidiger Ton. Aber Buchmacher ist mittelgroß mit kleinem Bauchansatz, jedoch nicht dick, mit grauem, etwas schütterem Haar, lebhaften, aber runden Bewegungen. »Wie mein Vater«, schießt es Martin durch den Kopf. Dann schüttelt er ihm die Hand. Sie ist klein und weich. Auf die ersten Floskeln reagiert Buchmacher, wie Martin es erwartet hat, weil in einer solchen Situation jeder Deutsche ebenso reagiert hätte: Er spricht englisch. Das ist gut so. Ohnehin hätte Martin herauskriegen müssen, wie gut Buchmachers Englisch ist. Und er stellt erleichtert fest: Buchmacher spricht ein gutes Englisch, man merkt, daß er Übung hat, sein Wortschatz ist vielleicht sogar besser als meiner. Aber seine Aussprache ist katastrophal. Martins Zuversicht, das Unternehmen zu bestehen, wächst. An der Sprache, seiner größten Sorge, dürfte es nicht scheitern.

Nachdem sie eine Weile so parliert haben und Martin überzeugt ist, daß Buchmacher nicht an seiner englischen Herkunft zweifelt, kommt er ihm entgegen, indem er sich entschuldigt, daß er jetzt in sein miserables Deutsch übergehen muß. Aber er hat ein Prinzip und außerdem von seiner Direktion auch eine bindende Anweisung, im Ausland nach Möglichkeit in der Sprache des Landes zu reden. Das sei, fügt er lächelnd hinzu, keine Frage der Höflichkeit, sondern reiner Egoismus: Man wolle Mißverständnisse ausschließen.

Buchmacher registriert das mit Respekt, und Martin führt das weitere Gespräch in einem deutsch-englischen Kauderwelsch, ständig nach Wörtern suchend, solange, bis sich sein Partner erbarmt und ihm das passende deutsche Wort nennt. Oft baut er die Sätze – wo es am meisten auffällt – in englischer Grammatik zusammen, konjugiert deutsche Verben nach englischen Regeln. Zuweilen fällt ihm das schon schwerer, als ein richtiges Englisch zu sprechen. Aber das kann er nicht riskieren.

Die Verständigung mit Buchmacher ist nicht nur linguistisch und akustisch gut. Sie finden auch einen Draht zueinander. Martin bringt, nachdem das Eis gebrochen ist, das Gespräch auf den Kernpunkt: Er habe von Reinhold, einem Mitarbeiter, den er sehr schätze, gehört, daß zwischen seiner Firma und Buchmacher eventuell eine lockere Zusammenarbeit zustande kommen könnte. Er sei daran interessiert, man werde das auch honorieren. Was sein Konzern herstelle, wäre mit einem Wort gesagt, nämlich Elektrik/Elektronik im weitesten Sinne. Reinhold habe ihm erzählt, daß Buchmacher ein hoher Offizier wäre, also ein Mann der militärischen Praxis. Ständiges Anliegen jedes zukunftsorientierten Konzerns sei die Aktualisierung der Produktion und die Steigerung des Absatzes. Dafür könnten seine Hinweise interessant werden.

Er könnte sich also eine Art Lobby-Tätigkeit im weitesten Sinne vorstellen. Heute, schließt er, sollte man darüber nicht in die Einzelheiten gehen, aber er glaube schon, daß es mit Buchmacher eine Zusammenarbeit geben könne. Jetzt wolle er von ihm nur wissen, ob er grundsätzlich daran interessiert sei.

Buchmacher nickt beflissen. »Dann wollen wir erstmal essen«, fährt Martin fort, er hasse es, während des Essens zu verhandeln, was er leider nur allzuoft machen müsse. Umso erfreulicher empfände er die angenehme Atmosphäre. Dem Small talk beim Essen folgt die Verabschiedung. Martin bittet um die Rechnung, macht Reinhold noch darauf aufmerksam, mit Buchmacher einen Verbindungsweg zu vereinbaren, damit man so bald wie möglich zu den Details kommen könne. Buchmacher verbeugt sich artig, wie es der Comment vom deutschen Offizier verlangt.

In den folgenden Wochen wird Reinhold in größeren Abständen eine lockere Verbindung zu Buchmacher halten, ohne dabei jedoch auf die beim Essen mit Martin angedeutete Zusammenarbeit näher einzugehen. Buchmacher muß die Überzeugung gewinnen, dies ist Chefsache.

Wohnsitz in Brüssel

»Du mußt dich jetzt in Brüssel ›festsetzen‹«– das ist die Mitteilung, mit der Achim den verdutzten Martin beim nächsten Mal überfällt. »Das heißt, du mußt jetzt als Engländer in Brüssel auf Wohnungssuche gehen. Wir brauchen im Vorfeld der beabsichtigten Werbung ein geeignetes Quartier als Basis für die potentielle Zusammenabeit mit Buchmacher.«

Er lehnt sich zufrieden in den weichen Ledersessel zurück und genießt zunächst Martins Ratlosigkeit, um dann seine Stimmung vorsichtig wieder aufzubauen. Zunächst stellt er klar, daß nicht vorgesehen ist, diesen Wohnsitz für Verhandlungen mit Buchmacher zu nutzen. Das wäre zu riskant. Das Quartier wird eher wochenlang unbenutzt bleiben, also außer Kontrolle sein. Aber man braucht es als Hintergrund: zur Adressenangabe in Hotels, bei Buchungen aller Art mit britischem Paß, nicht zuletzt, um Buchmacher eine Benachrichtigungsmöglichkeit für unvorhergesehene Ereignisse zu geben.

»Du mußt auch damit rechnen«, ergänzt Achim, »daß dir von den zahlreichen Hotels, die du aufsuchen wirst, Werbung oder andere Post ins Haus geschickt wird. Die darf unter keinen Umständen als unzustellbar zurück gehen.« Das überzeugt Martin.

Vollgepfropft mit Anweisungen, Vereinbarungen über Aufgaben und ihre Umsetzung, Verhaltensaufträgen bei unvorherzusehenden Situationen, aber ohne Technik, die ihn kompromittieren könnte, reist er in die belgische Hauptstadt.

Er soll sich in Brüssel »festsetzen«. Wie er das anstellt, darüber haben sie sich viele Gedanken gemacht. Tun muß er es jetzt ganz allein.

Diesmal macht er bei seiner Ankunft in Brüssel nicht den Fehler, am

Gare du Midi auszusteigen, sondern fährt nach Gare Central weiter, einem unterirdischen Bahnhof, der im Zuge der Weltausstellung von 1958 ebenso entstanden war wie das Atomium, das als Wahrzeichen der Stadt stehenblieb, und vieles andere. Er logiert im Zentral-Hotel das zwar einen guten Ruf zu verteidigen, aber außer dem Namen und der zentralen Lage wenig zu bieten hat. Gerade das erscheint ihm wichtig. Martin liest vom ersten Tage an in der Brüsseler Lokalpresse die seitenlangen Wohnungsangebote. Absolutes Neuland! Er muß sich die französischen Fachausdrücke aneignen, um überhaupt zu erkennen, was sich hinter den Angeboten verbirgt. Nachträglich ist er froh über seinen Entschluß in der Untersekunda der Thomasschule, Französisch fakultativ zu lernen. Das brauchte er schon während des Zweiten Weltkriegs in Frankreich, hier und jetzt wird es aber erst recht wichtig.

Kurzum, er besorgt sich eine Karte von Brüssel, schreibt sich die anscheinend interessantesten Adressen heraus und macht sich auf den Weg.

Es wird eine Marathonstrecke. Seinem Prinzip folgend, versucht er so viel wie möglich per pedes zu erledigen, schon um auf diese Weise den Charakter der Wohngegend genau einschätzen zu können. Auf alle Angebote aus sozial schwachen Bezirken verzichtet er von vornherein, die übrigen klappert er treu und brav ab. Aber auf Anhieb funktioniert die Suche nicht. Fast alle Untermietverhältnisse scheitern daran, daß sie keinen separaten Zugang haben. Ein anderes Mal macht der taktlose Hinweis der Vermieterin, daß »Damenbesuch« nicht erwünscht sei, den Abschluß unmöglich. Wo ihm schon solches unterstellt wird, ist er sowieso an der falschen Adresse. Ein dritter Versuch scheitert an der unansehnlichen Fassade des Hauses.

Wieder macht er sich zu Fuß auf den Weg, stiefelt vom Zentrum aus vorbei an der imposanten Cathédrale St.-Michel und dem Palais de la Nation gegenüber vom Parc de Bruxelles, wo er Regierungsbeamten beim Boulespiel in der Mittagspause zuschaut, die Rue de la Loi entlang. Sein Ziel ist der Square Marie-Louise, weil er im »Le Soir« eine Adresse entdeckt hat, die ihm zunächst geeignet und nun, da er sie gesehen hat, ideal erscheint. Das Haus ist zweistöckig und wird von einem schmiedeeisernen Zaun um den Vorgarten gegen die Straße abgeschirmt. Martin drückt den Messingknopf am Torpfeiler. Nach einer Weile erscheint eine junge Frau mit Kopftuch, offenbar eine Hausangestellte, und erklärt ihm in gebrochenem Französisch, daß Madame und Monsieur leider nicht da wären, am besten, er käme morgen vormittag wieder. Martin bittet sie auszurichten, daß er auf alle Fälle am nächsten Tag wegen der Wohnung vorsprechen werde.

Der äußere Eindruck ist so gut, daß Martin fürchtet, seine Chance zu verpassen. Das Haus hat ein Souterrain, eine Beletage, wie sie das Hochparterre nennen, und darüber ein weiteres Stockwerk. Rechts und links lehnen sich Gebäude ähnlichen Stils an. So verläuft das gesamte Ensemble rund um einen See, unterbrochen von einigen hohen Neubauten, welche die Harmonie des Platzes verderben.

Am nächsten Morgen bricht Martin wieder auf zum Square Marie-Louise. Er denkt zurück an seine Tanzstundenzeit: Ab elf Uhr kann man Besuche machen.

Diesmal hat er Glück. Beide Besitzer sind da: Madame Couche, eine Wallonin, und Monsieur Cruls, ein Flame. Ein Paar, kein Ehepaar, beide knapp sechzig Jahre alt. Die Frau in einem zartrosa Hausmantel, er mit aufgekrempelten Hemdsärmeln und Hosenträgern. Sie empfangen ihn im Souterrain, wo sie zu wohnen scheinen, das übrige Haus ist vermietet.

Martin stellt sich vor und bezieht sich auf die Anzeige. Mit Erleichterung erfährt er, das Angebot ist noch offen. Es handelt sich um ein Zimmer im ersten Stock, dort befindet sich ein kleiner Flur, von dem zwei Türen abgehen, die erste links in das freie Domizil. Monsieur Cruls steigt mit ihm die Marmortreppe empor. Oben ist der Eindruck dann weniger vornehm, aber solide. Das Zimmer ist gediegen eingerichtet, hat einen Kamin, Dampfheizung, ein breites Fenster zum Garten, davor ein sanft abfallendes schräges Dach, das Monsieur euphemistisch als Terrasse bezeichnet. Und es hat eine eigene Toilette und Waschgelegenheit.

Martin ist sofort wild entschlossen und fängt gar nicht erst an zu taktieren, zumal er dem Paar offenkundig sympathisch ist. Beide waren während der deutschen Besetzung Belgiens im Zweiten Weltkrieg im englischen Exil und haben ein besonderes Verhältnis zur Insel. Die finanzielle Frage ist schnell geregelt, er akzeptiert die Kaution und nutzt seinen Sympathiebonus unverzüglich, um Sonderwünsche anzubringen: Er brauche das Quartier für seine geschäftlichen Besuche auf dem Kontinent. Dafür sei Brüssel die beste Ausgangsbasis. Es würde aber zur Folge haben, daß die Wohnung häufiger leerstehen müsse. Umso wichtiger sei für ihn volles Vertrauen zu seinen neuen Vermietern. Um sich unangenehme Formalitäten zu sparen, läßt er nebenher durchblicken, daß es ihm allerdings am angenehmsten wäre, wenn er sich nicht gleich anmelden müsse, sondern erst, wenn feststehe, wie lange er das Zimmer brauchen würde. Monsieur, der das Wort führt (obwohl Madame das Geld zu haben scheint), ist ohne weiteres einverstanden, gibt ihm aber die Anmeldeformulare gewissermaßen zu seiner Entlastung mit. Martin zahlt zur Kaution die erste Monatsrate, vereinbart noch, daß die Hausangestellte, eine Spanierin, sein Zimmer mit saubermacht, empfängt drei Schlüssel: für sein Zimmer, für die Haustür und für das Gartentor.

Von nun an hat Mr. James R. Lovelock, wohnhaft London, Upper Berkeley Street 26, einen zweiten Wohnsitz in Bruxelles, 45 Square Marie-Louise. Ihm fällt ein Stein vom Herzen. Vor dem Klinkenputzen von Tür zu Tür hatte es ihn gegraut, gar nicht in erster Linie vor den Tücken seiner Identität. Es wäre ihm auch schwergefallen, von Fremden etwas zu verlangen, auf sie zuzugehen. Andererseits war er von Natur aus kontaktfreudig. Aber die Begegnungen mußten in einem akzeptablen Rahmen stattfinden, der für ihn schon eine gewisse Referenz darstellte. In seiner Anfangszeit bei der »Leipziger Zeitung« hatte er einmal den Auftrag erhalten, ausländische Messegäste bei ihrer Ankunft auf dem Hauptbahnhof zu interviewen. Er wäre am liebsten im Boden versunken. Er selbst haßte es, unvorbereitet angesprochen zu werden und konnte sich gut vorstellen, wie anderen umgekehrt dabei zumute wäre. War der Kontakt einmal da oder ergab er sich aus normalem gesellschaftlichen Umgang, war er ein Muster an Zugänglichkeit. Deshalb war er auch froh, daß die Verbindung zu Buchmacher bereits bestand.

Achim ist zufrieden mit dem Ergebnis von Martins Reise. Er hatte sich in Brüssel »festgesetzt«, mochte das auch noch so albern klingen.

Nun fährt Martin in unterschiedlichen Abständen regelmäßig dorthin, um sich eine feste Aufenthaltslegende aufzubauen. Er kommt mit den Vermietern immer häufiger ins Gespräch, das zu Martins Erleichterung französisch geführt werden muß, weil beide kein Englisch sprechen. Da sind Fehler auch erlaubt. In Englisch dürfte er sie sich nicht leisten.

Unter ihm in der Beletage wohnt offensichtlich eine wohlhabende Familie aus Belgien mit halberwachsener Tochter und Luxus-Hund, über ihm eine alleinstehende Frau mittleren Alters, vor der er auf der Hut sein muß, denn er hat in Erfahrung gebracht, daß sie lange in England lebte und perfekt englisch spricht. Das möchte sie verständlicherweise Martin gegenüber auch anwenden, um Eindruck zu schinden. Sie kommt mit allerlei Bewerbchen zu ihm, mal braucht sie eine Schere, mal funktioniert der Strom bei ihr nicht. Martin hegt zwar keinen Argwohn, muß aber geschickt taktieren: einerseits kann er sie nicht abweisen, andererseits muß er ihr nach Möglichkeit aus dem Wege gehen, um sich keine Blöße zu geben.

Neben ihm, durch eine gepolsterte Doppeltür getrennt, wohnt ein junges Ehepaar, sie ist Deutsche, er Italiener, beide arbeiten bei einer europäischen Behörde. Martin hört durch die Tür, daß die junge Frau intensiv mit einem Rechtsanwalt zu klären versucht, wie sie finanziell möglichst gut abschneidet, wenn die Ehe – die gerade geschlossen wurde – einmal geschieden würde.

Durch die Trennwand hinter dem Kamin schließlich kann Martin verfolgen, daß im Nebenhaus eine afrikanische Botschaft untergebracht ist, in der eine Sprache gesprochen wird, die er zum Glück nicht versteht. Im übrigen stört ihn in seiner Abgeschiedenheit kein Mensch. Von Mal zu Mal aber verstärkt er von sich aus den Kontakt zu seinen Vermietern.

Sie betreiben in Schaerbeek, einem Brüsseler Vorort, einen kleinen Laden für Tabak und Spirituosen. Eines Abends laden sie ihn dorthin ein. Das Geschäft ist sicher keine Goldgrube. Die meiste Kundschaft kommt abends, deshalb haben sie auch offen, solange es sich lohnt, Ladenschlußzeiten gibt es nicht. Das Paar hält sich im kleinen, gemütlichen Nebenraum auf. Durch den Vorhang an der Tür hört man das Glockenspiel, wenn ein Kunde kommt. Martin wiederholt seine Besuche dort so oft, wie es ihm vertretbar erscheint, ohne daß der Eindruck entsteht, er könnte seine eigenen geschäftlichen Obliegenheiten dadurch vernachlässigen. Die Abende sind nicht nur nützlich für die Abdeckung seiner Legende, Martin findet die Leute auch ausgesprochen angenehm. Pierre, wie Monsieur Cruls mit Vornamen heißt, ist begeisterter Fußballfan, an Gesprächsstoff mangelt es nicht, weil sich Martin auch in der englischen Premier League auf dem laufenden hält und zum Gespräch beitragen kann. Mit Madame unterhält er sich oft und ausführlich über seine Mutter. Das ist zwar nicht ganz ihr Jahrgang, aber es sind ihre Probleme. Bald zeigt sich, durch solche Gespräche, die der Annäherung dienen, entsteht auch wieder neuer Gesprächsstoff. Martin sitzt in dem kleinen Hinterzimmer auf der durchgesessenen Couch, Madame und Monsieur gehen gelegentlich in den Laden, dann fährt man gemeinsam im Renault-Kleintransporter nach Hause, Pierre am Steuer, der seine Fahrkünste in den ausgestorbenen Straßen Brüssels um Mitternacht seiner Frau und Mr. Lovelock demonstriert, ungeachtet der Biere, die er als sein eigener Gast genossen hat.

Bei Madame Couche hat Martin schon frühzeitig ein Faible für Blumen entdeckt, ihre Lieblinge sind die Mimosen. Martin ist schon bald Stammgast bei Claire, der Floristin am Eingang zum Square. Egal was Martin auch verlangt, anschließend kommt immer ironisch ihre stereotype Frage »avec légume?« (»mit Gemüse«, gemeint ist das Ziergrün), und Martin ist geneigt zu antworten »The same procedure as every year«.

So gehört er bald zum »Square«, der kleinen Welt, die sich wie ein Biotop um den Teich gebildet hat. Man beginnt sich zu grüßen, er wechselt ein paar Worte mit der alten Frau im Souterrain nebenan, die jeden Morgen ihre Katze an einem Bindfaden durch das Fenstergitter auf die Straße spazieren gehen läßt. Der Wirt der kleinen Brasserie an der Ecke vermißt ihn, wenn er mal keine Zeit hat, sein »Double Export« am Abend bei ihm zu trinken. In der Bibliothek am Place de Congrès hat er sich einen umfassenden Überblick über die elektronische Fachliteratur verschafft und als Leser eintragen lassen – insgeheim muß er lächeln: Dort bekommt er seinen einzigen echten Ausweis, den er künftig bei sich trägt. Mit den Kenntnissen aus der Bibliothek bestellt er bei einer Buchhandlung mehrere Zeitschriften, die bald regelmäßig bei seiner Adresse am Square ankommen. Er paßt mehrmals den Briefträger ab und bringt sich mit ihm ins Gespräch und bittet ihn, alle Post bei Familie Cruls/Couche abzugeben, falls er nicht anwesend sein sollte. Auf diese Weise hofft er zu vermeiden, daß irgend etwas als unzustellbar zurückgeht. Da er auch im Hause bei den Mietern bekannt ist, nimmt er an, die Anmeldung umgehen zu können.

Nach wenigen Monaten ergibt sich eine Veränderung im Haus: Die Familie aus der Beletage zieht aus und das Paar Cruls/Couche zieht vom Souterrain in die Beletage. Das hat für Martin positive Folgen: Seine abendlichen Besuche finden nicht mehr ausschließlich im Laden statt, sondern zunehmend in der vornehmen und gediegen eingerichteten Beletage. Hier wächst allmählich auch die Runde. Martin lernt Pierres Bruder Paul kennen, außerdem auch seinen Neffen, der gerade das Abitur macht. So gut die Runde auch Martins Nimbus tut und ihn in die familiäre Szene einbezieht, so schwierig wird es andererseits, immer für neuen Gesprächsstoff zu sorgen. Sein eigenes Familienleben hat Martin – entsprechend verfremdet – in die Legende umgesetzt, und so viel Neues passiert nicht, als daß man stundenlange Gespräche darüber führen könnte.

Da hat er eines Tages eine Idee: Er besorgt in einem Laden ein Roulettespiel, und tatsächlich wird jetzt Abend für Abend gespielt. Das gibt Spaß und Stoff für einen langen Zeitabschnitt, birgt aber dennoch eine Gefahr, die nicht vorauszusehen war: Martin hat Zeit seines Lebens noch nie gespielt und weder Lust dazu noch Spaß daran. Aber plötzlich gewinnt er, hat er »einen Lauf«, der scheinbar nicht zu stoppen ist. Die Mitspieler reagieren so schlecht verhohlen sauer, daß Martin vorschlägt, eine längere Pause einzulegen. Sein Vorschlag wird akzeptiert, das Spiel nie wieder hervorgeholt.

Nun ist er gerüstet, seine Adresse in Brüssel ist gefestigt, Post kommt an, telefonisch ist er erreichbar. Die Wohnung wird er etwa in monatlichen Abständen aufsuchen.

Drei Männer im Schnee

Mit der Idee eines gemeinsamen Urlaubs zusammen mit seinem Chef, Mr. Lovelock, stößt Reinhold bei Buchmacher auf offene Ohren. Gedacht ist an das kommende Frühjahr, 14 Tage geruhsamer Winterferien irgendwo hoch oben im Gebirge, wo man ungestört ausspannen kann. Buchmacher will sich dafür einen Termin freihalten. Der endgültige Zeitraum wird von Mr. Lovelock und der Buchung eines gediegenen Ferienhauses abhängen.

Davor aber führt Achim noch eine neue Person in den Vorgang ein: Norbert wird die personelle »Kombination« komplettieren. Sein Status ist dem Martins ähnlich, inoffizieller Mitarbeiter, allerdings nicht für eine begrenzte Zeit hauptamtlich, sondern nur im Rahmen dieses »Vorgangs« von der Arbeit freigestellt. Er soll organisatorische Aufgaben bei der vorgesehenen Werbung Buchmachers übernehmen. Vorerst weiß allerdings nur Achim, wie das vor sich gehen soll, und er genießt die atemlose Spannung der drei Männer.

»Wir werden Buchmacher im neutralen Ausland werben«, beginnt er, »das ist sicherer, wir haben an die österreichischen Alpen gedacht.« Reinhold und Martin blicken sich verstohlen an, der Gedanke erscheint beiden sympathisch. »Das setzt die Wahl eines geeigneten Objekts voraus. Am zweckmäßigsten wird sein, wenn Reinhold und Martin die Auswahl selbst treffen, sie können die Anforderungen am besten beurteilen. Ihr werdet also«, damit wendet er sich direkt an beide, »sobald wie möglich zusammen nach Österreich fahren und dort auf die Suche gehen.« Eine Karte hat er mitgebracht. Sie räumen das Kaffeegeschirr beiseite und entfalten sie. Aber ehe sie zum Kartenstudium ihre Nasen zusammenstecken, verlangt Achim nochmal ihre Aufmerksamkeit. »So günstig die Ausgangsposition jetzt auch scheint: wir müssen ganz behutsam vorgehen«, erklärt er warnend. »Das vage Interesse, das Buchmacher an einer Zusammenarbeit gezeigt hat, kann als eine ebenso vage Sympathieerklärung gewertet werden. Das wäre für uns schon ein Erfolg. Möglich aber auch, daß er bereits zum Kadi gelaufen ist. Das wäre das andere Extrem. Zwar haben die Treffs, die Reinhold mittlerweile mit ihm hatte, keinen Anhaltspunkt dafür gegeben. Aber wir können es nicht ausschließen und müssen uns für jede Möglichkeit wappnen. Deshalb werden wir die Werbung in einem Land versuchen, das neutral ist. Sollte unser Werbungsversuch auffliegen, wäre es nicht daran interessiert, in den Ost-West-Konflikt hineingezogen zu werden. So bestünde zumindest die Chance, die Angelegenheit diskret zu regeln. Die Erwartung jedoch, von der wir nach dem bisherigen Verlauf unserer Vorbereitungen ausgehen, ist positiv. Anderenfalls wäre es verantwortungslos, den Versuch zu starten. Buchmacher kann für uns eine wertvolle Quelle werden, auch wenn sich sein Arbeitsschwerpunkt jetzt aus dem BMI direkt an die Grenze verlagert. Das kann sogar praktische Vorteile bringen. Das entscheidende Gespräch für die Werbung übrigens«, schließt Achim seinen Vortrag, »führt Martin mit Buchmacher allein. Das ist kein Mißtrauensvotum gegen Reinhold, aber Buchmacher soll sich von uns nicht überfahren oder ins Kreuzverhör genommen fühlen. Wir werden es so zu arrangieren versuchen, daß Reinhold das Gespräch von einem Nebenzimmer aus mit hören und daher nachträglich auch mit beurteilen kann. Das macht die Einschätzung sicherer.«

Den Inhalt des Gesprächs werde er nach eingehender Beratung und Absegnung in der Zentrale mit Martin noch in allen Einzelheiten behandeln, fügt Achim hinzu. Jetzt endlich wenden sich die drei der Landkarte zu, stellen aber bald fest, daß ein geeigneter Ort am grünen Tisch nicht zu finden ist. Selbst die beste Karte gibt keine Auskunft, wo die günstigsten Voraussetzugen für die Lösung der Sicherheitsfragen bei einer Werbung mit unbestimmtem Ausgang liegen. Wo die Ortslage eine solche Abgeschiedenheit bietet, daß man sie selbst optimal unter Kontrolle halten kann, ohne daß sie Verdacht beim Partner weckt. Wo für den Notfall Fluchtwege vorhanden sind. Wo trotz aller Einsamkeit eine ausreichende Infrastruktur vorhanden ist. Wo man also, mit einem Wort, nicht abgeschnitten von der Welt ist, sondern die Verbindung aus eigenem Entschluß jederzeit herstellen kann.

Reinhold und Martin reisen auf getrennten Wegen nach Wien und treffen sich am Taxistand des Westbahnhofs. Auch dafür werden Reservezeit und ein Reservetag festgelegt. Sie mieten sich im selben Hotel ein, Reinhold als Schweizer, Martin als Engländer. Ihre Aufgabe: aus den Annoncen in der Presse oder den Angeboten von Reiseagenturen Adressen von Ferienhäusern ausfindig zu machen, die im Großraum der Gegend zwischen Steiermark und Kärnten liegen. Sie entscheiden sich für drei Annoncen aus dem Raum Wolfsberg südöstlich von Graz. Das Unternehmen scheint ihnen aussichtsreich. Alle drei angebotenen Häuser befinden sich über 2000 Meter hoch im Gebirge, die geographische Lage wäre sicher geeignet.

Die Adresse der Vermieter aus der ersten Anzeige erweist sich als solides, villenartiges Haus in vornehmer Gegend. Das stimmt hoffnungsvoll. Auf ihr Klingeln öffnet ein Ehepaar mittleren Alters und bittet herein. Offensichtlich machen Martin und Reinhold auf die Vermieter einen guten Eindruck, wofür sicher auch das internationale Flair sorgt, das sie als Engländer und Schweizer verbreiten. Das zu vermietende Haus soll etwa eine halbe Stunde mit dem Auto oben in den Bergen liegen, vier Zimmer, Telefon, Bad und landesüblicher Komfort, mit Öl zentral beheizt.

Das Angebot sagt Martin und Reinhold zu, sie schlagen eine Besichtigung vor. Der Besitzer fährt sie mit seinem Auto hoch. Ohne Schneeketten geht hier überhaupt nichts. Aber der Besitzer erklärt beruhigend, daß nach Neuschnee sofort der Schneepflug der Gemeinde räumen käme, sonst würden die übrigen Ferienhäuser hier oben von der Umwelt abgeschnitten sein, wenn sie auch im Winter unbewohnt wären. Einziger ständiger Bergbewohner wäre der Bauer Franz, seinen Nachnamen kennt fast keiner. Er bewirtschaftet seinen Berghof in unmittelbarer Nähe und würde auch gern die Versorgung mit dem Notwendigsten übernehmen.

Sie überwinden die Serpentinstraße glücklich, obwohl Martin und Reinhold nicht ganz wohl dabei ist (was letzterer nicht zugibt) und landen am Haus. Es ist praktisch in den Hang hineingebaut und dürfte erst wenige Jahre alt sein. Der Vermieter schließt die Tür auf, knipst das Licht an. Alles funktioniert wie am Schnürchen. Die Heizung springt auf Knopfdruck an, es wird schnell gemütlich warm. Martin und Reinhold mieten das Haus ohne weitere Prüfung. Sie handeln auch nicht über den Preis, er erscheint ihnen angemessen. Die terminlichen Festlegungen allerdings sind etwas kompliziert. Denn sie brauchen das Haus zunächst für 14 Tage Anfang März und dann noch einmal für dieselbe Zeit vier Wochen später. Das beruht auf einer Festlegung von Achim: Klappt es mit der Miete, dann sollten zunächst Reinhold und Martin zwei Wochen allein dort sein, um alles in Ruhe inspizieren zu können, einschließlich der gesamten Umgebung und aller operativen Belange, besonders der Absicherungsmöglichkeiten und Fluchtwege. Später sollte sich dort Reinhold erst allein mit Buchmacher einige Tage aufhalten, Martin sollte aus England, wohin er in der Zwischenzeit reisen würde, anrufen, sein Eintreffen ankündigen und dann auch tatsächlich aus England anreisen.

Man einigt sich schnell. Die Vermieter legen keinen Wert auf Anmeldeformalitäten und kommen ihnen überhaupt vertrauensvoll entgegen.

Martin spürt einen dreifachen Reiz des Vorhabens: Einmal natürlich die völlig neue Herausforderung der Aufgabe, die ihn erwartet und für die ihm auch Achim höchstens allgemeine Erfahrungen, aber keine konkreten Ratschläge mitgeben kann. Zum zweiten die Zeit in der Welt des Schnees, wo man dem Himmel tatsächlich ein Stück näher scheint und drittens, daß nach der langen Zeit des Planens, der Vorbereitung, auch der Unsicherheit, weil ja offensichtlich Neuland betreten werden soll, endlich etwas passiert. Sie leisten eine Anzahlung und vereinbaren, wann sie den Schlüssel für ihren ersten Aufenthalt abholen würden, fahren zurück nach Graz und trennen sich dort. Martin wechselt wieder seine Dokumente und fährt auf den üblichen, aber immer wieder wechselnden Absicherungsumwegen nach Hause.

Es ist für ihn wirklich jedes Mal eine Heimfahrt. Wenn auf der Rückfahrt Griebnitzsee, der Kontrollpunkt zwischen der DDR und Westberlin, passiert ist, wenn dann der Zug von den westlichen Wohngebieten dann in die Häuserschluchten vor dem Bahnhof Friedrichstraße einrollt, dann löst sich in ihm stets die Beklemmung der Fremde. Er kehrt heim! Zwar steht die Kontrolle im Bahnhof Friedrichstraße noch bevor und solche Kontrollen haßt er, weil sie strenger, unpersönlicher, kälter sind als anderswo. Aber es ist ja nur die letzte Hürde. Die DDR-Kontrollen moniert Martin bei Achim fast nach jeder Reise, obwohl er weiß, daß

111

er damit auf taube Ohren stößt. Überhaupt scheint Achim Martins Reisen mit anderen Augen zu sehen. »Euch Brüdern müßte man die Reisezeit vom Urlaub abziehen«, ist sein geflügeltes Wort, wenn jemand sich über eine Unbill beschwert, und wenn es um die Einreisekontrollen geht. »Wenn die ihre Kontrollen nicht so exakt machten, müßte ich euch bei der Ankunft selber filzen«, lautet seine stereotype Antwort. Dieser herbe Spaß hat einen ernsten Hintergrund. Achim hält seine Leute streng. Ein abschreckendes Beispiel aus seinem Umfeld sickert durch, vielleicht auch gezielt kolportiert: Jemand hatte sich Westartikel illegal, fachgerecht vercontainert, mitgebracht und wurde dafür sofort »in die Wüste« geschickt.

Achims Umgang mit Martin schwankt zwischen Zuwendung und latenter Drohung. Das erzeugt bei Martin in den ersten Jahren Respekt und Widerstand zugleich, der sich zeitweise ins Extrem steigert und vorübergehend sogar Zweifel am Sinn der ganzen Zusammenarbeit weckt. Als die Ärzte bei der Behandlung eines schlimmen Hautekzems feststellen, daß Martin allergisch gegen die erforderliche Medizin »Castellani/weiß« ist, hebt er sich einen Flakon davon auf – als Ultima ratio, das Hintertürchen, durch das er sich aus der Zusammenarbeit stehlen könnte, ohne sein Gesicht zu verlieren.

Der Flakon gerät später ebenso in Vergessenheit wie seine Gemütsschwankungen. Mit den ersten Erfolgen wächst sein Selbstbewußtsein. Das Kräfteverhältnis zwischen ihm und Achim verschiebt sich zu seinen Gunsten. Er weiß wie unentbehrlich er ist.

Der nächste Schritt ist also der gemeinsame Aufenthalt Martins mit Reinhold im gemieteten Wolfsberger Haus. Achim bereitet beide gemeinsam darauf vor, nachdem sie alle nur erdenklichen Sicherheitsvorkehrungen getroffen hatten. Außer der getrennten Hin- und Rückreise wird alles Wesentliche gemeinsam unternommen. Sie reisen jeweils mit Zweitdokumenten an und halten sich im Haus bei Wolfsberg dann als Engländer und Schweizer auf. Diese Festlegung bedarf bei der Vorbereitung keiner Diskussion, aber für den Aufenthalt selbst hat sich Achim eine Überraschung ausgedacht: »Ihr verhaltet euch so, als wäre Buchmacher die ganze Zeit über schon dabei! Das heißt: es wird nur englisch gesprochen.«

Weil Reinhold aber kein Englisch spricht, bedeutet das für Martin, seine englische Version des Deutschen in Aussprache und Grammatik vierzehn Tage durchzuhalten. Man kann es auch umgekehrt sehen: Reinhold muß es vierzehn Tage aushalten. Widerstand ist zwecklos, zumal Martin beim näheren Nachdenken darüber einen Sinn in der Anweisung sieht.

Zum Schluß bringt Achim Norbert mit, den späteren »dritten Mann« für die vorgesehene »Kombination«. »Ich dachte, er sollte schon dabei sein, wenn ihr startet, denn für die nächste Reise ist er ja sowieso vorgesehen. Er wird eure Absicherung übernehmen. Während des Werbegesprächs sitzt er in einem Leihwagen auf dem Weg unterhalb des Hauses, den ihr auf eurer Skizze vom letzten Mal eingezeichnet habt, und wartet. Falls etwas schiefgeht, bringt er euch aus der Gefahrenzone. Deshalb halte ich es für gut, wenn er über die Logistik schon jetzt so viel wie möglich erfährt.«

Sie kennzeichnen die Stelle, an der Norbert warten soll, aber natürlich geht jeder davon aus, daß er nicht in Aktion treten muß. Martin kann sich ernsthafte Sicherheitsprobleme nicht vorstellen. Daß Buchmacher die Zusammenarbeit ablehnt, hält er für möglich, wenn nicht gar für wahrscheinlich. Er kann sich nicht vorstellen, daß ein Offizier Interna aus seinem Dienstbereich verkauft, auch wenn es, wie in diesem Falle, an seine Verbündeten wäre. Aber selbst wenn er ablehnen würde, wäre das ja kein Beinbruch. Dann würde man auseinandergehen, und die Absicht bliebe ohne Folgen. Wenn es schon mit der Werbung nicht klappen sollte, hält Martin die »Fremde Flagge« dennoch für so überzeugend, daß ihm zumindest die Gefahren des Werbeversuchs auf ein Minimum reduziert erscheinen.

An einem naßkalten Februarabend geht er mit westdeutschem Reisepaß und Transitvisum nach einer fiktiven Einreise aus Skandinavien am Bahnhof Friedrichstraße über die Grenze nach Westberlin. Hätte er sie mit Westberliner Personalausweis und Passierschein überschreiten wollen, wäre das umfänglichere Reisegepäck nicht zu begründen gewesen. Beide haben trotzdem nur das Notwendigste mit, ein klassischer Skiurlaub ist ja auch nicht geplant. Die Anreise nach Wien ist umständlich, weil Martins Zentrale die Weisung erteilt hat, die Grenze nach Bayern zu meiden. Die bayrische Grenzpolizei ist Einreisenden aus der DDR gegenüber besonders mißtrauisch. Also fährt Martin mit seinem Westberliner Personalausweis über Frankfurt und München nach Wien, wo er noch einmal übernachtet und die Dokumente wechselt. Der Treff mit Reinhold findet planmäßig statt. Beide fahren am nächsten Morgen nach Graz, Martin mit seinem englischen, Reinhold mit Schweizer Paß, und von dort aus mit einem nostalgischen Provinzzug mit offenen Perrons weiter nach Wolfsberg. Die Fahrt ist unbequem, aber lehrreich, denn wahrscheinlich müssen sie auf gleichem Wege zurückfahren.

In Wolfsberg klappt alles wie geplant; der Hausherr läßt es sich nicht nehmen, sie an Ort und Stelle noch einmal persönlich einzuweisen.

Während dieser kurzen Tour mit ihrem Gastgeber praktiziert Martin sein »operatives« Englisch im Gespräch mit Reinhold.

Es funktioniert. Beide halten es durch: Martin ohne Peinlichkeit, Reinhold ohne zu grinsen.

Beide werden noch mit dem Bauern Franz bekannt gemacht, der für die nächsten zwei Wochen die einzige Verbindung zur Außenwelt darstellt. Ansonsten herrscht absolute Einsamkeit. Eine herrliche Einsamkeit freilich. Jenseits des Hanges, an den sich das Haus lehnt, steigt das Gebirge noch weiter an, etwa fünfzig Meter aufwärts liegt das Gehöft von Franz. Mit Ausnahme zweier weiterer Ferienhäuser, die aber unbewohnt sind, ringsum nur Wälder und Hänge, verhüllt von fast meterhohem Schnee. Aber der Weg zu Franz bergauf ist geräumt.

Franz, der Einödbauer, ist ein kleiner Mann unbestimmbaren Alters mit schütterem Haar und einem Buckel. Trotz der Behinderung beweglich, bauernschlau, nicht unbeholfen im Umgang mit anderen Menschen. Was allerdings am meisten erstaunt: mit einer bildhübschen jungen Frau verheiratet. Sie ist schwanger, erledigt die Wirtschaft behende und geschickt, selbstbewußt. Der Hausherr fährt zurück. Reinhold und Martin inspizieren in Ruhe das Interieur ihres Ferienhauses: unten Küche, Bad und großes Wohnzimmer, oben drei kleinere Zimmer und zusätzlich noch eine Dusche – alles, was die beiden brauchen. Zugang zum Haus besteht vom einzigen befestigten Weg aus, der vom Tal emporführt.

Sie verteilen die Schlafzimmer im ersten Stock so, daß Martin als Chef den geräumigeren und isoliert gelegenen Raum bekommt, Reinhold einen der beiden anderen, das verbleibende Zimmer ist für Buchmacher vorgesehen. So brauchen sie ihre Gewohnheiten nicht zu ändern, wenn Buchmacher eintrifft. Am nächsten Morgen sind sie dankbar, daß sie vorsorglich das Angebot von Franz angenommen haben, bei ihm zu frühstücken. Die Bauersleute haben schon gegessen, als sie eintrudeln. Aber die junge Frau stellt sofort Gedecke auf den blankgescheuerten Tisch in dem großen Raum, der fast das gesamte Erdgeschoß ausfüllt und als Küche, Wohnzimmer, möglicherweise auch zum Schlafen dient. Trotz der Geräumigkeit ist er gemütlich, das Herdfeuer knistert und wird ständig unter Glut gehalten. Erstaunlicherweise ist es nur die Frau, die alle Handgriffe erledigt. Franz sitzt am Tisch und unterhält die Gäste. Mehr erfahren Martin und Reinhold eigentlich die ganze Zeit über nicht. Irgendwo muß es auch Ställe geben, Tiere. Aber nicht einmal einen Hund haben sie bellen hören.

Meistens frühstücken sie bei Franz, manchmal essen sie dort auch zu Mittag, zuweilen kommen sie nur zur Unterhaltung. Dann sind sie die Erzähler. Franz hat beiden eine Karte gegeben. Nun erkunden sie tagtäglich die gesamte Umgebung in langen Fußmärschen durch den knietiefen Schnee. Einmal kehren sie so spät zurück, daß sie ihren Weg nur noch finden mit dem Blick nach oben, wo sich vom Nachthimmel die Zweige der Bäume abheben und so eine Schneise bilden, nach der sich beide richten. Sie wandern in alle Richtungen, stoßen zweimal auf winzige Dörfer, in denen sich wenige Häuser um eine kleine Kapelle ducken. Im Gasthaus daneben werden sie angestarrt wie das siebte Weltwunder, und die Leute sehen aus, als wären sie alle miteinander verwandt.

Nein, es ist kein Ferienparadies, es ist auch für den Wintersport in keiner Weise erschlossen. Weder Pisten noch Loipen, von Lifts keine Spur. Auch die Natur selbst bietet keine Abfahrten. Überall Wald mit verwinkelten Wegen. Neben Franzens Haus entdecken sie einen Hang. Franz leiht ihnen vorsintflutliche Skier. Martin läßt sich von Reinhold überreden, sie schnallen sie an ihre Straßenschuhe. Reinhold wedelt hinab, Martin, der als Flachländer nie Skifahren gelernt hat, hinterher, mit Backenbremse. Wenn das Achim wüßte! Es brauchte sich ja nur einer ein Bein zu brechen. Dann wäre der ganze Plan geplatzt.

Mehrere Tage verwenden sie auf die Suche nach dem geeigneten Platz für Norbert mit seinem »Fluchtfahrzeug«. Es darf nicht zu sehen sein, muß im Ernstfall schnell erreicht werden können mit direktem Anschluß an die einzige Straße, die bergab in die zivilisierte Welt führt. Unter mehreren Stellen entscheiden sie sich für eine, die nur etwa vierzig Meter Luftlinie unterhalb ihres Hauses liegt und wahrscheinlich rutschend, kugelnd und springend in Minutenschnelle durch den Wald hangab zu erreichen wäre. Probiert haben sie es nicht. Aber ihr jetziger Aufenthalt bietet Heimvorteil.

Abwechslung stellt sich ein in der zweiten Woche. Sie sitzen abends bei Franz, als die Tür aufgeht und zwei Uniformierte eintreten. Das ist natürlich eine echte Überraschung. Reinhold wie Martin versichern sich hinterher gegenseitig, nicht in Panik geraten zu sein. Die Lage klärt sich schnell: Es sind zwei österreichische Zöllner, die regelmäßig auf ihrer Runde an der jugoslawischen Grenze im Süden bei Franz vorbeischauen und ihren Schnaps trinken. Reinhold und Martin halten wacker mit. Das wiederholt sich noch zweimal. Dann bleiben die Zöllner aus. Franz bringt angeblich in Erfahrung, daß sie wegen Trunkenheit im Dienst abgelöst worden sind.

Der Vorfall macht Martin dennoch nachdenklich. Nicht nur, wegen einer möglichen Gefahr, die hätte entstehen können. Aber wie konnte es passieren, daß bei der Auswahl des Ortes niemand die Nähe der jugoslawischen Grenze bemerkt hatte? Martin gelobt sich Besserung.

Sie stimmen überein, daß der Auftrag erfüllt ist und reisen ab. In Wien trennen sie sich und treffen sich in Berlin wieder, als Achim sie mit Norbert zusammen zu Trudchen bringt, um die Reiseberichte entgegenzunehmen.

Vier Wochen später fährt Reinhold als erster nach Wolfsberg, um rechtzeitig vor Buchmachers Eintreffen die Unversehrtheit des Quartiers zu überprüfen. Den Urlaubstermin mit Buchmacher hat er in der Zwischenzeit mit ihm vereinbart. Buchmacher kommt mit der Bahn in Wolfsberg an und wird von Reinhold mit dem Taxi abgeholt.

Dabei teilt Reinhold ihm mit, daß Mr. Lovelock zunächst noch einige Tage geschäftlich in London festgehalten würde. Auf die bevorstehenden geschäftlichen Verhandlungen kommt Reinhold von sich aus nicht zu sprechen. Wenn Buchmacher danach fragt, hält er sich strikt an die Weisung vom ersten Zusammentreffen, daß dies ein Privileg von Mr. Lovelock sei. Nach Reinhold bricht Norbert auf und fährt auf den vereinbarten Absicherungsumwegen nach Graz, mietet sich einen Wagen, begibt sich nach Wolfsberg, quartiert sich im Hotel ein und trifft sich, wie in Berlin bereits vereinbart, mit Reinhold.

Der weist Norbert an Ort und Stelle genau ein, wo er in den letzten drei Nächten des vorgesehenen Aufenthalts mit seinem Auto Posten zu beziehen hat, um Reinhold und Martin in Sicherheit bringen zu können, wenn etwas schiefgehen sollte. Die Toleranz von drei Tagen muß einkalkuliert werden, weil das entscheidende Gespräch möglicherweise nicht erst am letzten Tag stattfindet. Für diese drei Tage wird deshalb mit ihm auch eine Vormittagstreffmöglichkeit in Wolfsberg verabredet, wo er mit seinem Wagen beide aufnehmen könnte, falls ihr Aufenthalt früher als erwartet beendet sein sollte.

In jedem Fall wird Norbert dann beide bis nach Wien bringen, wo er den Leihwagen zurückgibt. Anschließend sollen alle drei nach Bratislava mit ihren bundesdeutschen Pässen weiterfahren, wo Achim sie in einem vereinbarten Hotel in Empfang nehmen wird. Auch er wird sich schon drei Tage vorher dort aufhalten. Dieser Einsatz ist mit den zuständigen Organen der Tschechoslowakei abgesprochen.

Als letzter tritt Martin die Reise zur geplanten Werbung Buchmachers an. Er muß auf Weisung der Zentrale allerdings einen weiten Umweg machen. Um sein Erscheinen so echt wie möglich darzustellen, soll er direkt aus London kommen, seine Ankunft auch von dort aus telefonisch in Wolfsberg ankündigen und dabei nicht nur mit Reinhold, sondern auch mit Buchmacher sprechen.

Den Verlauf des entscheidenden Gesprächs mit Buchmacher bereitet Achim beinahe wörtlich mit Martin vor, der für die Akribie der Argumentation dankbar ist, aber jetzt schon weiß, daß die Unterhaltung in Wirklichkeit ganz anders verlaufen wird als hier am grünen Tisch bei Trudchen. Aber er weiß auch, daß Protest sinnlos wäre, und schließlich wird er, wenn auch nicht wörtlich, Achims Gedanken der Situation entsprechend und mit seinen eigenen Vorstellungen ergänzt benutzen können.

Im Gegensatz dazu sind die Vereinbarungen organisatorischer Art, die für Reinhold, Norbert und ihn getroffen wurden, auf den Punkt genau verbindlich. Wenn hier einer patzen würde, geriete das ganze Projekt wirklich in Gefahr.

Martins Einsatz beginnt am 15. März 1965, »idibus martiis«, an den Iden des März – da wurde Cäsar ermordet. Ein Omen? Er verdrängt den Gedanken aus dem Lateinunterricht seiner Schulzeit ärgerlich und reist auf dem kürzesten Weg nach dem üblichen Wechsel der Dokumente mit britischem Paß zunächst nach Brüssel, wo er Station macht. Hier fühlt er sich zu Hause und stets willkommen.

Er bleibt zur Stützung seiner Aufenthaltslegende zwei Nächte dort, frischt die Kontakte zu den Vermietern auf, nimmt noch einen Auftrag von Pierre mit nach London, original englische Rasensaat für seinen Garten zu besorgen und bricht mit bundesdeutschem Reisepaß am übernächsten Tag nach London auf. Diesmal nimmt er das Flugzeug. Um Zeit zu sparen, hat es die Zentrale ausnahmsweise genehmigt.

In London mietet Martin sich in einem kleinen Hotel ein und ruft am zweiten Tag seines Aufenthalts, einem Donnerstag, im Ferienhaus in Wolfsberg an. Er wechselt mit Buchmacher auf englisch einige Begrüßungsfloskeln und meldet sich für Sonnabend an.

Der Reiseplan sieht zunächst den Flug nach München mit bundesdeutschem Paß vor. Nach Ankunft wird er wieder zum Engländer und fährt mit der Bahn über Wien nach Graz weiter, wo Norbert ihn mit seinem Leihwagen erwartet, um ihn bis Wolfsberg zu bringen. Dort wird er auf ein Taxi umsteigen. Am Vortag seines Abflugs aus London will Martin noch Pierres Wunsch nach Rasensamen erfüllen. Aber der Verkäufer im Fachgeschäft schaut ihn halb verständnislos, halb belustigt an. Es gibt keinen Samen für englischen Rasen. Dann erzählt er die alte Geschichte, wie man englischen Rasen bekommt. Täglich mähen, bei Trockenheit ausgiebig sprengen. Das hundert Jahre lang. Dann hat man englischen Rasen. Immer wieder eine hübsche Geschichte, findet Martin, wenn er sie auch schon kennt; eben britischer Humor. Ernsthaft fährt der Verkäufer aber fort, daß in England die Rasensaat meist aus Australien importiert wird. Davon könne er ihm welchen verkaufen. Und dann geschieht etwas, was in Deutschland unmöglich wäre: Er füllt den Samen aus der Originalverpackung in zwei große braune Tüten und schreibt in dicken schwarzen Lettern darauf: »English Lawn Seed«. Martin zieht heiter von dannen. Der Nachteil ist, er muß diese Tüten nun auch noch mit sich schleppen.

Sorgen machen ihm schon seit Tagen die Zeitungsmeldungen über einen Eisenbahnerstreik in Deutschland. Aus der Ferne kann er sich kein okjektives Bild davon machen. Aber es ist nicht auszuschließen, daß er auch davon betroffen sein könnte. Das Flugzeug hebt pünktlich in Heathrow ab und landet planmäßig in München. Die Meldungen in den Zeitungen, die von der Stewardeß verteilt werden, klingen besorgniserregend. Als er mit dem Zubringerbus vom Flugplatz auf dem Münchner Hauptbahnhof ankommt, bietet sich ein chaotisches Bild. So oder ähnlich hat er sich Wallensteins Lager vorgestellt. In den Hallen, auf dem Querbahnsteig, auf allen Bahnsteigen liegen, sitzen, stehen ganze Völkerscharen, die nicht weiterkommen. In Deutschland streiken die Eisenbahner. Die Reisenden sind auf dieser Drehscheibe des Fremdenverkehrs in München gestrandet und kommen nicht vor und nicht zurück. Mit Kind und Kegel. Die meisten scheinen ihrem Habitus nach weiter zu wollen nach dem Balkan. Was nun? Martin stört nicht so sehr die katastrophale Situation. Aber in Graz steht Norbert mit seinem Mietwagen am Bahnhof, in Wolfsberg warten Reinhold und Buchmacher. Mit Norbert ist ein Tag Karenzzeit für einen Reservetreff eingeplant. Aber wie die Lage hier aussieht, erreicht er den auch nicht. Dann hat er keine Benachrichtigungsmöglichkeit mehr. Mit seinem Gepäck kann er sich nicht einmal bis zu den Bahnsteigen durchwühlen.

Er bleibt außerhalb des Bahnhofs, findet ein Reisebüro, erfährt dort, daß nachmittags vielleicht ein Bummelzug in Richtung Rosenheim – Salzburg fährt, wie weit er aber kommt, kann man ihm nicht sagen. Martin packt die Gelegenheit beim Schopfe. Allerdings ist er nicht der einzige. Wenn er einmal auf österreichischem Boden ist, kann er sich weiter durchschlagen. Er wird an schlimmste Nachkriegszeiten erinnert und erfährt schon am Anfang seiner neuen Karriere, was der beste Plan wert ist, wenn die Verhältnisse eben nicht so sind.

Nachts in Salzburg erwischt er endlich einen Zug in Richtung Wien. Dort findet er Anschluß nach Graz. Er hat 24 Stunden Verspätung.

Norbert müßte also zum Reservetreff noch da sein. Achim wird jetzt in Berlin Blut und Wasser schwitzen, denn mit Norbert sind Signale vereinbart, ob sein Treff mit Martin planmäßig stattgefunden hat oder nicht.

Martin trifft Norbert am vereinbarten Ort. Er hat richtig reagiert, hat zunächst die Reservezeit des ersten Trefftages wahrgenommen und ist dann am nächsten Tag wieder erschienen. »Na, im Gegensatz zu mir bist du aber wenigstens ausgeschlafen«, begrüßt Martin ihn. »Pustekuchen«, erwidert Norbert: Er hatte gerade mal ein halbes Jahr Fahrpraxis, und das mit einem Trabant, als er in die Alpen geschickt wurde. Kein Wunder also, daß die Kupplung des Mietwagens, die Norbert wahrscheinlich hatte schleifen lassen, auf den Serpentinstraßen schon nach wenigen Stunden ihren Geist aufgab. Er hatte Glück, der Service der Leihwagenfirma schickte ihm ziemlich schnell einen Ersatzwagen. Damit kommen sie immerhin so rechtzeitig in Wolfsberg an, daß Martin mit dem Taxi noch bei Tageslicht im Ferienhaus eintrifft, wo Reinhold und Buchmacher ihn wie einen Helden begrüßen, der die Tücken des Streiks gemeistert hat.

Seine Verspätung hat den Vorteil, daß nach der Begrüßung die übliche Steifheit gar nicht eintritt. Die Atmosphäre ist von der ersten Minute an locker und aufgeräumt. Martin bezieht zunächst sein Zimmer und macht sich frisch, dann essen sie, was Reinhold zum Abendbrot vorbereitet hat. Sie verständigen sich meistens morgens, wie sie den Tag nützen wollen und einigen sich auch gleich, daß es keine Mehrheitsbeschlüsse gibt, sondern daß jeder machen kann, was er will. Aber dann ziehen sie doch gemeinsam los. Sie haben sich vorgenommen, die Gegend zu erkunden und laufen in alle Himmelsrichtungen. Selten treffen sie auf Menschen, so daß Martin schon Bedenken hat, daß es Buchmacher zu langweilig wird. Aber darauf angesprochen, wehrt der entschieden ab. Genauso hätte er sich den Urlaub gewünscht: einmal richtig ausspannen. Martin legt sofort nach und fragt, woher denn der Streß komme. Buchmacher erzählt von seiner unmittelbar bevorstehenden Versetzung, die dienstlich wie privat zumindest eine gehörige persönliche Umstellung mit sich bringe. Er ginge nach Niedersachsen, um dort einen ganzen Grenzabschnitt zu übernehmen. Dort wäre natürlich alles anders als bisher, wenn er auch aus der Umgebung stamme. Aber noch habe er ja nicht einmal eine Wohnung und werde sich zunächst in der Kaserne einquartieren und dann auf Wohnungssuche gehen. Von der Logistik bis zu den konkreten Aufgaben sei eben alles neu, wenn er auch unverheiratet sei, was den Umzug natürlich erleichtere.

Martin erkundigt sich interessiert nach der Rolle des BGS im bundesdeutschen Verteidigungssystem, vor allem da er in den letzten Tagen auch in England viel über den sogenannten Kombatandenstatus gelesen habe. Buchmacher nimmt das Thema sofort auf und empört sich, daß die »kommunistischen Länder« diesen Status dem BGS absprechen wollen. Aktiv an Kriegshandlungen teilnehmende Truppenteile würden diesen Status genießen und daher auch unter dem besonderen Schutz des Kriegsrechts stehen. Der BGS aber würde als Polizei gewertet, und das sei natürlich ganz falsch und unter seiner Würde.

Martin trifft damit offensichtlich genau die Seelenlage Buchmachers, der nicht nur territorial versetzt werden soll, sondern auch, worüber er selbst nicht spricht und wovon auch in der Zentrale nicht die Rede war, einen neuen Status bekommt: Er soll vom Offizier überführt werden in die Polizeihierarchie, also auch einen anderen Dienstgrad erhalten. Der entspricht zwar dem Rang eines Oberst, klingt aber längst nicht so attraktiv. Buchmacher ist offensichtlich dankbar, daß sich Martin für seine Probleme interessiert und faßt Vertrauen, bekundet sogar Sympathie.

Die Wanderungen, meistens von Reinhold vorgeschlagen, machen auch Buchmacher Freude. Er besitzt nicht gerade eine sportliche Figur, bewegt sich aber in heiklen Situationen wendig und trainiert. Im übrigen ist er intelligent, gebildet, man merkt ihm an, daß er an Disziplin gewöhnt ist. Schon deshalb gibt es während der gesamten Zeit überraschenderweise keinerlei Unstimmigkeiten. Natürlich sind Reinhold und Martin darauf bedacht, die Harmonie zu wahren. Aber das fällt zu keiner Zeit schwer, weil Buchmacher am selben Strang zieht.

Der Urlaub neigt sich dem Ende zu und pünktlich setzt Tauwetter ein. Jetzt wird es höchste Zeit, daß Martin einen Auftrag erledigt, den Achim ihm dringend ans Herz gelegt hat: Er soll feststellen, ob Buchmacher eine Waffe bei sich hat. »Das mußt du unbedingt vor dem Werbegespräch machen.« »Und wenn er nun eine bei sich hat?« »Dann läßt du sie an Ort und Stelle. Das Gespräch mit ihm findet trotzdem statt, aber unverbindlicher und ohne feste Vereinbarung. Wir führen es dann eben nur, weil es mehr auffiele, wenn wir es nicht täten.«

Martin schützt ein dringendes Exposé vor, das er nach Rückkehr vorlegen muß und bittet einen Nachmittag lang um eine Auszeit von der Wanderung. Reinhold stapft mit Buchmacher tapfer durch den Schnee. Martin beobachtet noch, wie sie hinter dem nächsten Waldessaum verschwinden. Dann schließt er das Haus von innen ab. Er streift sich die Handschuhe über, die er extra mitbekommen hat, und öffnet vorsichtig Buchmachers Tür – mit schlechtem Gewissen, wie er es seit seiner Schulzeit nicht mehr gehabt hat, und mit dem ständigen Gedanken im Kopf, nur keine Spuren zu hinterlassen. Daß die Klinke auf Anhieb nachgibt, verstärkt seine Gewissensbisse: Buchmacher ist arglos.

Im Zimmer herrscht peinliche Ordnung, die Sachen sind zusammengelegt wie in der Kasernenstube. Martins Herz klopft bis zum Halse. Es tut ihm leid, daß er Buchmacher nicht offen fragen kann, was er wissen will.

Ganz vorsichtig öffnet er Fach für Fach im Schrank, tastet die Taschen der Kleidung ab, durchsucht alles – aber eine Waffe findet er nicht. Es hätte ihn auch schwer enttäuscht. Er vergewissert sich, daß keine Spur zurückbleibt. Dann kehrt er in sein Zimmer zurück.

Buchmacher und Reinhold haben unterwegs erwogen, ob man nicht am übernächsten Tag schon zurückfahren sollte. Das Wetter wird immer schlechter. Martin überlegt, daß auch dieser Termin in Norberts Wachbereitschaft fällt und stimmt zu.

Das bedeutet, das Werbegespräch am nächsten Abend zu führen.

In einem günstigen Moment verständigt er sich darüber kurz mit Reinhold. Der zieht sich nach dem Abendbrot in sein Zimmer zurück, um in Ruhe seine Sachen zu ordnen. Martin sitzt mit Buchmacher allein im Wohnzimmer. Zur Feier ihres letzten Urlaubsabends ist eine Kerze auf dem Tisch angezündet und eine Flasche Wein geöffnet. Ein wenig Abschiedsstimmung liegt in der Luft. Man hat sich aneinander gewöhnt.

Daran knüpft Martin an. Ihn habe die Harmonie berührt, die in den wenigen Tagen, die sie zusammen waren, zwischen ihnen entstanden sei. Buchmacher bestätigt es, das habe auch ihn überrascht.

»Aber wir wollen ja die Verbindung nicht abreißen lassen, wenn auch die Ferien beendet sind.« Martins Bemerkung zielt auf ihr gemeinsames Abendessen in Hannover, als er Buchmacher eine Zusammenarbeit in Aussicht gestellt hatte. Er habe das damals keineswegs nur so dahin gesagt und bezieht sich dann auf Unterhaltungen Buchmachers mit Reinhold, von denen er in der Zwischenzeit unterrichtet worden sei. Daraus schließe er, daß auch Buchmacher Interesse an der Zusammenarbeit hätte.

Der nickt eifrig und brennt darauf, mehr zu hören.

Martin hat das Gespräch englisch begonnen und geht nun getreu seinem Grundsatz, deutsch zu sprechen, wenn es um die Exaktheit des Inhalts geht, in Buchmachers Muttersprache über. Das hat den Vorteil, daß er, ständig auf der Suche nach den richtigen Begriffen, mehr Zeit zum Überlegen hat. Bis zum Überdruß haben sie zu Hause den Gesprächsverlauf durchgekaut, Argumente gekürt und verworfen, Gedankengänge konstruiert, Einwände erwogen und entkräftet.

Aber nun ist alles ganz anders. Buchmacher hängt hellwach an Martins Lippen, der gerade die Konzernstruktur von »English Electric« erläutert und begründet, wie stark eine solche Firma von Welt auf allen Märkten an der Bildung einer potenten Lobby interessiert sei, um seismographisch Produktions- und Bedarfsentwicklungen registrieren zu können. Da fällt Buchmacher ihm ins Wort: »Stillstand bedeutet Rückschritt.« Banal, aber wahr.

Martin schlägt das komplizierte Gesprächsschema, das sie mit Achim aufgebaut haben, in den Wind und macht mit Buchmacher Nägel mit Köpfen. »Sehr richtig!« kommentiert er. »Darum geht es. Der Konzern braucht fähige Menschen in interessanten Positionen, um informiert zu werden oder neue Türen aufzustoßen.«

Eine solche Chance sehe er in einer künftigen Zusammenarbeit mit Buchmacher. Natürlich gebe es überall und besonders auch in Deutschland offizielle Kontakte zu Regierungsstellen oder Firmen mit Produktion von militärischer Relevanz. Aber die offiziellen und vor allem diplomatischen Kanäle wären oft sehr zähflüssig und würden an entscheidenden Punkten versiegen – gerade dann, wenn sie am wichtigsten wären: in Konfliktsituationen. Deshalb brauche man persönliche Beziehungen, die offizielle Kontakte ergänzen, bestätigen oder auch widerlegen könnten. Martin spürt, wie Buchmacher nicht nur seinen Worten folgt, sondern auch mitdenkt. Jetzt meldet er Bedenken an. Aber nicht, wie Martin befürchtet, gegen ihn, seine Firma und deren Glaubwürdigkeit. Er bezweifelt vielmehr, daß er die Erwartungen, die Martin in ihn setzt, erfüllen kann. Martin macht eine kurze Pause, ehe er antwortet. Er muß erst einmal tief durchatmen, um sich nicht anmerken zu lassen, daß ihm ein Stein vom Herzen fällt. Denn jetzt, das spürt er ganz sicher, ist das Eis gebrochen. Er legt Buchmacher beschwichtigend die Hand auf den Arm und sagt freundschaftlich, darüber solle er sich mal keine Gedanken machen. Es ehre ihn, so bescheiden zu sein, aber er unterschätze seine Kompetenzen. Die Praxis der Zusammenarbeit werde das bestätigen. »Haben Sie beim Bundesgrenzschutz Nachtsichtgeräte?« fragt er dann geradezu. Buchmacher stottert etwas erschrocken ob der direkten Frage ein zögerliches »Naja«. »Sehen Sie«, erwidert Martin, »darüber möchten wir gern mehr erfahren. Auch wir beschäftigen uns damit. Deshalb wäre es interessant, Ihre Erfahrungen und Lieferanten kennenzulernen.«

Buchmacher weiß es nicht, was verständlich ist, weil er seinen Truppendienst erst antreten wird. »Dann machen wir bis zum nächsten Mal gleich die Probe aufs Exempel«, fährt Martin fort. »Sie machen sich kundig über die Erfahrungen mit Ihren Geräten, stellen fest, welche Firma sie hergestellt hat, und mit welchen Stückzahlen Sie arbeiten.« Dann könne man Vergleiche und Schlußfolgerungen ziehen, vielleicht sogar schon Angebote machen. Buchmacher, der anfangs etwas zurückgezuckt war, als die Sache konkret wurde, entspannt sich wieder, schränkt aber ein, daß er noch keine Garantie geben könne zur Erfüllung aller Wünsche. Das würden die Erfahrungen ergeben, die man gemeinsam sammeln werde, schließt Martin das Thema ab.

Er hat erreicht, was er wollte; hat Buchmachers grundsätzliche Zusage. Jetzt will er ihm keine Chance mehr geben zu aufkeimender Angst vor der eigenen Courage. Er wiederholt seinen Auftrag für das nächste Mal, konkrete Informationen über die Nachtsichtgeräte beim BGS zu liefern. Dann besiegeln sie ihren Pakt mit Handschlag. Martin holt eine Flasche Sekt aus dem Kühlschrank und stößt mit Buchmacher auf gute Zusammenarbeit und den gelungenen Urlaub an. Sie rufen Reinhold aus seinem Zimmer zu sich herunter und beschließen den Abend in gelöster Stimmung.

Am nächsten Morgen bringen sie zunächst Buchmacher zu seinem Zug. Reinhold hat Norbert zur selben Zeit an den Bahnhof bestellt, damit er die Szene aus sicherer Entfernung beobachten kann. Sie winken ihrem Gast nach und fahren dann zurück zum Vermieter, um den Schlüssel abzuliefern. Anschließend treffen sie sich mit Norbert.

Gerade wollen sie ihm berichten, daß alles ohne seine Hilfe gut gelaufen ist, da fällt er ihnen ins Wort: »Daraus wäre auch gar nichts geworden. Ich war zwar zur rechten Zeit am rechten Ort, aber nicht an der rechten Stelle – ich bin im tiefen Schnee vom Wege abgekommen und im Straßengraben gelandet. Zum Glück habe ich einen Bauern gefunden, der mich mit seinem Ochsengespann herausgezogen hat.«

So also sah die komplizierte, risikoreich vorbereitete und teure Absicherung des Treffens in der Praxis aus. Trotzdem legen sie ihr Schicksal wieder in Norberts Hand, es bleibt ihnen auch gar nichts anderes übrig. Sie verstauen ihr Gepäck in seinem geliehenen Opel und hoffen, daß der bis Wien durchhält. Unterwegs wechseln sie die Dokumente und setzen die Reise mit ihren westdeutschen Reisepässen fort. Endlich kann Martin wieder mit gutem Gewissen Deutsch reden.

Der Opel hält durch. Am Westbahnhof steigen sie aus. Norbert gibt den Wagen zurück, sie mieten ein Taxi, das sie, laut Achim, nach Bratislava bringen soll. Aber die Praxis sieht nicht danach aus. Der Wagen fährt nur bis zur österreichischen Seite der Grenze, wo die Ausreiseformalitäten erledigt werden. Dann folgen etwa hundert Meter Gepäckmarsch im Schneematsch bis zur CSSR-Kontrolle, wo slowakische Taxis stehen und sie nach Bratislava bringen. Sie legen ihr Gepäck zunächst am Bahnhof ab und fahren zum vereinbarten Hotel, in dem Achim auf sie wartet. Planmäßig erst einen Tag später, aber er hält sich im Restaurant in Bereitschaft, erschrickt, als sie plötzlich auftauchen und ahnt Schlimmes, kann dann kaum fassen, daß alles bereits über die Bühne gegangen ist. Natürlich müssen sie im Telegrammstil berichten, Achim rennt zum Telefon, irgendeine Mitteilungsform nach Berlin hat er vereinbart – und dann tritt in Kraft, was die tschechoslowakischen Genossen für ihre Rückkehr vorbereitet haben, nachdem sie von Achim avisiert wurden. Der Abend endet mit einem Varietéprogramm. Am nächsten Morgen sind Plätze für den Flug nach Prag gebucht. Dort steht eine Wagenkolonne von drei schwarzen Tatra-Limousinen am Flugplatz, die sie zum Innenministerium bringen, wo sie feierlich empfangen werden. Das freilich trifft die drei Heimkehrer völlig überraschend, denn diesen letzten Reiseabschnitt hatte Achim mit Hilfe offizieller Kontakte allein vorbereitet. Das »Bruderorgan« war also über die Aktion unterrichtet, wenn auch mit Sicherheit nicht über den Inhalt des Einsatzes. Dennoch gratuliert man ihnen zur erfolgreichen Heimkehr – nach tschechischer Version kommen sie »von der Front« zurück. Das muß gefeiert werden. Die drei sind von dem nun einsetzenden Rummel peinlich berührt, Achim, dem plötzlich bewußt zu werden scheint, was er da veranlaßt hat, läßt den Spektakel mit süß-saurer Miene über sich ergehen. Am meisten ärgert ihn wohl, hier seine Leute so hofiert zu sehen, die er zu Hause so gerne möglichst kurz hält.

Allmählich stellt sich bei Martin die Freude ein. Er hat eine Leistung vollbracht, die ihn mit verhaltenem Stolz erfüllt, wie früher ein sportlicher Erfolg. Auch danach konnte er nie laut feiern. Meist saß er still in der Umkleidekabine und genoß den Jubel seiner Kameraden wie die Ruhe nach dem Sturm, atmete durch und war glücklich. Weit weniger Emotionen verspürt er bei der Rückkehr in die eigene Haut. So leicht es ihm fällt, sich in eine fremde Identität hineinzuleben, so wenig belastet sie ihn, wenn er wieder zu sich selbst zurückkehrt. Er kann nicht einmal sagen, daß dann die Spannung des Einsatzes von ihm abfällt – so sehr hat er gar nicht unter Strom gestanden. Anders wäre wohl das Leben, das er jetzt führt, nicht zu ertragen. Zu Hause beginnt der Alltag wieder mit den üblichen mündlichen und schriftlichen Berichten, wenn auch ausführlicher als bisher. Es wird ganz offenkundig, daß nicht nur die unmittelbare »Zentrale«, sondern auch noch andere Stellen an der Auswertung interessiert sind. Ab und zu lassen sich auch Vorgesetzte Achims von Martin ausführlich erzählen. Und es beginnen die Vorbereitungen für das erste »richtige« Abkommen mit Buchmacher. Das wird noch einmal spannend. Denn was wäre, wenn der plötzlich umschwenkte oder seine Mitarbeit nur vortäuschen würde und seine neuen Partner in der Zwischenzeit bereits preisgegeben hätte, so daß die Verfassungsschützer nur noch zuzugreifen brauchten?

Das erste Material

Die Situation ändert sich.
Die Lieferung des ersten Materials steht an. Das wäre der erste »echte Treff«, entscheidend für die Zusammenarbeit, aussagekräftiger noch als die Werbung selbst, die übrigens später nie schriftlich dokumentiert werden wird. Verständlich, daß Achim alle Register seines Perfektionismus zieht, um das Risiko auf ein Minimum zu reduzieren.

Martin wird zunächst noch einmal nach Köln geschickt, um die engere und weitere Umgebung des in Frage kommenden Lokals genau zu inspizieren. Es liegt in einer Nebenstraße zwischen der Hohen Straße und dem Dom, also zentral und zu Fuß von allen Seiten gut zu erreichen. Auf höhere Weisung angeordnet, bestimmt Achim, daß dort nur die Zusammenkunft mit Buchmacher stattfinden soll, nicht aber der Treff selbst. Auf diese Weise soll eine gründliche Absicherung ermöglicht werden, in die auch Norbert mit einbezogen wird, der schon in Wolfsberg – wie auch immer – die »Absicherung« übernommen hatte. Das Lokal liegt an einer Straßenkreuzung neben einer kleinen Parkanlage. Seine Aufgabe ist es festzustellen, ob in Buchmachers Umgebung jemand auszumachen ist, der nicht in die Szene paßt. Martin trifft erst nach der vereinbarten Zeit ein und bekommt von Norbert ein Freizeichen, wenn die Luft rein ist. Dann begrüßt er Buchmacher im Restaurant. Sie nehmen nur einen kurzen Drink, anschließend zieht er mit ihm ins Domhotel um, wo er einen Tisch bestellt hat. Den Weg legen beide zu Fuß zurück. Man läuft ungefähr zwanzig Minuten, passiert aber unterwegs vier Ampeln, so daß noch einmal Absicherungs- und sogar Fluchtmöglichkeiten bestehen. Norbert folgt ihnen und beobachtet sie zusätzlich. Auf Achims Geheiß hat Martin die Phasen der Ampeln gestoppt, er weiß also im Falle einer Gefahr genau, wann die Kreuzung frei ist. Martin hält die gesamte Festlegung für eine Pflichtübung, die in irgendeinem HVA-Codex stehen mag oder Achim zu seiner eigenen Absicherung erfunden hat.

Am liebsten hätte der die gesamte Kombination als Sandkastenübung vorher noch einmal durchexerzieren lassen. Vor der Werbung in Wolfsberg hatte er ein ähnliches Manöver inszeniert, an dem noch Norbert und Reinhold beteiligt waren. Es ging beim ersten Versuch schief, weil Martin seinen Einsatz im Hotel verschlief und erst zum Reservetreff erschien. Das rief bei Achim mehr Verblüffung als Kritik hervor, weil er sich nicht vorstellen konnte, daß man bei einer solchen Sache, noch dazu im Operationsgebiet, so viel Ruhe bewahren konnte.

Martin, der vor jedem 100-Meter-Start am liebsten im Boden versunken wäre und verfluchte, sich für den Lauf überhaupt gemeldet zu haben, kennt bei seiner jetzigen Aufgabe kein Lampenfieber. Er spürt zwar seine Konzentration, aber zweifelt nicht daran, daß die Begegnung mit Buchmacher einen guten Ausgang nehmen würde. Wie immer geht es zunächst nach Brüssel und von dort mit britischem Paß nach Köln. Nach der pflichtgemäßen Absicherung steuert er das Lokal an, sieht Norbert schon von weitem stehen, geht an ihm vorbei und erhält das vereinbarte Freizeichen, indem Norbert sich von ihm abwendet, als er ihn passiert. Jetzt weiß er, daß Buchmacher pünktlich und ohne feststellbare Begleitung erschienen ist. Martin betritt den Raum und entdeckt ihn an einem freistehenden Tisch. Schon als er auf ihn zugeht und sieht, wie sich Buchmachers Miene aufhellt, fällt die letzte Spannung von Martin ab.

Er begrüßt Buchmacher aufgeräumt und sicher, der zeigt in seinem Verhalten keine Veränderung zum Urlaub in Wolfsberg. Da Martin ihn auf englisch begrüßt hat, setzen sie das Gespräch zunächst englisch fort, bis Martin dann mit Buchmachers Einverständnis auf sein Deutsch übergeht. Der ist in der Zwischenzeit in seine neue Garnison in Niedersachsen versetzt worden und hat sich eine kleine Appartementwohnung ganz in der Nähe der Kaserne genommen, in der seine BGS-Einheit untergebracht ist. Martin spürt, wie sehr er die Versetzung als eine Art Degradierung empfindet und offensichtlich nach einer Möglichkeit sucht, sie rückgängig zu machen. Aber »als Soldat« ist er es natürlich gewohnt, Befehle auszuführen. Sie machen sich auf den Weg ins Domhotel, in dem Martin ein Abendessen hat vorbereiten lassen, um ihrem Wiedersehen den rechten Rahmen zu geben. Buchmacher freut sich über die Aufmerksamkeit, die man ihm widmet und zeigt während des Essen beim Small talk keine Anzeichen von Nervosität oder Unsicherheit.

Der Nachtisch ist abgeräumt, und Martin stellt die Gretchenfrage: »Haben Sie denn in unserer Absprache vom letzten Mal etwas unternehmen können?«

Buchmachers Antwort ist wohlgesetzt und vorbereitet: »Ich versuche, mich in die Rolle eines Geschäftspartners hineinzudenken, aber die Vorstellung ist ungewohnt. Ich bin mir nicht sicher, ob ich Ihre Erwartungen wirklich erfüllen kann.« Martin unterbricht ihn so höflich, aber bestimmt wie möglich: »Machen Sie sich keine Sorgen, wir werden jedesmal beraten, was für uns interessant und für Sie unproblematisch, weil ohne großen Aufwand zu erledigen ist. Ich selbst«, räumt er prophylaktisch ein, »bin ja auch kein Spezialist in technischen oder militärischen Fachfragen. Ich bin Geschäftsmann und muß mich von Fall zu Fall auch über die Aufträge kundig machen, die mir erteilt werden. So sollten wir es ebenfalls miteinander halten und gemeinsam beraten, was möglich ist.«

Buchmacher scheint erleichtert. Martin wird ihm keine unerfüllbaren Forderungen stellen, aber die unerwartete Geschäftsverbindung an sich ist ihm offensichtlich willkommen.

»Haben Sie denn etwas über die Nachtsichtgeräte beim BGS mitbringen können?« Damit kommt Martin zur Sache. Buchmacher kramt in seiner Aktentasche und holt Papiere heraus. »Das ist alles, was ich habe«, damit reicht er Martin seine Unterlagen. Es sind graphische Darstellungen und ausführliche Erläuterungen von Herstellerfirmen für Nachtsichttechnik zu Beobachtungs- und Aufklärungszwecken sowie für Zieleinrichtungen speziell für Handfeuerwaffen. Buchmacher versucht, sie so ausführlich wie möglich mündlich zu kommentieren, aber Martin bittet ihn, seine Ausführungen doch schriftlich niederzulegen, damit keine Mißverständnisse entstehen. »Vor allem interessieren uns natürlich auch Ihre internen Möglichkeiten, wie Sie mit dieser Technik umgehen und wofür sie besonders geeignet ist.« Mit diesen Worten versucht er vorsichtig zu umschreiben, was nüchtern unter »Dienstvorschriften« zu verstehen ist.

Buchmacher ziert sich. Martin versucht, behutsam herauszufinden, ob er sich scheut, das Material preiszugeben oder nur nicht weiß, wie er es machen könnte. Er kommt auf einen Gedanken zurück, der zu Hause schon einmal eine Rolle spielte, aber noch zurückgestellt werden sollte: »Wäre es nicht am einfachsten, solche Unterlagen zu fotografieren?« Buchmacher lehnt nicht ab, sieht aber Schwierigkeiten. Mit nach Hause nehmen möchte er die Sachen nicht, in seinem Dienstzimmer ist er nicht immer ungestört. »Das sind berechtigte Argumente«, räumt Martin ein. Er werde mit seinem Chef darüber beraten und nächstes Mal einen Lösungsvorschlag machen. Dann läßt er sich über Buchmachers erste Erfahrungen in seinem neuen Milieu ausführlich erzählen, will wissen, wie er sich eingelebt hat, erfährt, daß ihn in seinem Einzimmerappartement eine Ordonnanz mit dem Nötigsten versorgt, aber das sei alles noch eine Notlösung.

Ob denn sein Junggesellendasein auch eine Notlösung sei, fragt Martin scherzhaft dazwischen, was Buchmacher lachend in Abrede stellt, aber konkrete Absichten, das in naher Zukunft zu ändern, habe er nicht. Martin hakt (in Achims Sinne) nach und fragt, ob denn seine Versetzung endgültig sei oder ob eine Aussicht bestehe, nach Bonn zurückzukehren. Buchmacher schließt das nicht aus, wäre vor allem nicht abgeneigt, sieht aber im Moment dafür keine Chance.

»Für unsere Beziehungen wäre es auf alle Fälle nicht ungünstig«, baut Martin vor und macht Buchmacher die Vorteile einer zentralen Position plausibel.

Bis zum nächsten Mal vereinbaren sie, daß Buchmacher einige Angaben zu Personalfragen, Stärke, Gliederung der Truppen in seinem Abschnitt und ihrer Ausstattung mit jeglicher Technik vorbereitet. »English Electric« möchte sich einen Überblick machen über Größenordnungen und Sortiment für Lieferangebote und ob die Firma vorbereitet sei, kompatible Vorschläge für eine längerfristige Zusammenarbeit zu unterbreiten. Eventuell wäre auch eine Umstellung bestimmter Produkte auf die Interessen des Bundesgrenzschutzes zu erwägen. Das wären dann Fragen, die auch zwischenstaatlich geregelt werden müßten. Die Vorbereitung solcher Maßnahmen müßten jedoch auf der Marketingebene geklärt werden. Martin nimmt mit dieser Mitteilung eine mögliche Frage Buchmachers vorweg, ob denn derartige Probleme nicht über offizielle Kanäle erörtert werden sollten. Die Überlegung, obwohl aus der Situation geboren und nicht zu Hause vorbereitet, erweist sich als richtig. Buchmacher stellt die Frage nicht, und Martin hat sich einen nützlichen Vorlauf für eine später sicher unumgängliche, ausführlichere Argumentation darüber geschaffen.

Als das Gespräch zu vorgerückter Stunde schon zur zwanglosen Unterhaltung geworden ist, läßt Martin sich noch einiges erzählen über das Leben an der Grenze, von der er schon so viel gehört habe, sich aber gar keine Vorstellung machen könne. Buchmacher berichtet bereitwillig, jetzt ist er Fachmann, der von seinem Wissen etwas vermitteln kann. Das wertet ihn auf, und er schließt mit dem Angebot: »Sie müssen mich unbedingt bald besuchen, dann zeige ich Ihnen alles in natura.« Martin reagiert zurückhaltend, aber höflich. Er kann keine Zusage machen, ohne daß das Angebot von seiner Zentrale geprüft ist. Dann kommt er auf sein Wort zurück, Buchmacher für seine Mitarbeit nicht nur die Spesen zu zahlen, und reicht ihm unauffällig einen Umschlag mit 500 DM, den Buchmacher ebenso unauffällig wie sichtlich erfreut in seiner Rocktasche verschwinden läßt. Martin gibt ihm seine Continental-Adresse und Telefonnummer in Brüssel, weist ihn aber an, sich dorthin nur zu wenden, wenn ihre Terminvereinbarungen überraschend geändert werden müßten oder andere unvorherzusehende Ereignisse eintreten würden. Sollte Martin nicht da sein, müßte er allerdings sein Anliegen französisch durchsagen, weil seine Vermieter leider weder Deutsch noch Englisch sprächen. Buchmacher erwidert lachend, dies würde ihn sicher abschrecken und Martin verkneift sich die Antwort, daß solches ja auch bezweckt sei. Sie verabreden sich mit konkretem Termin für das nächste Mal wieder in Köln im Domhotel. Martin begleitet Buchmacher zum Parkplatz und beobachtet seine Abfahrt. Am selben Abend noch reist er nach Hannover, wechselt die Dokumente und übernachtet, um am nächsten Morgen nach Berlin zurückzukehren. Das schriftliche Material, das er von Buchmacher bekommen hat, ist in seinem Container untergebracht.

Achim, der ihn wie immer in Empfang nimmt, strahlt verhalten vor Genugtuung. Noch im Wagen muß Martin hastig das Wesentliche berichten, ausführlich später bei Trudchen, die wie immer für das leibliche Wohl sorgt. Achims Fragen zielen vor allem darauf, wie Buchmachers Bereitschaft zur weiteren Zusammenarbeit zu beurteilen sei. Martin verbreitet guten Gewissens Optimismus. Er selbst sei sicher, daß sein Kontakt mit Buchmacher solide und ausbaufähig sei. Beide sind sich einig, daß man die Werbung endgültig als erfolgreich bezeichnen kann, zumal Buchmacher auch das erste Honorar empfangen hat, ohne sich zu zieren.

Achim gibt einen Kurzbericht an die Zentrale, Martins schriftlicher Bericht hingegen fällt ausführlich aus. Er will seine Erfahrungen so detailliert wie möglich wiedergeben, damit ein Dritter sich ein echtes Bild davon machen kann: die Reaktionen des Gesprächspartners beschreiben, aus denen sich dessen Gedanken und Gefühle möglicherweise ableiten lassen, sein Mienenspiel, sein gesamtes Verhalten, damit Rückschlüsse, die er als Beteiligter des Gesprächs ziehen kann, auch für den Leser des Berichts nachvollziehbar werden. Das erweist sich für ihn selbst, aber auch für Achim als Martins unmittelbare Bezugsperson als erschwerend. Es dauert eine ganze Weile, bis sie sich beide daran gewöhnt haben. Sie behalten die Methode der mündlichen Berichterstattung mit anschließender ausführlicher schriftlicher Fixierung bei. Auf diese Weise kann die Zentrale den Vorgang einschätzen und steuern. Mit der Zeit wird dadurch bei der Planung auch sichtbar, daß Achim bei weitem nicht der Urheber aller sprühenden Ideen ist, die Martin von Anfang an so beeindruckt haben, sondern der professorale Erklärer, geduldige Vermittler und pädagogisch mehr oder minder geschickte Überbringer der Weisungen von oben.

Vertrauen allerorten

Die nächsten Begegnungen sollen die Vertrauensbasis und das persönliche Verhältnis zwischen Martin und Buchmacher festigen. Um ihm im wahrsten Sinne des Wortes entgegenzukommen, werden die Zusammenkünfte zunehmend näher an seinen Standort verlegt. Buchmacher hatte diese Forderung nicht gestellt, aber aus seinem Verhalten war zu entnehmen, daß ihm die territoriale Nähe lieber wäre. Beide Partner treffen sich etwa in monatlichen Abständen, Buchmacher kennt Martins Adresse in Brüssel. Martins Leute dort sind instruiert und wissen, daß sie Post aufheben oder Anrufe an Martin weitergeben, wenn er wieder in Brüssel ist. Das erfordert natürlich einen regelmäßigen Besuch in Belgien. Dort hat er sich eine Schreibmaschine gemietet, auf der er für die Umgebung deutlich hörbar arbeitet, wenn er im Hause ist. Im übrigen ist er meistens unterwegs, nutzt die Zeit für Besuche in Bibliotheken und kulturellen Einrichtungen, macht sich kundig über elektronische Unternehmen oder Filialen einschlägiger internationaler Firmen. Sehr bewährt hat sich das Abonnement von Zeitschriften seines Fachgebiets – er empfängt regelmäßig Post, die Madame und Monsieur für ihn sorgfältig aufheben.

Zur schönen Gewohnheit werden die gemeinsamen Abende, die sie entweder im Hinterzimmer des Lädchens oder immer öfter in der Beletage am Square Marie-Louise verbringen. Dann wird erzählt von Kriegserlebnissen, gemeinsam auf englischer Seite gesammelt, Martin allerdings in den letzten Jahren als britischer Marinesoldat. Er hat die Probelandung der Engländer bei St. Nazaire mitgemacht und später auch die Invasion in der Normandie bei Lorient. Er ist verwundet worden, kann seine Erlebnisse in Lazaretten schildern – alles echt, nur auf die andere Seite des Geschehens verlagert. Später erzählt er von den Ferien, die er mit seiner Mutter in Bournemouth an der englischen Südküste verbringt. Dort haben sie ein kleines Haus gemietet. Auch hier kann er aus dem vollen schöpfen, nur liegt das kleine Haus nicht in Bournemouth, sondern in Dierhagen, an der Ostseeküste. Diese ständig erweiterten Legenden, die ihn sowohl in Brüssel als auch gegenüber Buchmacher glaubhaft und immer sympathischer machen, haben ihm allerdings weder die Zentrale noch Achim mit auf den Weg gegeben. Aber sie sind der eigentliche vertrauensbildende Faktor des gesamten Gesprächs. Oft hat er in der Unterhaltung mit Buchmacher sogar Mühe, seine Aufträge lückenlos unterzubringen. Mit diesen Aufträgen aber steht er häufig auf Kriegsfuß. Er war zwar vier Jahre Soldat im Zweiten Weltkrieg, aber bei aller Erfahrung in allgemeinen Barrasgepflogenheiten, über die sie gern ihre Witze reißen, ist er kein Militär. Jetzt soll er hochgezüchtete Waffentechnik erkunden. Achim bringt zu jeder Treffvorbereitung einen ganzen Wunschzettel mit, den er wahrscheinlich bei allen möglichen Dienststellen und Institutionen zusammengeschrieben hat. Es sind durchweg böhmische Dörfer für Martin. Er darf sich weder Notizen machen noch etwas vergessen. Jedesmal versucht er sich seinen Part einzupauken, geht methodisch vor, gliedert den Stoff in inhaltliche Sammelgebiete, baut sich Eselsbrücken und konzentriert sich auf Wesentliches, in der Hoffnung, daß ihm die Begleitumstände dann einfallen. Schließlich fertigt er sich illegale Spickzettel an, die er in einem Zwischenfach seines Portemonnaies versteckt – einem kleinen privaten Container, von dem Achim nichts wissen darf.

Martin hat den Eindruck, daß mit solchen geforderten Informationen die HVA als Dienstleistungsunternehmen für DDR-Spitzenorganisationen fungiert. Aber er hält das für legitim. Die kleinen Spickzettel vernichtet er natürlich rechtzeitig vor dem Treff. Nur leider stellt sich schon nach den ersten Zusammentreffen mit Buchmacher heraus, daß er mit dem Rücklauf der Informationen, die er von Buchmacher oft in der scheinbar zwanglosen Unterhaltung erhält, dieselben Schwierigkeiten hat. Er sucht mit Achim nach geeigneten Möglichkeiten, wie die Informationen am besten, sichersten und natürlich lückenlos transportiert werden können. Buchmacher hatte ja zunächst neben mündlichem auch schriftliches Material mitgebracht. Das soll er künftig nicht mehr tun, es ist ein zu großes Risiko für ihn.

»Wir müssen ihn davon überzeugen, daß er alle Dokumente, die wir brauchen, fotografiert«, sagt Achim, »und damit es nicht auffällt, kaufst du ihm vor dem nächsten Treff eine Minox-Kamera.«
Er besorgt Buchmacher die Kamera und übergibt sie ihm. Aber er stößt auf Skepsis. Buchmacher fühlt sich offenbar in seiner Ehre gekränkt. »Waren Sie denn bisher nicht zufrieden mit mir?« »Um Gottes willen«, erwidert Martin bestürzt, »wir wollten Ihnen ja nur die Arbeit erleichtern.«
Buchmacher schaut Martin verunsichert an. Vielleicht hatte er einen Augenblick lang doch Angst vor der eigenen Courage.
Bald stellt sich jedoch heraus, daß er angeblich mit der Technik nicht zurechtkommt. Martin erklärt sie ihm geduldig. Doch bei der nächsten Zusammenkunft stellt sich heraus, daß er die Minox wieder nicht benutzt hat. Er möchte sich die Methode der Informationslieferung nicht vorschreiben lassen. Ein anderes Mal ist der Transportmechanismus der Kamera kaputt. An Ort und Stelle läßt sich das nicht nachprüfen.

»Kauf' ihm eine neue«, befindet Achim.

Also bringt Martin das nächste Mal eine neue Minox mit und versenkt die alte auf Anweisung Achims im Dunkel der Nacht in den Fluten der Leine. Tatsächlich geht Buchmacher nun doch weit über aller Erwartungen hinaus. Er belichtet einige Filme mit brisanten Unterlagen über die Grenze in seinem Abschnitt. Da er darüber hinaus nahezu alle Beschlüsse, Befehle und Gesetze militärischer Art zumindest zur Kenntnisnahme erhält, erweist er sich als unerschöpfliche Nachrichtenquelle. Aber am liebsten würde er das Originalmaterial sozusagen leihweise zur Verfügung stellen – von seinem Standpunkt aus einigermaßen verständlich – schließlich würde es sich um eine freundschaftliche Geste unter Verbündeten handeln. Solches Vertrauen darf Martin nicht erschüttern. Also erklärt er ihm immer wieder geduldig, daß zu keiner Zeit in seinem Panzerschrank etwas fehlen dürfe. Das Ablichten von Dokumenten sei daher die optimale Methode der Informationslieferung. Schließlich besorgt Martin auf Achims Geheiß noch ein Minidiktiergerät mit einem Silberfaden als Tonträger. Die Stimme wird dadurch zwar ihres Charakters beraubt, aber bleibt verständlich. Nur findet auch dies

135

keine Gnade vor Buchmachers Augen. »Na, was schlagen Sie denn vor?« fragt Martin verzweifelt. »Mir wäre es am liebsten, wenn ich mit meiner eigenen Kamera alles fotografieren könnte«, erklärt er arglos. Martin gibt zunächst noch kein grünes Licht, im Interesse von Buchmacher und seiner Sicherheit will er eine Entscheidung in London einholen. London genehmigt es schweren Herzens. Buchmacher ist zufrieden. Tatsächlich beginnt er jetzt ganz selbständig zu arbeiten und liefert jedes Mal sechs bis acht Filme, belichtet, aber nicht entwickelt.

Das ist der Stand der Zusammenarbeit mit Buchmacher nach einem reichlichen Jahr.

Paris

»Unser ›Alter‹ hat von Anfang an gesagt: das hält der als Engländer höchstens ein halbes Jahr durch.«

Mit diesem Satz noch zwischen Tür und Angel platzt Achim in Trudchens Erkerzimmer. Der »Alte« ist ein Vorgesetzter Achims, erfahren in der illegalen Arbeit während des Nationalsozialismus, im KZ gewesen – die graue Eminenz der Abteilung. Der »Engländer« ist Martin. Er kennt den »Alten« nur aus Achims respektvollen Erzählungen und ist irritiert. Hatte der Chef dem Experiment mit der »Fremden Flagge« zugestimmt und selbst nicht an den Erfolg geglaubt?

Martin wertet es als Anerkennung, weil er dessen Erwartungen jetzt schon um ein halbes Jahr übertroffen hat. Sein sportlicher Ehrgeiz meldet sich.

Der Vorgang scheint in der Bewertung durch die Zentrale um einige Etagen höher geklettert zu sein. Häufiger nehmen Genossen aus dem Haus an den Besprechungen teil. Achim überrascht Martin mit der Feststellung: »Du hast doch ziemlich eng mit Jack zusammengearbeitet. Meinst du er ist nervlich stabil genug, um eingesetzt zu werden?« Martin bejaht die Frage.

Achim läßt die Katze aus dem Sack. »Wir wollen ihn zusammen mit dir wieder in Einsatz schicken. Aber das geht nur, wenn du davon überzeugt bist, daß er nicht zum Risikofaktor wird. Er könnte sonst euch beide in Gefahr bringen, vom Scheitern des Vorgangs mal ganz abgesehen«, fügt er hinzu.

Martin ist gespannt. Das Terrain ist vorbereitet. Achim liebt solche Inszenierungen.

»Wir wollen euch zusammen nach Paris schicken, wir wollen der Zusammenarbeit mit Buchmacher spürbaren Auftrieb geben, indem wir ihm zeigen, was er uns wert ist.« Martin spitzt die Ohren. Er hat sich also nicht geirrt, der ganze Vorgang ist aufgewertet worden. »Die Zusammenarbeit mit Buchmacher soll einen ganz offiziellen Rahmen erhalten. Natürlich können wir keinen Vertrag mit ihm abschließen. Aber wir werden ein Umfeld schaffen, das die offizielle Bindung ersetzt. Also: wir werden ihn nach Paris einladen. Dort soll er mit einem Vertreter aus der Chefetage von »English Electric« zusammentreffen, der ihm persönlich die Aufgaben, die er von uns bekommt, erläutert, seine Bedeutung unterstreicht. Durch dieses Treffen und die Seriosität einer Persönlichkeit wird Buchmacher das Bewußtsein vermittelt: ein solides Unternehmen braucht ihn für eine solide Sache. Jack wird den Konzernboß spielen. Vom Erscheinungsbild über die Sprachkenntnisse bis zu den britischen Umgangsformen ist er gerüstet. Das Wissen über »English Electric« wirst du ihm beibringen.« Martin atmet durch: »I want to do my very best«, sagt er. Achim hat nichts anderes erwartet. In Martin steigt ein Triumphgefühl auf. Der Vorgang wird vom Versuchsballon zum Pilotprojekt. Aber noch ist der Wettkampf nicht zu Ende, eher tritt er in seine entscheidende Phase. Aber Martin ist schon glücklich über den Teilerfolg. Zuspruch oder Erfolg waren ihm immer wichtig.

Jack scheint es ebenso zu gehen, nachdem er von seinem Glück erfahren hat. Beide fahren zunächst nach Paris und erledigen alle notwendigen Vorbereitungen für das Gipfeltreffen. So wird es von der Zentrale festgelegt. Martin schlägt für Jack den Namen Bosworth vor. Er hat ihn bei seinem Besuch im Marconi-Haus an einer Tür gelesen. Achim sorgt für den richtigen englischen Paß. Martin erhält von Achim zusätzlich den Auftrag, Jack zu kontrollieren, ob er tatsächlich die notwendige Nervenstärke für diese Aufgabe besitzt. Sie reisen getrennt in Paris an, arbeiten beide mit britischem Paß in der französischen Metropole, die Martin nicht fremd ist, war er doch wochenlang als Marinesoldat während des Krieges dort stationiert. Im exclusiven Hotel Ritz gegenüber den Tuilerien soll Martin die Zimmer mit seinem britischen Paß buchen, weil seine Adresse in Brüssel einer möglichen Rückfrage standgehalten hätte.

Aber das Vorhaben ist wieder einmal am grünen Tisch der Zentrale ohne Kenntnis der großen weiten Welt geplant worden. Martin durchschreitet in angemessener Haltung das Portal des Ritz, der Portier salutiert beflissen, aber voller Würde. An der Rezeption höflich empfangen, stößt er mit seinem Anliegen, daß er auf englisch vorträgt, auf taube Ohren. Er ist sich sicher, daß der Empfangschef Englisch spricht, ihn aber nicht verstehen will. Was er längst gespürt hat, bestätigt sich: nicht alle Franzosen sind auf die Engländer gut zu sprechen – sein Entree ist verpatzt. Dazu kommt: man bucht eben in solchen exquisiten Herbergen nicht von der Straße eine Suite, sondern läßt buchen, und dies telefonisch, durch Fernschreiber oder schriftlich. Da steht er nun mit seinem Talent wieder auf der Straße. Zum Glück hat er sich am Empfang noch erkundigt, für welches Haus man ihm wenigstens eine Empfehlung geben könnte.

Der Chefportier hat ein Einsehen und schickt ihn mit einer Empfehlung zum Hotel Meurisse, das ebenfalls seinen Vorstellungen entsprechen könne. Martin setzt sich in Marsch – und hat Glück. Er bestellt für drei Tage im Juli eine Suite für Mr. Bosworth sowie zwei Einzelzimmer für Buchmacher und sich. Der Portier läßt ihn durch einen Pagen nach oben begleiten, damit er die Zimmer persönlich begutachten kann. Sie finden Gnade vor seinen Augen.

Das dicke Ende kommt danach. Als er die Bestellung perfekt machen will, verlangt der Portier eine Kaution von wenigstens 1 000 DM. Martin zuckt innerlich zusammen. Er hat das Geld nicht. Aber er darf sich auch keine Blöße geben. Was tun?

Jack! Das könnte die Rettung sein. Er läßt den Portier mit größter Gelassenheit wissen, daß er das für angemessen halte, müsse vorher nur seine Bank aufsuchen.

Die Bank ist Jack. Beide haben sie eine Reisereserve von je 500 DM im Container. Die wird geopfert. Gesagt, getan. Nun dürfen auf der Reise allerdings keine Komplikationen mehr eintreten. Sonst müßte Achim sie irgendwie auslösen.

Buchmacher nimmt die Einladung nach Paris geschmeichelt an. Das Gespräch mit dem Chef ehrt ihn, Paris reizt ihn, er sagt ohne Umschweife zu.

Die Klausur mit Achim zur Vorbereitung des Gipfeltreffens beginnt. Die gesamte Unterhaltung, die sie zu dritt führen werden – Buchmachers Part fiktiv vorweggenommen –, wird wortwörtlich in Englisch ausgearbeitet. Vergeblich versucht Martin, Achim diesen Unsinn auszureden, zumal der sowieso nur die deutsche Übersetzung mitbekommt, was die Situation noch widersinniger macht. Jack und Martin sind sich längst einig, daß Achim in einer Zwickmühle steckt zwischen Pflicht und eigenem Ermessen. Den Inhalt der bevorstehenden Begegnung hat Martin Buchmacher bereits mehrfach erklärt: daß die inoffizielle Geschäftsverbindung im Vergleich zu den offiziellen Kanälen Vorteile nicht nur gegenüber der Konkurrenz bietet, sondern auch für beide Partner. Zur Bekräftigung des Vertrages, der wieder per Handschlag abgeschlossen werden soll, wird Buchmacher für später auch eine Pension zugesagt.

Jack und Martin reisen wieder getrennt auf Umwegen zum Zwecke der Absicherung nach Paris. Martin hat vorher noch seine Wohnung in Brüssel aufgesucht, nicht nur, um die Legende seinen Vermietern gegenüber zu festigen, sondern um sicherzugehen, daß nicht noch eine Absage oder Änderung von Buchmacher – oder vom Hotel – eingegangen ist. Das ist nicht der Fall.

Am 29. Juli 1966 trifft er Jack in dem kleinen Café am Boulevard Haussmann, Mr. Bosworth hat die für ihn reservierte Suite im Hotel Meurisse bereits bezogen und hält die Räume, die er ja zum ersten Mal sieht, für sehr geeignet. Mr. Lovelock begibt sich in das Zimmer, das er sich selbst bestellt hat. Es liegt neben dem Buchmachers, aber beide haben einen gebührenden Abstand zu Mr. Bosworths Suite auf derselben Etage.

Sie haben noch einen ganzen Tag Zeit und nutzen ihn, um die Umgebung und die Verkehrswege zu studieren und das Gespräch noch einmal durchzugehen. Martin reseveriert für sich und Buchmacher Karten für den nächsten Abend im Moulin Rouge. Dorthin will er Buchmacher ausführen, wenn alles geklappt hat.

Am nächsten Morgen bestellt er beim Room-Service ein Menü für drei Personen in Mr. Bosworths Suite, läßt aber offen, welche Gerichte gewünscht werden. Die Rezeption bereitet er auf Buchmachers Ankunft vor und bittet, in Mr. Bosworths Appartement Bescheid zu geben, wenn er eingetroffen ist. Erwartet wird er am späten Vormittag.

Von nun an vergeht die Zeit im Schneckentempo. Sie sitzen in Jacks Zimmerflucht, alles ist gesagt, Nervosität kommt auf, dennoch kann Martin sich ein Lachen nicht verbeißen. Jack hatte schon in Berlin darauf bestanden, sich unbedingt noch einen fürstlichen Morgenmantel anzuschaffen, ohne einen solchen wäre ein vornehmer Engländer zu Hause nicht vorstellbar. Achim hatte zähnekirschend zugestimmt, und nun sitzt Jack also im vollen Ornat neben ihm und trommelt mit den Fingern auf den Tisch. Endlich schrillt das Telefon. Jack meldet sich und sagt, der Gast möchte bitte einen Augenblick warten, er schicke jemanden hinunter.

Damit ist Martin gemeint. Unten wartet ein gutgelaunter Buchmacher. Martin bringt ihn zunächst auf sein Zimmer, läßt ihm Zeit, sich frischzumachen, und anschließend machen sie sich auf den Weg zur Suite von Mr. Bosworth. Buchmacher ist offenbar gespannt auf Bosworth, erstarrt nicht vor Ehrfurcht, scheint noch ganz locker, als sie an die Tür klopfen. Bosworth öffnet. In diesem Moment tut Martin Jack Abbitte: der Morgenmantel verfehlt nicht seine Wirkung. Der Bückling, den Buchmacher bei der Vorstellung macht, ist nahezu devot. Bosworth ist der Chef im Ring. Sie nehmen Platz. Das Gespräch wird auf englisch geführt, denn Mr. Bosworth spricht leider kein Deutsch, wie er einleitend zu seiner Entschuldigung einfließen läßt, aber Buchmacher schlägt sich wacker und kann in der Unterhaltung problemlos mithalten. Man merkt, daß er schon wegen seiner dienstlichen Nähe zu einer Einheit der britischen Rheinarmee Sprachpraxis hat. Wie bei den meisten Deutschen allerdings ist seine Aussprache nicht gerade berückend. Gelegentlich läßt Bosworth einige fachliche oder umgangssprachliche Floskeln fallen. Das haben sie in Berlin vorbereitet. Dann hat Martin seinen Auftritt und hilft Buchmacher mit einer deutschen Übersetzung aus. Auf diese Weise verstehen sie sich wörtlich und im übertragenen Sinn von Anfang an.

Bosworth geht kurz auf seine »Competence« als »Supervisor« im »Company-Board« ein und wiederholt, was Martin ihm über die geplante Zusammenarbeit mit Buchmacher vorgeschlagen hat. Er sei damit einverstanden und möchte heute einige grundsätzliche Fragen dazu klären und gleichzeitig die Vereinbarung verbindlich für beide Teile festlegen.

Aber erst, fährt er fort, sollten wir uns stärken. Martin wird beauftragt, den Room-Service zu zitieren. Der erscheint, als ob er schon vor der Tür in Bereitschaft gestanden hätte, nimmt die Bestellungen auf und kommt postwendend nicht nur mit den Aperitifs, sondern auch gleich mit dienstbaren Geistern zurück, die einen kompletten Eßtisch aus Mahagoni hereinbalancieren. Sie legen die Gedecke auf. Dann wird jeder Gang zelebriert. Auf diese Show freuen sich die Kellner offensichtlich. Sie nutzen die Gelegenheit zu zeigen, was sie gelernt haben. Für Jack und Martin paßt die Vorstellung ins Programm, und sie verfehlt ihren Eindruck auch auf Buchmacher nicht. Während des Essens halten sie sich an Martins bewährte Regel, nur Small talk zu pflegen. Zur Sache kommt man anschließend beim Mokka. Bosworth bedankt sich noch einmal für Buchmachers Bereitschaft zu einer Zusammenarbeit, unterstreicht, wie wichtig sie für den Konzern sein könne, betont aber, daß sie im modernen Geschäftsleben keinen Einzelfall darstelle. Sie sei sozusagen das zweite Standbein der Marketingarbeit: man holt sich Informationen, die offiziell nicht zur Verfügung stehen und ist damit der Konkurrenz ein Stück voraus. Dabei sei der Konzern bemüht, bei der Suche seiner Partner für diese Art der Lobby-Tätigkeit, Experten aus den verschiedensten Gebieten zu finden.

»Wenn sich die Zusammenarbeit eingespielt hat«, schließt er, »werden die Themen für die Informationen nicht einseitig von uns angefordert, sondern umgekehrt auch von unseren Partnern angeboten, die unsere Wünsche zunehmend kennenlernen. So wird ein gegenseitiges Geben und Nehmen daraus.« Dann kommt er noch auf einige Einzelheiten zu sprechen, die in nächster Zukunft auf der Tagesordnung stehen könnten, etwa alles, was mit Elektronik in der Waffentechnik zusammenhinge, aber auch Aufgaben seiner Grenzschutzeinheit. Daraus könne der Konzern Schlußfolgerungen ziehen für Bedarfsvolumen, Stückzahlen und vieles andere mehr. »Mr. Lovelock wird Sie immer auf dem laufenden halten, aber sicher haben Sie Fragen dazu«, gibt er Buchmacher das Wort.

Buchmacher hat Fragen, aber andere, als Bosworth und Lovelock erwartet haben. Er hat keine Sicherheitsbedenken, keine Skrupel, kann sich nur nicht recht erklären, ob er dem Konzern denn tatsächlich nützlich sein könne. Bosworth zerstreut seine Bedenken. Im Grunde sagt er nichts Neues. Aber das Gewicht seiner Worte verfehlt dank der Position, die für ihn aufgebaut wurde, ihre Wirkung nicht. Die Unterhaltung bleibt lebhaft, gleitet aber ins Allgemeine über, so daß Martin seine liebe Not hat, noch einmal auf die Fixierung einer bindenden Vereinbarung zurückzukommen. Buchmacher nimmt das Angebot zur Zusammenarbeit an. Shake hands. Mr. Bosworth weist Martin in Buchmachers Gegenwart noch einmal an, die Zusammenkünfte regelmäßig zu vereinbaren und vor allem auch Buchmacher im Rhythmus ihrer Treffs zu honorieren. »Wenn der Konzern Sonderwünsche hat, die Buchmacher erfüllen kann«, betont Bosworth, »wird er sich selbstverständlich zusätzlich erkenntlich zeigen.« Und wenn auch im Augenblick noch nicht daran zu denken sei – eine Pension werde ebenfalls gezahlt.

Die weitere allgemeine Unterhaltung fördert außer der – allerdings erwarteten – Tatsache, daß Achims schöne wörtliche Gesprächsausarbeitung und -vorbereitung natürlich für die Katz war, keine Überraschungen zutage. Mr. Bosworth beendet das Gespräch, das sich immerhin über mehrere Stunden hingezogen hat. Er muß heute noch abreisen. Buchmacher und Martin ziehen sich auf ihre Zimmer zurück.

Nach wenigen Minuten treffen sie sich auf dem Flur: jeder will soeben den anderen aufsuchen, es treibt sie zum Gedankenaustausch. Das Gespräch hat beide in einer Weise beeindruckt, die sie erst spüren, als die Spannung nachläßt. Das geht nicht nur Buchmacher so, sondern auch Martin, der in diesem Augenblick nicht über den Dingen steht, sondern so involviert ist in die Atmosphäre wie Buchmacher selbst. Erst später, wieder allein, erschrickt er darüber, für den Schlag eines Augenlids fast Mr. Lovelock vergessen zu haben. Der Satz »Jetzt haben wir wirklich einen Grund zum Feiern« lag ihm deutsch auf der Zunge – er konnte ihn im letzten Moment noch hinunterschlucken. In diese harmonische Kongruenz spricht Martin seine Einladung zum Abendessen und Varietébesuch im Moulin Rouge aus. Buchmacher ist sofort begeistert. Da kann er wenigstens etwas zu Hause erzählen. »Vorsichtig«, warnt Martin, »verschweigen Sie auf alle Fälle den Anlaß Ihres Parisbesuchs!«

Das holt beide wieder auf den Boden der Tatsachen zurück.

Aber Moulin Rouge wird für sie unvergeßlich bleiben.

Man unterhält sich, ißt und trinkt, und zwar exquisit, ohne daß dadurch die Aufmerksamkeit für das Programm gestört würde. Und was für ein Programm! Conférence, die Artisten, vor allem aber das Ballett – Weltklasse! Buchmachers Augen leuchten. Martin ist mit sich und der Welt zufrieden: einen besseren Abschluß konnte es nicht geben. Sie fahren gemeinsam mit dem Taxi ins Hotel. In gehobener Stimmung versichert Buchmacher, daß dieser Parisbesuch für beide ein Erlebnis war. »Ein Erlebnis mit Ergebnis«, reimt Buchmacher. Bravo! Der Tag geht in wenigen Minuten erfolgreich zu Ende. Es ist der 30. Juli 1966 und auch der Endspieltag der Fußballweltmeisterschaft in England. Im Finale stehen sich Deutschland und England im legendären Wembley-Stadion gegenüber. Der Taxifahrer hat das Radio an. Der Reporter schildert die letzten Minuten. England gewinnt nach einem umstrittenen Lattentreffer, der in die Geschichte des Fußballs eingeht. Der Taxi-Fahrer freut sich, daß die Deutschen verloren haben. Martin freut sich auch. Er hat schließlich einen britischen Paß in der Tasche. Trotzdem darf er sich nicht zu sehr freuen, um damit Buchmacher nicht zu düpieren. Was für eine verkehrte Welt! Er übersetzt Buchmacher die Reportage. Aber den interessiert kein Sport.

Der »süße« Alltag

Das Pariser Spektakel war ein voller Erfolg, aber ein Wunder wäre es erst gewesen, wenn von nun an die Informationen von selbst kämen. Statt dessen muß Martin weiterhin unermüdliche Überzeugungsarbeit leisten. Dazu kommt, er muß sich für Materiallieferungen einsetzen, deren Wert er zwar schätzen, aber nicht ermessen kann. Die Materie in ihrer Vielfalt beherrscht er nicht. Mittlerweile hat sich indes eingespielt, Buchmacher in Hannover, im Hotel Intercontinental zu treffen. Zunächst führt Martin seine Gespräche mit ihm im Restaurant, dann zweckmäßigerweise in seinem Zimmer. Achim schlägt die Hände über dem Kopf zusammen, als ihm klar wird, welche ehernen Regeln der Konspiration dadurch verletzt werden. Aber er kann sich dem Argument nicht verschließen, daß neben den Risiken durch eine solche Kontinuität auch Vorteile entstehen. Im Hotelpersonal hat Martin wertvolle Bundesgenossen gewonnen. Der Chefportier kümmert sich persönlich um ihn, wenn das Hotel belegt ist, er wundert sich nicht mehr darüber, warum Mr. Lovelock nie Reservierungen vornimmt, sondern stets unangemeldet kommt. Das ist eben geschäftlich bedingt oder eine Marotte des Briten. Die Engländer sind ja bekanntermaßen etwas schrullig. Und schließlich hat das Interconti auch seine Solidität honoriert: seit einem Jahr schon erhält er in Brüssel die monatliche Zeitschrift der Hotelkette. Auch das ist eine Möglichkeit renommierter Häuser, die Bonität ihrer Gäste auf diskrete Weise zu überprüfen. Umgekehrt beweist es auch, wie schnell ein Gast auffliegen kann, wenn sein Hintergrund nicht stimmt. Das mögen Argumente gewesen sein, die Achim bewogen haben, über seinen Schatten zu springen. Schließlich gab Martins Erfolg ihm recht, doch sein Ehrgeiz zielte darauf, Buchmacher nach Bonn zurückzuversetzen. Das wäre nur möglich, wenn er von sich aus alles dafür in die Wege leiten würde. Der Zentrale ist bekannt geworden, daß Buchmacher in Bonn eine gute Freundin hat. Martin erfährt durch Achim davon, Buchmacher hat ihm gegenüber nie etwas durchblicken lassen. Nun drängt Achim bei jeder Treffvorbereitung, Buchmacher zu bewegen, dieser Dame zuliebe doch seine Rückversetzung anzustreben. Er begründet das Martin gegenüber mit der Hoffnung auf besseren Materialfluß. Martin hingegen vermutet dahinter eher den Wunsch Achims und der gesamten Zentrale, zum Bundesministerium des Innern als Quelle zurückzukehren, weil ihre Abteilung für dieses Ministerium zuständig ist. Im Moment fischen sie wohl unter fremder Flagge in fremden Gewässern.

Jedenfalls soll Martin sich etwas einfallen lassen, wie besagte Dame fester an Buchmacher zu binden sei. Dazu muß er Buchmacher auf das Thema bringen, und das bedeutet eine ganztägige Unterhaltung über zwischenmenschliche Beziehungen im allgemeinen und die Buchmachers im besonderen. Schließlich haben sie sich so in das Thema vertieft, daß Buchmacher ihm sogar den Namen nennt, den Martin von Achim bereits erfahren hatte. Martin besorgt bis zum nächsten Mal zwei kostbare Armbanduhren, eine für Herren, eine für Damen, und suggeriert Buchmacher, seine selbst zu tragen und die andere als Pendant der Frau seines Herzens in Bonn zu schenken als geheimes Unterpfand ihrer Verbundenheit. Was Martin zunächst für eine brauchbare Idee hält, entpuppt sich als Flop: Buchmacher trägt zwar brav seine kostbare Geschenkuhr, die andere jedoch landet bei Buchmachers Schwester in der DDR. Das haben inzwischen Achims interne Rückkoppelungskanäle ans Tageslicht gebracht. Für Martin ein heimlicher Triumph, weil er die ganze Aktion aus der besseren Kenntnis Buchmachers heraus von vornherein für ein Hirngespinst gehalten hatte.

Um Martin vom Transport der Filme von Buchmacher zu entlasten, hat Achim ihm einen Kurier zugeteilt: Liane, die Frau von Jack, versiert in der konspirativen Arbeit durch ihren langen Englandaufenthalt. Für Martin bedeutet es zwar eine nervliche Entlastung, weil er das Material nicht mehr kompliziert vercontainert selbst über die Grenze transportieren muß – oft auch noch aus Sicherheitsgründen auf langen Umwegen und umständlichen Zeitplänen auf gottverlassenen Bahnhöfen in tiefdunklen Nächten. Aber er kann nun auch nicht mehr nach dem

Treff mit Buchmacher gleich in sein Hotelzimmer zurückkehren oder die Heimreise antreten, sondern hat noch eine zusätzliche Verabredung zu absolvieren, die nach denselben konspirativen Regeln stattfinden muß wie alle anderen. Oft kehrt er erst weit nach Mitternacht in sein Hotel zurück.

Diese Methode endet abrupt. Liane fliegt bei einer Grenzkontrolle auf: ihr Container wird entdeckt. Zum Glück leer. Zum Glück vom DDR-Zoll. Damit aber muß sie sofort aus dem Verkehr gezogen werden. Martin ist wieder allein.

Buchmacher hat sich mittlerweile auf Mr. Bosworths Vorschlag eingestellt, alles zu liefern, »was über seinen Schreibtisch geht«. Die Zusatzaufgaben stellt Martin ihm von Mal zu Mal. Die Informationen fließen kontinuierlich. In dieser Phase fruchtbarer Routine kommt Achim mit lästigen Hausaufgaben. Offenbar soll die »Fremde Flagge« jetzt, da sie funktioniert, intern ihren theoretischen Abschluß erhalten. Alle Maßnahmen und Methoden, die sich bewährt haben, sollen zusammengefaßt werden, eher als Lehrbeispiel für den Hausgebrauch als zur praktischen Anwendung im laufenden Vorgang. Das Pilotprojekt soll für die Nachnutzung aufgearbeitet werden. Martin schiebt den Auftrag vor sich her. Er ist kein Freund der Theorie.

Eines Tages klingelt es an seiner Wohnungstür in der Lichtenberger Scheffelstraße. Dort wohnt er im fünften Stock eines Hauses ohne Fahrstuhl. Martin öffnet. Auf der Matte steht ein völlig erschöpfter Achim, außer Atem, bleich im Gesicht und Schweiß auf der Stirn. Neben sich, zusammengehalten mit einem Riemen, ein riesiger Stapel Bücher.

»Du kannst gleich noch einmal mit 'runter kommen, im Auto liegt die andere Hälfte«, stößt er hervor, noch ehe er eine Erklärung für den Bücherstapel gibt.

Damit wartet er auch, bis sie den zweiten Stoß heraufgeschleppt haben.

Nach einer Atempause erzählt er, daß es sich um fachwissenschaftliche Literatur über das internationale Konzernwesen handelt, die er sich in der Deutschen Bücherei in Leipzig hat zusammenstellen lassen. Daß er sie mitnehmen durfte, kombiniert Martin bei sich, kann nur internen Kanälen zu verdanken sein, denn die Deutsche Bücherei ist eine Präsenzbibliothek, die Bücher nicht ausleiht.

Aber nun stehen an die dreißig Bände bei ihm im Wohnzimmer. »Die sollst du studieren«, erklärt Achim, ohne eine Miene zu verziehen, »und daraus entwickelst du eine theoretisch fundierte Strategie, wie ein Konzern vom Schlage »English Electric« sich eine Art Lobby schafft, um, mal grob gesprochen, seinen Profit zu steigern.« Das müsse natürlich so nicht wörtlich herauskommen, schränkt er ein, sondern wissenschaftlich belegt erscheinen.

Noch ehe Achim mit seiner Erklärung am Ende ist, geht Martin temperamentvoll in die Defensive. Teils, weil er jede plötzliche Neuerung erst einmal verdauen muß, teils weil ihm das Thema komplett nicht behagt. Seine Stärken liegen nicht in der Analyse der Volkswirtschaft oder gar der Erklärung des westlichen Konzernwesens, das er in der DDR überwunden glaubt. Ja, wenn es sich bei den Büchern um schöngeistige Literatur gehandelt hätte! Außerdem: Das scheint ihm ein Stoff zu sein, durch den sich Studenten in Vorlesungen und Seminaren quälen müssen, aber immerhin mit der ständigen Möglichkeit, zu fragen und zu diskutieren.

»Ich aber«, schmettert er Achim entgegen, »sitze hier im stillen Kämmerlein und kämpfe mit einem Stoff, der mich nicht interessiert, zu dem ich keine Vorkenntnisse habe, über den ich mit niemandem sprechen kann.«

Achim hat den Ausbruch erwartet. »Ein Kerl wie du schafft das«, mit dieser und ähnlichen Schmeicheleien geht er Martin um den Bart, der natürlich von Anfang weiß, daß Widerstand zwecklos ist. Da steht schon die »ganze Leitung« dahinter, wer immer das auch sein mag. Also fügt er sich in sein Schicksal.

Es folgen Wochen, in denen er Achim kaum sieht. Am liebsten würde Martin sich vor der ungeliebten Aufgabe drücken. Klägliche Versuche, den Stoff zu packen, scheitern. Martin weicht aus. Er steigt wieder stärker in die Sportredaktion des »Neuen Deutschland« ein, in der er noch von seiner Leipziger Zeit her hin und wieder mitgearbeitet hat, trainiert ehrenamtlich eine Handballmannschaft, die Berliner Meister wird. Allmählich aber begreift er, daß er mit seiner Verzögerungstaktik den ganzen Vorgang aufhält. Alle guten Vorsätze nützen nichts, Achim setzt ihm schließlich einen konkreten Termin.

Doch dann stößt er in mehreren Texten auf Themen, die geradezu maßgeschneidert zu sein scheinen für seinen Vorgang. Fast durchweg geht es in der Literatur um Fragen der Absatzsteigerung, Erhöhung der Produktivität bei gleichzeitiger Erweiterung der Produktpalette, um eine effektive Marktausnutzung und parallele Erschließung ganz neuer Märkte. Die Konzerne entwickeln komplizierte Strukturen, um diese Gebiete zu erforschen und praxiswirksam zu bedienen.

Martin traut seinen Augen kaum: die Literatur führt Firmen an, die Intelligence-Büros, -Committees, -Departments besitzen und in ihrer Branche praktisch das betreiben, was er seiner »Fremden Flagge ›English Electric‹« andichten will. Aus der einschlägigen Substanz vieler Firmen filtert er das Geeignete für EE heraus und bündelt es für seine fiktiven Interessen. Eine theoretische Abhandlung von vierzig Seiten entsteht.

Sie wird bestätigt. »English Electric« wurde um einen Marketingzweig erweitert: das Intelligence Committee mit seinem Verwaltungsorgan, dem Intelligence Department. Vorsitzender und gleichzeitig Mitglied im Aufsichtsrat ist Mr. Bosworth, der Chef von Mr. James R. Lovelock.

Doch das theoretische Konzept bewirkt für die Zusammenarbeit mit Buchmacher nichts. Ob es bei Planungen für andere Vorgänge nützlich ist, erfährt Martin auch nicht. »Querverbindungen« personeller wie inhaltlicher Art sind strengstens tabu. Gerade das wird zu einem Problem, als Achim ihn bei der Rückkehr von einem Treff mit Buchmacher mit den Worten überrascht: »Den Bericht brauchst du diesmal nicht zu Hause zu schreiben. Wir haben eine Außengruppe gebildet. Euer Büro ist in der Fehrbelliner Straße in einem ehemaligen Frisörgeschäft. Dort seid ihr zu fünft, wenn alle gleichzeitig da sind, die meisten kennst du schon.«

Martin, der auf die Neuigkeiten wie immer unwillig reagiert, geht erst einmal in Abwehrstellung. »Was soll denn damit bezweckt werden, habt ihr Angst, daß wir zu Hause ein lustiges Leben führen, während ihr euch oben im Hause abschindet?« Das Prädikat »oben« und »im Hause« hat sich eingebürgert und ist äußeres Zeichen für eine unverkennbare Rivalität, die zwischen den festen und den inoffiziellen Mitarbeitern herrscht. Sie resultiert daraus, daß nur die sogenannten Festen Zugang zum Haus und alle damit zusammenhängenden Privilegien haben, wie Urlaubsreisen, Krankenbetreuung in der eigenen Poliklinik

149

und ähnliche Erleichterungen. Vor allem aber sitzen sie an der Quelle und erfahren Informationen aus erster Hand, die sie dann ihren staunenden Inoffiziellen, den »tumben Laien«, servieren. Achim läßt Martin in Ruhe ausreden. Dann nennt er ruhig zwei Gründe für die Einrichtung von Außengruppen: erstens wolle man vermeiden, daß die Inoffiziellen sich als Einzelkämpfer fühlen, die auch in der eigenen Familie keinen echten Meinungsaustausch mehr pflegen können, falls sie es mit der Konspiration ernst nehmen. Dem sei man schon begegnet, indem man die unmittelbaren Angehörigen zum Schweigen verpflichtet habe. Zweitens aber könne ein allgemeiner fachlicher Austausch zwischen den einzelnen Mitarbeitern von Vorteil sein. Zwar dürften sie natürlich nicht über Interna ihrer operativen Tätigkeit sprechen, aber man könne zum Beispiel ein Parteilehrjahr durchführen, oder über prinzipielle Fragen der konspirativen Arbeit reden, wie die Legendenbildung, Sicherheitsprobleme im Operationsgebiet, Umgang mit Zweitdokumenten und vieles andere mehr – eine Art Produktionsberatung eben.

Martin lenkt ein. Es ist ihm, bei einiger Überlegung, auch lieber, früh regelmäßig aus dem Haus zu gehen, seine Berichte, Pläne und anderen Ausarbeitungen nicht zu Hause, sondern in einem Büro zu schreiben, zumal in der neuen Außenstellle auch eine Sekretärin arbeiten soll, wie Achim hinzufügt. Die Zusammensetzung ist angenehm. Martin soll als Leiter der Außenstelle fungieren, Reinhold als sein Stellvertreter, ferner ist sein alter Englischlehrer Jack alias Mr. Bosworth vorgesehen mit seiner Frau Liane. Einen fünften Mann kennt er noch nicht, der ist ihm aber schon unbesehen sympathisch, weil er von Beruf Sportlehrer mit einer DHfK-Ausbildung ist.

»Bleib' morgen früh erst mal zu Hause und warte auf mich«, schließt Achim, »ich bringe dich hin.« Der Frisörladen ist schon von weitem erkennbar. Die Rolläden vor Schaufenster und Ladentür sind heruntergelassen, sonst hätte man von der Straße aus hineinsehen können. Drinnen sitzen sie im ehemaligen »Salon« bei Neonlicht. Der Raum ist nur notdürftig hergerichtet. Hinter den Schreibtischen, die eher Schulpulten ähneln und im Halbrund postiert sind, ragen noch die Wasseranschlüsse aus der Wand.

Martin rümpft die Nase. Das Provisorium paßt ihm nicht. Aber als er sich mit der »Belegschaft« bekanntmacht, bessert sich seine Laune. Werner, der einzige Neue, ist ein athletischer Mittzwanziger. Achim stellt sie alle noch einmal offiziell vor und gibt die Hierarchie bekannt. Dann verabschiedet er sich für heute. Er hat seinen Arbeitsplatz nach wie vor »im Hause«. Die Außenstelle ist sich selbst überlassen. Da jeder seine Aufgabe hat und sich von anderen nicht in die Karten schauen lassen darf, ist die Ernennung eines Leiters für diese heterogene Truppe eine reine Formalität. Martin wird im Salon freundschaftlich begrüßt. Vom ehemaligen Ladenraum führt eine Tür zu einem kleinen Flur mit Falltür zum Keller und einer weiteren Tür zum Treppenhaus. Jenseits des Flurs liegt ein kleines Zimmer. Das haben sie für Martin reserviert.

Er ist dankbar dafür, daß er allein sitzen kann, denn ohne die nötige Ruhe fällt es ihm stets schwer, sich zu konzentrieren. Seine Hauptaufgabe wird nach wie vor das Schreiben von Berichten, Plänen, Konzeptionen, Entwürfen für die weiteren operativen Vorhaben sein. Das Fenster gegenüber seinem Schreibtisch erlaubt den Blick zum Hof, es ist mit dicken Eisenstäben vergittert. Leider führt das Fallrohr des vierstöckigen Hauses durch den Raum und rauscht unüberhörbar. Daran wird er sich gewöhnen müssen wie an die S-Bahnheizung hinter seinem Schreibtisch, die den Kachelofen ergänzen soll.

Nach dem ersten Schnupperkontakt verstehen sie sich gut; da jeder an einer anderen Sache arbeitet, findet zwar kein konkreter Gedankenaustausch statt, trotzdem entstehen Gemeinsamkeiten, wenn man sich täglich so auf der Pelle sitzt. Da müssen die beiden Kachelöfen geheizt, täglich Kohlen aus dem Keller hochgeschleppt werden. Martin entwickelt sich zum Heizungsspezialisten, in seiner letzten Wohnung hatte er ebenfalls eine solche Ofenheizung und Gelegenheit, Erfahrungen zu sammeln.

Frühstück bringen sie sich mit, Mittagessen erfolgt individuell je nach Anwesenheit. Das Kaffeekochen besorgt meistens Liane. Ihre Rolle ist etwas unglücklich, zwar sollte sie auch Sekretärinnentätigkeit übernehmen, aber da keiner seine Manuskripte preisgeben darf – was bleibt da für sie zu schreiben?

Das ändert sich im Laufe der Zeit. Es zeigt sich nämlich, daß die geforderte Diskretion auf Dauer nicht durchzuhalten ist, wenn fünf Menschen täglich auf engstem Raum zusammengepfercht sind. Da ergibt ein Wort das andere, und da die Materie, die sie behandeln, die gleiche ist, fällt es ihnen nicht schwer, aus einem achtlos hingeworfenen Wort Schlußfolgerungen zu ziehen. Schließlich weiß jeder von jedem so in etwa, was er macht. Nur Achim merkt das nicht, jedenfalls offiziell nicht. Allmählich argwöhnen sie, daß »die oben« eine solche Kommunikation erwartet haben, denn bald wird eine gemeinsame Schulung eingeführt nach Art des »Hauses«, die konspirative Probleme umfaßt, wie Martin sie von Achim im Privatunterricht gelernt hat. Dazu kommt das Parteilehrjahr, das analog zu Betrieben die üblichen tagespolitischen Fragen sehr formal abhandelt.

Im Laufe der Jahre erlebt Martin drei solcher Außengruppen, die ähnlich der ersten in Parterrewohnungen untergebracht sind. Sie tragen alle fiktive Firmennamen auf attraktiven Messingtafeln. Die »Belegschaften« wechseln, aber ein »Stamm« bleibt bei jedem Umzug erhalten. Obwohl sie nie darüber sprechen: sie alle sind eigentlich überzeugt davon, daß die übrigen Hausbewohner ahnen, wer hier residiert. Aber der Umgang miteinander ist überall unbeschwert, man unterhält sich, hilft sich gegenseitig bei Reparaturen, es gibt nirgends Schwierigkeiten oder brisante Fragen. Martin freundet sich allmählich mit der Regelmäßigkeit an, die solche Büros in seinen Alltag bringen, solange er im Lande ist. Außerdem erleichtert es ihm das Leben in der häuslichen Umgebung: Er geht morgens zur Arbeit, wie es sich für einen ordentlichen DDR-Bürger gehört, abends kommt er nach Hause. Es gibt keinen Anlaß für überflüssige Fragen. Aber das Privatleben verarmt. Unter seinen Freunden und Bekannten stand Martin früher meist im Mittelpunkt. Jetzt gehen ihm die Themen aus, und mit ihnen verschwindet, zunächst unmerklich, dann spürbar, seine Unbefangenheit. Angst schleicht sich ein, Fehler zu machen, das verleitet zu weiteren Fehlern. Er sucht nach Namen und Begriffen. Schließlich wird ihm seine eigene Stimme fremd. Er preßt die Vokale, verhaspelt sich bei den Konsonanten. Je mehr er sich um Natürlichkeit bemüht, desto mehr entfremdet er sich seiner selbst. Er registriert die Veränderungen seines nervlichen Zustands, kann sie nicht mehr steuern oder gar beheben.

Das Leben außer Landes wird von den Begegnungen mit Buchmacher bestimmt, die in einem festen Turnus von vier bis sechs Wochen stattfinden. Aber das sind auch schon die Höhepunkte seiner Reisen. Davor und danach erfolgen die ermüdenden und immer wieder wechselnden Abschnitte und Maßnahmen zur Absicherung des Vorgangs. Dabei trägt er nicht nur die Verantwortung für sich, sondern auch für Buchmacher, den er nicht gefährden darf, dessen Unbefangenheit erhalten bleiben und der gerade deshalb vor Leichtsinn geschützt werden muß. Das schweißt beide zu einer Sicherheitspartnerschaft zusammen, von der Buchmacher allerdings nichts zu spüren bekommt. Martin ist jedesmal mindestens zwei Wochen unterwegs. Die Reisen sind nicht nur lang und zeitraubend, sie fordern auch höchste und ständige Konzentration. Denn Überraschungen bleiben trotz gewissenhafter Vorbereitung nicht aus. Als Martin im Morgengrauen eines trüben, naßkalten Februartags mit dem Nachtzug aus Berlin in Köln eintrifft, traut er seinen Augen nicht: der Bahnhofsvorplatz verwaist, Räumkolonnen beseitigen tonnenweise Müll, die Innenstadt scheint in einem bürgerkriegsähnlichen Zustand zu sein, die Scheiben der Banken, Versicherungen, Restaurants und Geschäfte rund um den Dom sind mit Holzbohlen verbarrikadiert und Straßen gesäumt von roh gezimmerten menschenleeren Tribünen: die »fünfte Jahreszeit« war an jenem düsteren Aschermittwoch zu Ende gegangen!

In dieser gespenstigen Szene steht nun ein seriös gekleideter Herr mit seinem eleganten Koffer in der Hand und bereit, unauffällig abzusichern.

Warum hatte man daran zu Hause nicht gedacht?

Er kann seine Reisen, die auch schön und interessant sind, nicht mehr genießen. Die fremde Identität ist allgegenwärtig, macht jede zwanglose Unterhaltung zur latenten Gefahr. Eines Tages steigt eine Frau in sein Zugabteil, sie ist eben gestürzt und hat sich den Fuß verstaucht. Die übrigen Fahrgäste sind hilflos. Martin versieht den Knöchel mit einer Elastikbinde. »Geben Sie doch ruhig zu, daß Sie Arzt sind«, ermuntern ihn die Reisenden, als er sich gegen die plötzlichen Avancen wehrt. Die Frau möchte sich erkenntlich zeigen. Nur mit einer Portion Arroganz kann Martin verhindern, daß es zum Adressenaustausch kommt. Ähnliches passiert ihm später, als eine jugendliche Reisegruppe aus Westberlin, die in sein Zugabteil einsteigt und nach Südfrankreich in Urlaub fährt, mit ihm in Briefwechsel treten will. Um all dem aus dem Wege zu gehen, verbieten sich auch abendliche Restaurant- oder Barbesuche. Jedes Gespräch, jede flüchtige Bekanntschaft könnte den Wunsch nach einer Weiterführung des Kontakts auslösen. Das kann er nicht riskieren. Selbst für die Verweigerung eines Adressenaustauschs müßte er eine fiktive Begründung finden. Da bleibt die freiwillige Isolierung der einzige Ausweg. Fortan verschanzt er sich im Zug hinter seiner Zeitung, schläft oder verschlingt einen Taschenbuchkrimi nach dem anderen, um Kontakte zu vermeiden. Ebenso verhält er sich abends im Hotel, in denen Fernseher noch nicht zur Standardausrüstung zählen. Er liest auch dort. Die Bücher und Zeitschriften darf er nicht mit nach Hause nehmen. Dennoch stehen heute in seinen Bücherregalen einige Meter illegal eingeschleuster Kriminalromane, mit denen er sich damals manche Nacht um die Ohren geschlagen hat.

Die Einhaltung der Sicherheit erfordert, sich an den Zwischenstationen eine angemessene Zeit aufzuhalten. Wie er sich dabei verhält, hängt von der jeweiligen Legende ab, die wiederum bestimmt wird durch das Dokument, das er benutzt. Fährt er über Dänemark, bietet es sich an, als Tourist zu reisen. Also wird er eine Stadtrundfahrt in Kopenhagen machen oder anderswo Sehenswürdigkeiten betrachten. Weilt er dagegen in Köln oder Frankfurt als Geschäftsmann, sucht er einschlägige Firmen oder Bibliotheken und Institute auf und muß sich zuvor überlegen, wonach er fragen will.

Aber wo auch immer – überall ist ein mehrtägiger Aufenthalt im Hotel nicht ohne Risiko. Zwar kann sich jeder normale Reisende leisten, den ganzen Tag auf seinem Zimmer zu bleiben, nicht aber Martin, der darauf bedacht sein muß, nicht aufzufallen. Also muß er nach dem Frühstück raus aus seinem Zimmer und tun, was die Legende ihm vorschreibt. Das will nicht nur überlegt sein, das strengt auch körperlich an. Er marschiert endlos durch die Städte, solange er in Bewegung ist, fällt er nicht auf. Aber er muß sich auch standesgemäß verhalten. Als englischer Geschäftsmann kann er kaum an einem Imbißstand sein Mittagessen einnehmen.

Die fiktive Identität hält ihn ständig am Schlafittchen, und hat er schon mal die Chance, die Pflicht mit seinen privaten Interessen zu verbinden, dann scheitert er an der Tücke des Objekts: In Ostende könnte er als Tourist am Strand liegen und baden. Wohin aber mit dem britischen Paß, wenn er ins Wasser geht? Er kann ihn nicht mit zur Aufbewahrung seiner Garderobe abgeben. Ein normale Bürger, gleich welcher Nation, könnte bei Verlust des Ausweises eine Fahndung einleiten lassen – er nicht. Das schränkt seinen Aktionsradius stets und überall ein. Ein einziges Mal hat er Glück: Um auffällige Fahrten in kurzen Abständen zu vermeiden, erhält er den Auftrag, sich mehrere Tage in Garmisch-Partenkirchen aufzuhalten. Dort macht er wirklich Urlaub.

Nach drei Jahren

Jetzt ist der Moment gekommen, Achims Zusage einzufordern, ihn wieder ins Zivilleben zu entlassen.
»Wir wollen dich für zwei oder drei Jahre aus dem Beruf herauslösen«, hatte er damals gesagt. Drei Jahre sind um. Das, was von ihm gefordert war, ist getan. Die Begegnungen mit Buchmacher in Hannover haben sich auf ein konstantes Schema eingespielt: Sie essen im Restaurant Interconti und unterhalten sich dann mehrere Stunden ungestört in Martins Zimmer.

Er trägt Buchmacher seine nächsten Wünsche vor, Buchmacher hingegen berichtet, was sich auf den Filmen befindet, die er mitgebracht hat.

Martin hat ein stabiles System aufgebaut; er muß sich nicht den Vorwurf machen lassen, eine halbfertige Sache zurückzulassen. Er spricht Achim an:

»Was ist mit deiner Zusage, ich könnte auch wieder in meinen Beruf zurückgehen?«

Martin sieht ihn schweigend an.

»Was hast du für Vorschläge?« fragt er dann zurück.

Konkrete Pläne hatte Martin nicht. War das seine Sache? Und mit wem hätte er auch darüber sprechen können. Inzwischen vermeidet er sowieso jedes Gespräch, das Gegenfragen provoziert.

Aber das meint Achim gar nicht. Er will wissen, wen Martin als Nachfolger empfehlen könnte. Beide überlegen. Achim kommt auf Reinhold. Der hätte den Vorteil, den Vorgang zu kennen, auch Buchmacher und der wiederum ihn. Das würde den Übergang verkürzen.

Obwohl Martin kein gutes Gefühl dabei hat, stimmt er eilig zu. Reinhold (mit Schweizer Paß) spricht weder Englisch noch eine andere Sprache der viersprachigen Schweiz. Die Konzernkenntnisse müßte er sich auch aneignen. Aber das wäre die kleinste Sorge. Er paßt nach Martins Meinung mit seiner Neigung zu burschikosen Anspielungen nicht zum sensiblen Buchmacher und dessen Ambitionen zum gesellschaftlichen Aufstieg. Das aber sagt er Achim nicht, denn schließlich will er raus aus seiner Verpflichtung. Vielmehr wird vereinbart, Buchmacher nächstes Mal die Möglichkeit eines solchen Wechsels versuchsweise anzudeuten. Das Echo ist niederschmetternd. Nicht, daß Buchmacher eine Aversion gegen Reinhold hätte. Die Bedenken, die Martin insgeheim hatte, spielen überhaupt keine Rolle. Buchmacher ist beleidigt und Martin braucht lange, um den Grund dafür herauszufinden.

»Das müssen Sie verstehen, Mr. Lovelock«, rückt er schließlich heraus, »wir haben jetzt jahrelang zusammengearbeitet, und nun schieben Sie mich an einen Ihrer Untergebenen ab. Ich fühle mich, entschuldigen Sie, unter Wert verkauft.«

Martin ist bestürzt. Damit hatte keiner gerechnet. Nun geht es um Schadensbegrenzung. Er spricht mit Buchmacher wie mit einem kranken Gaul. Aber der will nicht, zieht sich in sich selbst zurück und trotzt. So kann man keine Geschäfte machen.

Achim ist kaum enttäuscht, als Martin von seinem Mißerfolg berichtet. Erwartet hat er ihn sicher nicht, aber insgeheim wohl gewünscht. Eine Ersatzlösung hat Achim jedenfalls nicht. Martin hingegen möchte nichts unversucht lassen. Er bringt einen neuen Mann ins Spiel, einen Journalisten, der jahrelang in den USA in Kriegsgefangenschaft war und daher perfekt amerikanisch spricht. Das ist zwar nicht gleichbedeutend mit Englisch, wäre aber im Vorgang zur Not auch verwendbar. Nach der notwendigen Überprüfung ist Achim einverstanden. Aber jetzt muß dieser Mann von Grund auf vorbereitet werden. Martin wird mit ihm zunächst nach England geschickt. Sie reisen mit westdeutschen Reisepässen wieder auf getrennten Wegen an. Als unverkennbarer Treffpunkt in London wird zu Hause der Marble Arch am nordöstlichen Ende von Hyde Park Corner festgelegt. Martin hat den kleinen Triumphbogen noch gut von seinen Reisen zur Insel in Erinnerung.

Angekommen sucht Martin den Ort auf und versinkt vor Schreck fast in den Boden. Hier haben die Londoner Stadtarchitekten ganze Arbeit geleistet. Marble Arch liegt jetzt auf dem Mittelstreifen einer sechsspurigen Autostraße. Von dort aus sollte Hannes, Martins Kandidat, in westlicher Richtung weiter gehen, sobald er Blickkontakt mit Martin aufgenommen hätte. Martin, vom Hyde Park kommend, sieht Hannes schon stehen: mitten auf der Fahrbahn. Sobald er Martin sieht, setzt er sich auftragsgemäß nach links in Marsch – schnurgerade am Mittelstreifen entlang. Was bleibt Martin übrig – er muß ihm nach, denn eine Ausweichmöglichkeit ist nicht vereinbart. Da sich rechts und links neben der Autostraße keine Fußwege befinden, marschiert er wie mit Siebenmeilenstiefeln hinterher. Autos hupen, Fahrer schimpfen, fehlt nur, daß noch ein Bobby kommt und ihre Identität feststellt. Martin holt Hannes schließlich ein. Er hatte ja nichts falsch gemacht, hatte sich nur stur an die Abmachung gehalten. Schuld war wieder einmal eine Vereinbarung am grünen Tisch auf der Grundlage eines veralteten Londoner Stadtplans.

Martin zeigt Hannes so viel wie möglich von der Stadt, vor allem die Firmensitze von EE. Von hier aus fahren dann beide über Dover und Ostende nach Brüssel, und Martin stellt seinen Nachfolger in spe den Vermietern vor. Sie akzeptieren ihn sachlich, aber fragen besorgt, ob Mr. Lovelock denn nun nicht mehr käme. Er läßt das offen.

Wieder zu Hause, ist Martin nun der Skeptiker. Hannes hat die ganze Reise über keinen gravierenden Fehler gemacht, aber Martin fürchtet dennoch das Ende der Zusammenarbeit mit Buchmacher, Hannes paßt einfach nicht zu ihm. Selbst wenn er zufällig auch denselben Werdegang wie Martin hat, Sportlehrer und Journalist, rät er Achim ab, das Experiment mit ihm fortzusetzen. Er hat ein ungutes Gefühl. Vor allem wird ihm einmal mehr bewußt, wie sehr die Zusammenarbeit mit Buchmacher ihm ans Herz gewachsen ist. Er bleibt ein Gespann mit Buchmacher.

Männerfreundschaft

Der Prager Frühling, Dubcek und die Ereignisse in der Tschechoslowakei 1968 mit dem Einmarsch der Truppen des Warschauer Vertrages verschlagen Martin für drei Wochen in die Bundesrepublik. Er trifft sich zunächst mit Buchmacher und stellt fest, daß außer erhöhter Alarmstufe keine Gegenmaßnahmen von westlicher Seite geplant sind. Achim hat befohlen, ständigen Kontakt mit Buchmacher zu halten und Veränderungen im Alarmzustand sofort zu melden. Martin quartiert sich im Hamburger Hotel Atlantic ein, sucht Buchmacher von dort aus mehrmals auf, gibt ihm auch seine Hamburger Telefonnummer. Der Aufwand erweist sich als überflüssig. Der Westen reagiert nicht. Dennoch hat der Aufenthalt für Martin ein Nachspiel. Als er das nächste Mal in seine Wohnung nach Brüssel kommt, liegt ein Brief vom Chefportier des Hotels Atlantic im Kasten. Handschriftlich, sehr persönlich und ausführlich schreibt er höflich, daß er bei Martins letztem Aufenthalt leider vergessen habe, ihm den Fernseher, den er auf sein Zimmer hatte bringen lassen, zu berechnen. Dafür möchte er sich vielmals entschuldigen. Martin möchte doch bei seinem nächsten Besuch oder durch eine Anweisung ihm das Geld erstatten, das er jetzt erst einmal aus seiner Tasche hätte zahlen müssen. Martin dankt seinem Schicksal, denn ohne die Wohnung in Brüssel hätte seine britische Identität auf dem Spiel gestanden.

Auch für die Zusammenarbeit mit Buchmacher besteht Brüssel seine Bewährungsprobe. Martin findet einen Brief vor, in dem Buchmacher ihm mit Bedauern mitteilt, daß er an einem Bandscheibenvorfall leide und in einer orthopädischen Klinik in Bad Oeynhausen operiert werden müsse. Martin sucht ihn mehrmals in der Klinik auf. Natürlich kann er dort kein Material besorgen. Aber Martin pflegt den Kontakt, läßt sich Stimmungsberichte geben und bereitet die weitere Zusammenarbeit nach Buchmachers Rekonvaleszenz vor. Der, noch nicht wieder ganz auf den Beinen, bittet Martin, ihn doch zu Hause aufzusuchen, damit er sich die Fahrt nach Hannover sparen kann. Martin sichert sich ordnungsgemäß ab und sucht Buchmacher in seinem Einzimmerappartement in Kasernennähe auf. Die Wohnung ist spartanisch eingerichtet. Zwei Barrasspinde verunzieren das Zimmer, das er wahrscheinlich selten benutzt. Nach dem Gespräch macht Buchmacher den Vorschlag, Martin sein Dienstzimmer vorzuführen. Martin ist nicht wohl dabei. Sie gehen nicht durch das offizielle Tor, sondern Buchmacher hat den Schlüssel für eine kleine Pforte in der Kasernenmauer gegenüber seiner Wohnung. Dann betreten sie das Haus, ohne daß jemand Notiz davon nimmt. Buchmacher schließt sein Zimmer auf, er zeigt Martin den Schreibtisch, öffnet den Panzerschrank und erklärt ihm den Inhalt. Martin kann kaum folgen, so schnell geht das. Buchmacher zeigt ihm, wie er an seinem Schreibtisch im Büro fotografiert. Martin wird regelrecht angst und bange, bei dem Gedanken, es könne jemand hereinkommen. Aber Buchmacher beruhigt ihn. Sie verlassen die Kaserne, diesmal aber durch das Haupttor. Der Posten salutiert vor Buchmacher. Der Posten salutiert vor Martin. Der hebt lässig die Hand zur Stirn.

Der nächste Besuch führt Martin an die Grenze. Buchmacher fährt in seinem eigenen Wagen und in Zivil. Plötzlich taucht wenige Meter voraus ein Wachturm auf, schon auf der DDR-Seite. Buchmacher hält beim bundesdeutschen Posten. Der macht eifrig seine Meldung. Auf der anderen Seite bricht indes Hektik aus. Immer mehr Offiziere tauchen auf, fotografieren permanent. Offensichtlich interessiert sie der Fremde. Buchmacher erklärt Martin die Grenzanlagen, der läßt sich berichten, wie auf westlicher Seite die Grenze gesichert ist, wie sie Posten gehen, was das Niemandsland zwischen den beiden Fronten bedeutet. Ein Offizier wird herangerufen, der Martin die Einzelheiten erläutern soll. Drüben wird pausenlos fotografiert. Martin stellt sich vergnügt vor, wieviel Arbeit Achim haben wird, um alle Bilder, die heute geknipst werden, aus dem Verkehr zu ziehen.

Auf der Heimfahrt erklärt Buchmacher, spürbar indigniert, daß mit der Überführung des Bundesgrenzschutzes von einer militärischen in eine Polizeieinheit auch die alten militärischen Dienstgrade verschwunden sind. Aus ist es mit dem Oberst, dem Colonel, der er war. Jetzt hat er einen Beamtentitel. Polizeibeamter – das mag wohl ehrenhaft sein, aber Eindruck macht man mit einem Offiziersdienstgrad eher. Martin nimmt Anteil und tröstet.

Wieder gibt es zwei Veränderungen, die sich auf die Zusammenarbeit mit Buchmacher auswirken. Die erste: er heiratet. Das hat die Zentrale auch über die Verbindung von Reinhold zu Buchmachers früherer Freundin nicht vorher erfahren. Von nun an versiegt dieser Kanal ganz, was menschlich verständlich ist und operativ nicht schadet. Martin gratuliert herzlich und läßt beste Empfehlungen an die Frau Gemahlin ausrichten. Sie ist Ärztin, wohnt am Ort in einer kleinen Villa, in die er auch schon eingezogen ist. Es scheint ihre zweite Ehe zu sein, denn sie hat einen erwachsenen Sohn. Martin stellt von sich aus keine Fragen, um nicht aufdringlich zu erscheinen.

Die zweite Überraschung: Buchmacher ist befördert und als Kommandeur zur übergeordneten Einheit in die Landeshauptstadt versetzt worden. Dort hat er sich eine Dienstwohnung zugelegt, wieder direkt gegenüber der Kaserne, nicht ganz so spartanisch eingerichtet wie sein bisheriges Domizil. Wieder ein Grund zu gratulieren. Diesmal aber auch sich selbst, denn er verbindet mit der Beförderung die Hoffnung auf Informationen aus gehobener Ebene.

Bald ändern sich ihre Gewohnheiten. Buchmachers Vorschlag, sich nun in seiner Dienstwohnung zu treffen, findet Gnade in Achims Ohren und ist logisch. Damit endet für Martin eine Ära regelmäßiger Besuche im Hotel Intercontinental, die nicht nur der Zentrale, sondern auch Martin selbst Kopfschmerzen zu bereiten begann. Noch ist er belustigt, als die Hoteldirektion ihm zum 25. Besuch einen opulenten Präsentkorb auf sein Zimmer schickt. Erschrocken aber ist er, als sich die Zeremonie beim 50. Besuch wiederholt. Er weiß nicht, wohin mit den Sachen. Mitnehmen kann er sie nicht, schenkt also Buchmacher so viel Verderbliches wie möglich. Zum Glück ist der ein praktischer Mensch und nimmt solche Geschenke nicht übel. Was Martin selbst spürt und die Zentrale bereits vermutete: Er wird auffällig. Als Illegaler kann man sich keine allzu festen Bindungen leisten. Es gab schon Anzeichen, die nachdenklich machten. Beispielsweise teilte ihm der Chefportier einmal hinter vorgehaltener Hand mit, daß ein Herr sich bei ihm gemeldet habe, der gern Martins Bekanntschaft machen würde, damit schielte er unmerklich in die Richtung, wo dieser Herr saß. Natürlich war Martin zunächst erschrocken, sagte sich aber sofort, daß offizielle Organe nicht erst fragen würden, wenn sie seiner habhaft werden wollten. Also bekundete er dem Portier eiskalt, auf irgendwelche Bekanntschaft keinen Wert zu legen.

Ein anderes Mal kommt er während der Messe nach Hannover, unangemeldet wie immer. Natürlich ist alles besetzt. Wieder hilft ihm der Chefportier und verweist auf Privatzimmer, die ihm für solche Zwecke zur Verfügung stünden. Der Not gehorchend, ist Martin einverstanden. Der Portier ruft die Vermieterin an, sie erscheint wenig später an der Rezeption und nimmt ihn mit zu sich. Ganz in der Nähe hat sie eine Wohnung, in der sie mit ihrem Mann lebt, darüber aber noch ein Appartement zum Vermieten. Sauber, komfortabel. Nur leider wird Martin seine junge und hübsche Vermieterin nicht los. Als sie schließlich auch noch mitteilt, daß ihr Mann Nachtdienst habe, weiß Martin Bescheid und hat seine liebe Not, die Frau hinauszukomplimentieren.

Zur nächsten Verabredung erscheint Buchmacher aufgeregt.

»Die Einheit der britischen Rheinarmee in Niedersachsen feiert den Geburtstag der britischen Königin«, teilt er Martin mit. Er ist als Ehrengast eingeladen und soll eine Rede halten. Aber nicht eine Allerweltsgrußadresse, sondern eine persönliche Ansprache – und in englisch. »Da müssen Sie mir helfen, Mr. Lovelock!«

Martin kann den Wunsch schlecht abschlagen und überlegt angestrengt, wie er wohl Zeit gewinnen kann.

»Was soll denn drinstehen?« fragt er schließlich.

»Ach, das überlasse ich ganz Ihnen, Sie wissen mit solchen Zeremonien bestimmt besser Bescheid.«

»Ja, natürlich«, ringt Martin sich ab. Bilder von seinen Besuchen des Buckingham-Palastes, Windsor, der Houses of Parliament wirbeln ihm durch den Kopf. Aber nirgends ein Anhaltspunkt für eine Rede. Schließlich fällt ihm das Wörterbuch in seiner Rocktasche ein. Er überlegt, was er aus einem solchen Anlaß früher in der Börsenblatt-Redaktion gesagt hätte, zum Beispiel zur Feier der Großen Sozialistischen Oktoberrevolution, er muß sozialistisches Bla-Bla ins Royalistische übersetzen. Mit Buchmacher stimmt er sich noch über einige persönliche Aspekte ab. Dann zieht er sich ins Nebenzimmer zurück und schreibt mit Hilfe seines Wörterbuchs eine Rede von knapp einer Seite auf. Die üblichen Floskeln zu solchen Anlässen, aber auf englisch. Buchmacher strahlt. Martin bangt dem nächsten Besuch etwas entgegen. Vier Wochen später berichtet Buchmacher stolz von seinem Erfolg. Eigentlich hat Martin trotz gewisser Skepsis nichts anderes erwartet. Denn mögliche Sprachfehler hätten sie Buchmacher als Deutschem nachgesehen. Andere Probleme mit der britischen Identität hingegen sind nicht so einfach zu lösen. Buchmacher will unbedingt mit seiner Frau zu einer Art Hochzeitsreise nach England fahren. »Können Sie uns da vielleicht einen Tag opfern, um uns London zu zeigen?«

Der Wunsch ist nur allzu verständlich, aber er kann ihn Buchmacher unter keinen Umständen erfüllen und versteckt sich hinter der strikten Weisung von Mr. Bosworth, die Diskretion ihrer Zusammenarbeit nicht mit persönlichen Dingen zu vermischen.

Martin zitiert sicherheitshalber noch ganze Abschnitte seiner Ausarbeitung zur Intelligence-Arbeit des Konzerns und ist plötzlich dankbar, daß er sich damals solche Mühe damit hat machen müssen. Ein kleiner Rest Enttäuschung ist Buchmacher anzumerken, wahrscheinlich hat er seiner Frau schon Versprechungen gemacht. Aber der Ärger verfliegt und tut der Freundschaft keinen Abbruch.

Eine ähnliche Erfahrung macht Martin mit seinen Wirtsleuten in Brüssel.

In ihrer Emigration während des Zweiten Weltkrieges in England haben sie einen britischen Oberst kennengelernt. Es entstand eine dauerhafte Freundschaft. Noch jetzt besuchen sie sich gegenseitig von Zeit zu Zeit. Nun hat der Oberst sich angesagt, und Madame Couche und Monsieur Cruls möchten Martin mit dem Oberst bekannt machen.

Die englische Identität ist überall glaubhaft zu machen außer in England selbst oder Engländern gegenüber. Es bleibt Martin nichts anderes übrig, als auch in Brüssel die Diskretion des Konzerns im Umgang mit der Öffentlichkeit zu betonen. Martins Tätigkeit auf dem Kontinent fällt unter diese Vorschriften. Er kann seine Vertrauensstellung nicht riskieren, indem er dieses Prinzip durchbricht. Die Regeln des Konkurrenzkampfes sind unerbittlich. Die Wirtsleute akzeptieren seine Verweigerung, aber das familiäre Verhältnis ist vorübergehend getrübt.

Kurz darauf stirbt Monsieur Cruls ganz unerwartet an einem Zuckerschock. Er hat von seinem Diabetes nichts gewußt. Von da an kümmert sich Martin bei jedem Aufenthalt in Brüssel voller Anteilnahme um Madame. Für sie ist der Tod ihres Pierres ein schwerer Verlust. Martin geht regelmäßig mit ihr auf den Friedhof, leistet ihr Gesellschaft so gut es möglich ist. Aber das alles nur, solange er in Brüssel ist. Er behält die Wohnung um der Adresse willen.

Ein Besuch in London ergibt plötzlich, daß der Firmenname »English Electric« sowohl vom Marconi-Haus als auch von den Filialen, die er kennt, verschwunden ist. Auf das Verschwinden seines »Flaggschiffs« muß er reagieren. Er recherchiert in Bibliotheken und schließlich bei der Redaktion der Times. Dort wird er im Archiv fündig: Wie allerorts haben die einschlägigen Großkonzerne teils firmenweit, teils branchenweise fusioniert. Auf diese Weise ist zwar der Name untergegangen, nicht aber das Unternehmen. Im Gegenteil: Bei seinen ausgedehnten Wanderungen durch das Regierungsviertel entdeckt er an einem viktorianischen Verwaltungsgebäude in der Horseferry Road noch das alte Firmenzeichen EE mit dem Zusatz »Royal Court Supplier«. Martin deutet es als willkommene Verbindung zur Krone und verwendet es Buchmacher gegenüber als neues Argument für die Grundidee ihrer Zusammenarbeit, die auf diese Weise sogar einen offiziösen Charakter erhält.

Irgendwann kann Martin Buchmachers Wunsch nicht mehr ausschlagen, ihn seiner Frau vorzustellen. Das Verhältnis zwischen Martin und Buchmacher ist schließlich ein enges. Nach eingehender Beratung gibt die Leitung dafür grünes Licht. Martin hat sich brav auf die Begegnung vorbereitet und besonderen Wert auf sein Äußeres und seine Umgangsformen gelegt. Buchmachers Haus liegt in einem Villenviertel, ist gediegen mit gepflegtem Garten. Aber nicht protzig. Die Frau ist zierlich und strahlt Wärme aus. Martin kommt zum Kaffee, bespricht dann im »Herrenzimmer« mit Buchmacher den geschäftlichen Teil und legt anschließend Wert auf eine Unterhaltung mit dem Ehepaar. Er zieht alle Register, um genügend Stoff für sein Gespräch zu haben und verabschiedet sich am späten Nachmittag. Martin nimmt einen guten Eindruck mit nach Hause, obwohl Achim skeptisch bleibt. Ihm ist das Risiko zu groß. Dieser gute Eindruck bestätigt sich beim nächsten Zusammentreffen, das wieder bei Buchmacher stattfindet. Diesmal ist die Schwiegermutter zu Besuch und nimmt an der Kaffeetafel teil. Offensichtlich ist sie neugierig, hat aber von ihrer Tochter nur Gutes über Mr. Lovelock gehört. Denn sie nimmt die Gelegenheit zum Gespräch mit ihm temperamentvoll wahr. Am Ende wird Martin von Buchmachers Frau eingeladen, beim nächsten Mal das Wochenende bei ihnen zu verbringen und also auch im Gästezimmmer zu übernachten. Martin nimmt dankend an. Er kann es nicht abschlagen, ohne Buchmachers Frau zu verletzen. Aber ihm schwant Schlimmes, wenn er an Achims Reaktion denkt. Die fällt verkniffen zustimmend aus. Offensichtlich hat man sich in der Zentrale davon überzeugen lassen, daß die Sicherheit am größten ist, wenn das entstandene Vertrauensverhältnis sowenig wie möglich gestört wird.

Der Orden

Eines Tages setzt Unruhe in der Außengruppe ein. Achim bringt seinen Stellvertreter mit, und sie eröffnen ihm, eine hohe Auszeichnung stehe an. Natürlich fühlt Martin sich geschmeichelt. Er sehnt sich nach Anerkennung. Lob stimuliert ihn schon von jeher viel stärker als Tadel. Das war bereits in der Schule so. Jetzt versteht er die Auszeichnung als eine Art Wiedergutmachung dafür, daß er nirgends auf ein Echo stoßen kann mit allem, was er tut, womit er Erfolg hat. Das hat ihn immer geschmerzt. Achims süffisantes Lächeln ersetzt weder Anerkennung noch sachliche Kritik. Martin arbeitet in einem schalldichten Raum.

Nun soll er eine »große Auszeichnung« bekommen. Eine späte Genugtuung? Und hoffentlich Gelegenheit, auch einmal mit der »obersten Spitze« über seine Arbeit zu sprechen und von dort zu hören, wie sie ihn beurteilen.

Vieles hat er verdrängt, weil ihm der Mut fehlte einzugestehen, wie sehr er die öffentliche Anerkennung und den Austausch mit seiner Umwelt vermißte. Die »Auszeichnung« wird ein Äquivalent dafür sein.

»Markus Wolf kommt selbst zur Verleihung«, sagen ihm Achim und die anderen, und Martin hat den Eindruck, sie fürchten, er könne den Akt nicht genügend würdigen.

Dabei bedeutet er für Martin noch viel mehr als für die anderen, die zwar Teilnehmer, aber nicht Teilhaber sein werden.

Er wird sorgfältig auf den Abend vorbereitet. Wie er sich zu verhalten hat, was er sagen soll, kurz – keine Blamage vor dem höchsten Chef der Aufklärung, denn das färbt auf die ganze Truppe ab. Welche Auszeichnung er bekommen soll, verraten sie nicht.

An diesem großen Tag, es ist der 18. Februar 1974, muß Martin nicht ins Büro, er soll sich in Ruhe vorbereiten. Das kommt ihm sehr gelegen, denn ein Nierenstein plagt ihn bereits seit Tagen. Die Schmerzen und deren Bekämpfung lenken ihn ab. Dann fährt das Auto vor. Achim und zwei andere Mitarbeiter sitzen schon darin, die ganze Abteilung, von der Martin nach wie vor nicht weiß, wie sie heißt, wird heute versammelt sein. Die Fahrt führt über die östliche Stadtgrenze hinaus durch brandenburgische Dörfer. Bei der Unterhaltung im Wagen versäumt Martin, auf die Ortsschilder zu achten. Da stoppt Achim auch schon den Wartburg vor einem unauffälligen Gehöft. Das Tor ist geöffnet, Achim fährt auf den Hof und hält vor dem Hauseingang. Ein Mann wartet unter dem Giebelvorbau und begrüßt ihn, es ist offensichtlich der Hausverwalter. Die Räume im Erdgeschoß sind festlich hergerichtet. Noch ist Gelegenheit für Achim und die Seinen, mit Martin den Ablauf wiederholt durchzusprechen.

Dann betritt Markus Wolf den Raum. Er kommt in Zivil und beherrscht kraft seiner Persönlichkeit die Atmosphäre. »Ungefähr meine Größe«, konstatiert Martin für sich, »auch meine Figur. Markantes, sympathisches Gesicht, kein Durchschnittsmensch.« Das ist sein erster Eindruck. Markus Wolf begrüßt ihn und sagt, daß er seine Arbeit genau kenne und schätze. Deshalb sei er heute hier und nimmt die Auszeichnung vor. Er schildert den Aufbau der »Fremden Flagge« vom Experiment über das Stadium des Pilotprojekts bis hin zum Exempel, das in anderen geeigneten Vorgängen weiterentwickelt werden müsse. Hier sei nicht nur nachrichtendienstliche Pionierarbeit geleistet, sondern auch ein hohes Maß an Effizienz erzielt worden. Martin ist glücklich, seine ewige Sehnsucht nach dem Erfolg – hier wird sie einmal gestillt.

Dann läßt Wolf sich die dunkelrote Mappe mit der Urkunde und der Schatulle mit dem Orden reichen. Martin geht auf ihn zu.

»Ich zeichne dich aus als ›Verdienter Mitarbeiter‹ der Staatssicherheit«, hört er ihn sagen.

Er traut seinen Ohren nicht; muß alle Kraft zusammennehmen, um sich nichts anmerken zu lassen, wie bitter enttäuscht er ist. Daß Wolf ihm die Medaille ans Revers heftet, die Urkunde in der Mappe überreicht und die Hand schüttelt, erlebt er wie im Traum.

Alle gratulieren ihm, umarmen ihn und sind stolz darauf, daß einer der ihren, von deren Existenz Martin bis dahin nichts wußte, ausgezeichnet wurde.

Martin fängt sich wieder. Wie konnte er nur auf einen Orden hoffen, vorzeigbar endlich auch einmal in die Öffentlichkeit? Eine Auszeichnung, die er nicht in der Schublade verstecken müßte? Dabei war es schon ein Vorzug, daß er sie überhaupt mit nach Hause nehmen durfte. Achim sähe sie lieber in seinem Panzerschrank.

Vom Vaterländischen Verdienstorden bis zum Nationalpreis – mit allem hatte er gerechnet. Wirklich! Seine Mitarbeiter und Freunde aus der früheren journalistischen Tätigkeit hatten solche Auszeichnungen längst erhalten. Wenn er sich zu feierlichen Anlässen in der Öffentlichkeit sehen lassen mußte, hatte er schon mehrmals seine Medaille als Deutscher Meister im Handball angesteckt und sich diebisch gefreut, weil alle neugierig guckten, aber keiner den Orden zu deuten wußte.

Nun ist die Hoffnung auf Genugtuung zerplatzt. Und die Gleichschaltung mit dem Ministerium, besiegelt durch die Unterschrift von Mielke, verbittert Martin zudem. Er ist Aufklärer, er bleibt im schalldichten Raum.

Seine Einsilbigkeit begründet er den anderen gegenüber mit dem Nierenstein. Jetzt ist er froh, daß er ihn hat.

Das Gespräch mit Markus Wolf baut ihn ein wenig auf. Der Unterschied zwischen dem Chef und seinen Mannen, mit denen es Martin zu tun hat, ist offenkundig. Bestechend seine Bildung, seine Umgangsformen, seine Belesenheit, vor allem der tiefe Respekt vor seiner Familie, dem Vater Friedrich, dem Bruder Konrad. Martin wagt ein kritisches Wort zu einem Film Konrad Wolfs. Da schwingt er sich sofort auf zum glühenden Verteidiger seines Bruders.

Wolf hat Martin von vornherein mit »du« angesprochen. Martin nimmt das selbstverständlich auf. Anderntags fallen alle über ihn her: »Wie konntest du nur?«

»Es gibt in der HVA erst zehn solcher Auszeichnungen«, hat Wolf zum Abschied gesagt. Er soll stolz darauf sein. Bei internen Feiern darf er den Orden sogar anstecken. Zu Hause liegt er wie die anderen in der Schublade.

Man kennt Ereignisse, deren Bedeutung erst in der historischen Rückschau sichtbar werden, wenn sich Umrisse abzeichnen, die mit der Zeit immer deutlicher werden, wenn sie Gestalt annehmen wie Landschaften, die aus dem Nebel auftauchen, bis das ganze Panorama sichtbar wird. Die Auszeichnung, das Gespräch mit Wolf, den seine Freunde Micha nennen, entpuppt sich innerhalb kurzer Zeit als Zäsur in Martins nachrichtendienstlicher Arbeit. Es beginnt eine neue Etappe, unmerklich und unabwendbar.

Bisher hatte sich die jahrelange Zusammenarbeit mit Buchmacher stetig weiterentwickelt, neue Formen erhalten, neue Überlegungen erfordert, neue Erfolge gebracht.

Unmerklich jedoch fallen Schatten auf ihren gemeinsamen Weg. Martin bemerkt sie zuerst. Von Buchmacher gehen sie aus. Er erreicht die Sechzig, sein Pensionsalter. Damit wird auch die Zusammenarbeit enden. Ob das Buchmacher bewußt ist, fragt Martin nicht. Sie treffen sich nach wie vor regelmäßig in Buchmachers Haus.

In der Zentrale zeichnen sich Veränderungen ab.

Es fängt damit an, daß Achim sich mit Martin immer häufiger und anscheinend ohne Zeitdruck zu ausführlichen Gesprächen über das Leben im Operationsgebiet trifft. Genau genommen findet eine Art Anleitung unter umgekehrten Vorzeichen statt. Jetzt ist Achim der Lernende. Bald stellt sich der wahre Grund heraus. Achim wird an eine DDR-Botschaft im kapitalistischen Ausland versetzt.

»Nimm mich doch mit!« ruft Martin spontan, ohne zu wissen, wohin es geht.

Achim winkt ab: »Wollte ich, wurde aber nicht genehmigt.«

Martin wird einer anderen Diensteinheit zugeteilt, die ihm als erfolgreich geschildert wird. Das soll ihm wohl den Wechsel erleichtern. Bei der feierlichen Übernahme ist Achim schon nicht mehr dabei. Martins neue Bezugsperson wird Manfred – endlich ein Mann, der selbst Erfahrungen im Operationsgebiet gesammelt hat. Martin kann selbständig arbeiten, macht seine Pläne in eigener Regie und erhält nur die konkreten Informationsaufträge von der Zentrale.

Achims Versetzung findet in einer Phase statt, in der die Informationen Buchmachers zunehmend stockend fließen. Der Zenit der Zusammenarbeit ist überschritten. Buchmacher hat andere Sorgen, als die Engländer mit Informationen zu beliefern. Er ist dabei, sich auf seine Pensionierung vorzubereiten. Die Gespräche, die bei ihm zu Hause geführt werden, enden meistens bei diesem Thema, in das seine Frau und seine Schwiegermutter einfallen. Der Vorschlag Martins, sich nach dem Ausscheiden aus dem Bundesgrenzschutz noch in Industrie oder Wirtschaft eine Beschäftigung zu suchen, etwa als Sicherheitsbeauftragter, interessiert ihn, aber seine halbherzigen Versuche dazu schlagen fehl.

Noch steht jedoch wichtiges Material aus, das Martin im Auftrag der Zentrale bei ihm bestellt hat: ein Dekret der Bundesregierung über die nachrichtendienstliche Behandlung von DDR-Rentnern bei Privatbesuchen in Westdeutschland. Martin glaubt kaum, daß ein solches Schriftstück existiert, aber Buchmacher berichtet, daß er das Material erhalten und fotografiert habe.

Jedoch: die Filme sind verschwunden.

Das fehlte noch, daß Buchmacher kurz vor Toresschluß auffliegt. Martin besucht ihn nach längerer Pause und Einbau zusätzlicher Sicherheitsvorkehrungen wieder in Hannover, in seiner bereits geräumten Dienstwohnung, wo sich beide vor leeren Wänden die müden Füße vertreten. Ein Schrank und ein Schreibtisch stehen noch im Zimmer. Martin zieht spielerisch eine der Schubladen auf: entgegen rollen ihm zwei Filme: das gesuchte Material. Der Text wird einige Zeit später auf mehreren Seiten im »Neuen Deutschland« veröffentlicht und sorgt für ziemliches Aufsehen.

Martin mahnt bei der Zentrale Buchmachers Rente an, die Achim ihm, womöglich wider besseres Wissen, bei der offiziellen Werbung durch Mr. Bosworth in Paris hat zusagen lassen. Jetzt ist Achim weg. Von der Rente will keiner etwas wissen. Dafür wird die Zusammenarbeit mit Buchmacher eingestellt, ohne ihn darüber zu informieren.

Martin ist bitter enttäuscht. Natürlich ist die Hauptverwaltung Aufklärung kein Versorgungsinstitut. Von sich aus war Buchmacher auch nie wieder auf die Rente zu sprechen gekommen. Sein Vertrauen zu Martin und der Firma, die er vertrat, war die ganze Zeit über ungetrübt vom Ruch des eigentlichen Hintergrundes, vor dem sich die Zusammenarbeit abspielte. Jetzt bleibt ein Rest von Bitternis und Zweifel in Martin.

Gesteuerte Schizophrenie

Kurz nach seiner Übernahme in Manfreds Truppe erhält Martin den Auftrag, über das Thema »Fremde Flagge« eine vierstündige Vorlesung an der Hochschule des Ministeriums in Eiche bei Potsdam auszuarbeiten. Selbst vortragen darf er sie aus Gründen der Konspiration nicht. Er spricht sie auf Band. Sie wird in jedem Semester abgespielt. Manfred nimmt teil und berichtet von der Resonanz. Da Martin sich bemüht hatte, den Stoff so lebendig wie möglich zu behandeln, durfte auch gelacht werden.

Jetzt soll er die Lektion aktualisieren und theoretisch vertiefen. Er schiebt die Arbeit lange vor sich her. Als er sich erneut damit beschäftigt, entdeckt er Dinge, die ihm in der Hast der täglichen Praxis verborgen geblieben waren. Den Umgang mit fremden Dokumenten und den dazu gehörigen Legenden hatte er nach anfänglichen Skrupeln spielend beherrscht. Erst jetzt, da er andere damit vertraut machen soll, stößt er auf das Geheimnis seiner erfolgreichen Metamorphosen, wird ihm der tatsächliche Prozeß bewußt: eine rationell gesteuerte Schizophrenie, gewachsen aus den Alternativen,

– entweder eine Rolle als Schauspieler perfekt zu spielen,
– oder mit Haut und Haaren in der Wunschfigur aufzugehen.

Beides erweist sich in der Praxis als nicht anwendbar. Das Rollenspiel wäre angesichts nicht vorhersehbarer Situationen nicht optimal gewesen und ein kompletter Bewußtseinswandel ein Fall für die Psychiatrie.

Was ihn jahrelang vor fatalen Überraschungen bewahrt und psychisch entlastet hatte, war seine – wie er es nannte – gesteuerte Schizophrenie. Er mußte nicht in fieberhafter Dauerbereitschaft schweben, um bei Bedarf die richtige Schublade seines Verhaltenskatalogs zu ziehen. Seine Legenden hatten Eigenleben, sowohl in der unmittelbaren Aufklärungsarbeit als auch in scheinbar unverfänglichen, nicht voraussehbaren Situationen seines operativen Alltags. Es gibt Beispiele: Im Zug wird er von einem Amerikaner angesprochen. Das könnte brenzlig werden, denn er reist mit englischem Paß, seine Sprachpraxis könnte nicht ausreichen. Er weicht aus und fragt, ob es in den USA auch so schwierig sei, sich in unterschiedlichen Dialekten miteinander zu verständigen. Der junge Amerikaner stimmt lebhaft zu: er als Südstaatler versteht auf dem Kennedy International Airport beim Umsteigen die Leute überhaupt nicht – und umgekehrt. Das Eis ist gebrochen, fortan radebrechen sie prächtig auf englisch miteinander.

Oder: Er geht die Hohe Straße in Köln entlang. Auf der Einkaufsmeile herrscht zu dieser Zeit viel Betrieb, da die Büros gerade schließen und die Leute noch Besorgungen machen. Ein Mann biegt um eine Häuserecke so dicht auf Martin zu, daß beide instinktiv ausweichen, um nicht aufeinanderzuprallen. Der Mann stockt – nicht um sich zu entschuldigen, er will ihn ansprechen. Es ist Martins Schwager, der in der Nähe von Köln lebt. Martins Reflex ist vergleichbar mit der Reaktion des Torhüters bei einem plazierten Schuß. Er schaut sein Gegenüber an und durch ihn hindurch, zögert keinen Sekundenbruchteil und geht weiter. Sein Schwager wird sich gewundert haben, denn der Bruder seiner Frau hat ganz offensichtlich einen Doppelgänger.

Ähnlich muß es auch einer früheren Kollegin ergangen sein, der Martin in Westberlin auf der Treppe aus einem U-Bahnschacht entgegenkommt. Auch sie ist sicher, sich geirrt zu haben. Einem anderen Journalistenkollegen begegnet er gleich zweimal, in Speisewagen internationaler Züge. Beide Male glaubt der andere, ihn zu erkennen und ist dann doch überzeugt von seinem Irrtum.

Heikler ist ein Erlebnis, das ihm eines Nachts im Interzonenzug von Frankfurt am Main nach Berlin widerfährt. Martin hat erster Klasse gelöst. Schlafwagen darf er nicht fahren, weil dort die Dokumente vom Schaffner für die Grenzkontrolle eingesammelt werden. Er sitzt allein im Abteil. In letzter Minute steigt ein Fahrgast zu und setzt sich ihm schräg gegenüber. Es ist der Direktor des Berliner Kinderbuchverlages, mit dem er zu Börsenblattzeiten viel zu tun hatte. Der mußte Martin erkennen. Was tun? Wie hätte er bei der Grenzkontrolle seinen westdeutschen Paß erklären sollen? Martin schläft in der Fensterecke. Sein

Abteilgast ist offenkundig überzeugt, einen Doppelgänger vor sich zu haben.

Auch über solche Zufallserlebnisse berichtet Martin zu Hause gewissenhaft. In einem Fall hatte dies allerdings eine Konsequenz, die er nicht ahnen konnte: Am Bahnhof Friedrichstraße wurde er mehrfach von demselben Grenzoffizier kontrolliert. Eine Tages begegnet er diesem Mann in Zivil direkt vor sich in der Schlange an der Kasse seiner Kaufhalle. Er scheint ihn nicht zu erkennen. Martin berichtet trotzdem davon – der Grenzoffizier wurde sofort an eine andere Kontrollstelle versetzt.

Neben moralischer Integrität erfordert die konspirative Arbeit auch ganz profane Voraussetzungen wie eine stabile Gesundheit, ein angemessenes äußeres Erscheinungsbild – schließlich auch einen gehörigen Schuß Abenteuerlust.

Martin steht eines Tages mit Buchmacher am Fahrstuhl im Foyer eines Hotels in Hannover. Der Lift kommt, die Türen öffnen sich, heraus tritt Bundespräsident Gustav Heinemann mit einigen Begleitern. Buchmacher macht eine devote Verbeugung, Martin folgt überrascht seinem Beispiel. Überrascht ist offensichtlich auch der Bundespräsident, denn er gibt Buchmacher und anschließend auch Martin jovial die Hand. Ein Glück, daß keine Fotografen dabei sind. Sein Bild in der Zeitung hätte die Zentrale wahrscheinlich veranlaßt, ihn sofort aus dem Verkehr zu ziehen.

Das wäre das Ende seiner »Biographie« gewesen.

Santa Claus

Belebung verschaffte seinem Alltag seit den siebziger Jahren eine Sonderaufgabe, die parallel zu seiner Arbeit mit Buchmacher stattfand. Damit wurde freilich das eherne Gesetz der Konspiration durchbrochen, keine »Querverbindungen« zu dulden. Wahrscheinlich vertraute man darauf, daß es mit Buchmacher keine Komplikationen mehr geben würde. Der neue Vorgang lief schon lange, brachte aber keine Ergebnisse. Martin sollte ihn aktivieren. Die Betreuung galt einer Familie, die aus privaten Gründen, aber mit einem Auftrag der HVA in den Westen gegangen war. Martin verkehrte bei dem Ehepaar zu Hause, ihnen gegenüber bedurfte es keiner Legende, für die beiden Söhne agierte er wieder als Engländer. Der Mann lieferte High-Tech-Material, arbeitete in internationalen Spitzengremien. Die Information floß weiterhin aber nur zäh. Die DDR-Industrie konnte kaum etwas damit anfangen, nicht zuletzt auch deshalb, weil sie den Anschluß an das Weltniveau in der Technologie bereits verloren hatte. Der Partner signalisierte wiederholt, daß er sich beobachtet fühle. Solche Vermutungen lösen sofort die höchste Alarmstufe mit entsprechenden Sicherheitsmaßnahmen aus. Termine und Orte werden durch ein besonderes Benachrichtigungssystem kurzfristig geändert und falsche Fährten gelegt. Doch die Vermutungen haben sich nie bestätigt.

Eines Tages kommt ein Alarmsignal, durch das der Kontakt automatisch abgebrochen werden müßte. Alle Verbindungsvereinbarungen gelten als annuliert. Martin kann das Ehepaar nicht mehr erreichen. Die Zentrale weiß nicht, was Einbildung, Absicht oder Wahrheit ist. Will man die Zusammenarbeit auf elegante Weise einstellen?

Weihnachten steht vor der Tür. Am 23. Dezember fährt ein Mann im Interzonenzug kurz vor Mitternacht in Richtung Köln. In Hannover steigt er aus, verbringt die Zeit bis zum Morgengrauen in der Bahnhofsgaststätte, macht dann in den Läden und Kaufhäusern einige Besorgungen. Die Geschäfte am Weihnachtstag sind mäßig gefüllt. Es sind vor allem Männer, die in letzter Minute Geschenke kaufen.

Am frühen Nachmittag kehrt der Mann zum Bahnhof zurück, löst ein Billet nach Braunschweig, verläßt dort den Zug, dreht eine Runde, stellt fest, daß ihm niemand folgt und nimmt sich ein Taxi. Es schneit, der nasse Schnee macht die Straßen glatt und leer. Es dunkelt früh. Er nennt dem Taxifahrer eine Adresse und fragt ihn, ob er Familie hat. Der bejaht irritiert, wirft einen schnellen Blick nach hinten, ist aber offensichtlich beruhigt. Der Mann macht einen seriösen Eindruck.

»Wenn Sie Kinder haben, werden Sie verstehen, daß ich heute zum Heiligabend für meine Enkelkinder den Weihnachtsmann spielen muß.« – »Na klar«, der Fahrer lacht, »da sind Sie heute bei mir nicht der erste.« – »Prima, aber sicher bin ich der erste, der sich im Taxi für seine Rolle umziehen muß.«

Der Fahrer hält ein Stück weiter unter dem fahlen Schein einer Laterne, der Flockentanz ist dichter geworden. »Den Bart haben sich schon mehrere im Wagen angelegt, aber umziehen sollten Sie sich besser nicht während der Fahrt.«

Der Fahrer hat Verständnis, der Mann atmet auf. Er holt seine rote Kutte aus dem Koffer mitsamt den anderen üblichen Utensilien.

»Vergessen Sie die Rute nicht«, ermahnt ihn der Fahrer, ehe er weiterfährt. Der Mann ist aufgeregt, denn nun kommt sein Auftritt.

Er klingelt. Die Frau öffnet, ist halb erschrocken, halb überrascht. Ein leibhaftiger Weihnachtsmann am Heiligabend ist zwar normal, aber sie haben nirgends einen bestellt noch hat sich aus der Verwandtschaft einer angemeldet.

Da sagt der Weihnachtsmann sein Verslein auf »Von draus vom Walde komm ich her, ich muß euch sagen, es weihnachtet sehr ...«

Weiter kommt er nicht, die Frau hat ihn an der Stimme erkannt, nimmt ihn in den Arm und zieht ihn herein. Im Wohnzimmer brennen die Kerzen am Baum, die Bescherung ist schon vorbei, man ist beim Essen.

»Besuch ist nicht da«, stellt der Mann erleichtert fest.

Dann macht er seine Bescherung, hat für jeden ein kleines Geschenk, die beiden Söhne sind zunächst verwundert, daß der Weihnachtsmann mit englischem Akzent spricht. Aber als ihnen klar wird, daß es sich nicht um Santa Claus mit seinem »Red nosed reindeer« handelt, haben sie begriffen, daß der gute Weihnachtsmann der Freund der Familie ist, den sie als »Jimmy« längst kennen.

Es wird zum Essen gebeten. Zwischendurch ist Gelegenheit zu einer kurzen Unterhaltung mit den Eltern. Dann legt der Weihnachtsmann nach dem Bart auch seine Kutte ab, läßt sich ein Taxi rufen, fährt zurück zum Bahnhof und erwischt den Nachtzug nach Berlin.

Er ist einer der ganz wenigen Passagiere in dieser Heiligen Nacht. Vom Schaffner über die Kontrolleure von Zoll, Bundesgrenzschutz und Grenzpolizei der DDR – alle behandeln ihn nachsichtig als Leidensgenossen, der wie sie kein Fest feiern kann. Das verbindet. Keiner hegt argwöhnische Gedanken. Der Mann meldet sich telefonisch zurück.

Am ersten Weihnachtsfeiertag holt Manfred Martin in aller Herrgottsfrühe ab.

Die Verbindung ist fürs erste gerettet.

Anders als am Heiligabend, wo nur ein Hundsfott etwas Arges dabei denkt, war sie nicht wieder herzustellen. Die Idee stammte von Martin. Der oberste Chef hielt sie für einen Witz. »Der fährt doch nicht zu Weihnachten los«, soll er gesagt haben.

Aber Martins Weihnachtsgeschichte ist noch nicht zu Ende.

Er kehrt mit schlimmen Zahnschmerzen heim, die Wange ist bereits geschwollen.

»Du müßtest gleich noch einmal losfahren«, heißt es mehr fragend als bestimmend. Aus irgendeinem Grunde ist die Frau des alten Rentnerehepaares, das seinerzeit den Tip auf Buchmacher gegeben hatte, nach dem Tode ihres Mannes in finanzielle Schwierigkeiten geraten. Man will ihr zu Weihnachten Geld bringen.

Für solche Dinge hat Martin stets ein weiches Herz. Aber sein Zahn!

Er läßt sich Penizillintabletten besorgen, nimmt zur üblichen Reserve noch 500 DM extra mit, um notfalls einen Zahnarzt bezahlen zu können, und fährt erneut in Richtung Köln. Glücklicherweise hatten die Grenzer auf beiden Seiten inzwischen Schichtwechsel. In Hannover steckt er den Umschlag mit dem Geld bei der Frau in den Briefkasten, teilt ihr anschließend telefonisch mit, daß sie unverzüglich dort nachsehen soll. Er kennt sie nicht. Nur ihr dankbares Schluchzen am Telefon bleibt ihm in Erinnerung.

Als er das zweite Mal zurückkehrt, ist Weihnachten vorbei. Er hat die Feiertage auf der Bahn verbracht, hat in der Fremde als Weihnachtsmann fremde Kinder beschenkt und als anonymer Nikolaus die Sorgen einer alten Frau gelindert. Seinen Sohn Thomas, mit dem er nach der Scheidung seit Jahren allein lebte, hat er der Obhut der Großeltern überlassen.

In der Zentrale häufen sich Anzeichen, daß die High-Tech-Quelle »auf beiden Schultern« trägt, also auch für die andere Seite arbeitet. Um jedes Risiko zu vermeiden, zieht Manfred Martin aus der Schußlinie. Das Leben um ihn wird stiller.

Martin stellt seine Erfahrungen, die er in seiner Vorlesung für die Hochschule Eiche niedergelegt hat, für Nachwuchskräfte in einer Reihe »Privatissima« zur Verfügung. Er gibt Sprachunterricht in Englisch und Französisch, ist mit jedem seiner Schüler, die aus den verschiedensten Berufen, vorwiegend von der Universität kommen, zu den Lektionen oder Einzelseminaren meist einen ganzen Tag zusammen. Er bemüht sich, nicht nur Sprachunterricht zu geben, sondern auch die Fähigkeit zu vermitteln, ohne perfekte Sprachkenntnisse einen Ausländer zu verkörpern. Ungläubigkeit kann er erst ausräumen mit dem Hinweis, daß er heute nicht hier säße, wenn das nicht stimmen würde.

Er unterweist junge Führungskräfte, denen die Erfahrungen des Alltags in kapitalistischen Ländern fehlen. Was sie wissen, schöpfen sie aus dem Fernsehen oder aus Erzählungen von Leuten, die »schon mal drüben« waren. Den Umgang mit Legenden oder Zweitdokumenten können sie sich überhaupt nicht vorstellen. Von Manfred hört er, daß es immer schwerer wird, junge Leute für das risikoreiche Geschäft der Aufklärung zu gewinnen. Martin war seinerzeit stolz auf das Vertrauen, das man ihm entgegenbrachte. Jetzt hört er, daß die Möglichkeit, »nach drüben« zu reisen, häufig das Hauptmotiv für junge Genossen ist, sich anwerben zu lassen. Doch auch dieses Argument verliert an Wirkung, weil Reisegenehmigungen zunehmend leichter erteilt werden.

Martin spürt ein Nachlassen der eigenen Kräfte, merkt, daß seine Effektivität, die sein größtes Kapital war, schwindet. Er vermißt seine alte Konzentrationsfähigkeit, Fehler schleichen sich ein. Bei Vereinbarungen ist er sich seiner Sache manchmal nicht mehr hundertprozentig sicher. Er fürchtet, um die Verläßlichkeit seines Gedächtnisses. Eines Tages läßt er seine Tasche mit Dokumenten in einem Bus liegen, bekommt sie zwar an der Endhaltestelle, zu der er läuft, wieder, nicht aber sein Selbstvertrauen.

Die Mediziner bestätigen nervlichen Verschleiß.

Das macht ihn für jegliche Aufklärungsarbeit untauglich.

»Im Haus« findet sich kein Arbeitsplatz für ihn. Dafür sei es zu spät, dazu sei er zu alt. Martin wird invalidisiert.

Der 5. Mai 1982 ist sein 60. Geburtstag.

Zurück ins zivile Leben

Nach wenigen Monaten entschließt er sich, wieder zu arbeiten, möglichst in einem Beruf, der ihm nicht fremd ist. Er sucht Fred Rodrian auf, Direktor des Kinderbuchverlages in Berlin und bekannter Kinderbuchautor. Mit ihm und seiner Familie war er jahrelang befreundet. Rodrian ist nicht überrascht, als Martin plötzlich auftaucht. Über seine Arbeit in den vergangenen Jahren muß er keinen Bericht erstatten.
»Ich fühle mich zu jung für ein Rentnerdasein«, sagt Martin.
»Na, da haben wir im Verlag bestimmt etwas für dich«, erwidert Fred.
Ein zweiter Termin ist mit Horst Schubert vereinbart, dem Direktor des Sportverlages. Ihn kennt Martin aus seiner aktiven Laufbahn und vor allem aus seiner Zeit beim Journalistenverband. Auch er will ihn beschäftigen, hat allerdings noch keine genaue Vorstellung.

Während sie darüber beraten, klingelt das Telefon. Im Laufe des Gesprächs beobachtet Martin, wie sich Schuberts Haltung in seltsamer Weise wandelt. Aus dem selbstbewußten, mächtigen Verlagsdirektor wird allmählich ein Untergebener, der die Befehle seines Vorgesetzten zwar zähneknirschend, aber widerstandslos entgegennimmt.

Martin weiß sofort, mit wem er telefoniert: mit Manfred Ewald, DTSB- und NOK-Präsident der DDR.

Wie ein Menetekel steht in schmerzender Klarheit ein Erlebnis vor Martins Augen, das Jahrzehnte zurückliegt. Ewald war bereits zur Leitfigur im Deutschen Sportausschuß avanciert und den Aktiven wegen seines eiskalten Dogmatismus bar echten Sportverständnisses ein Dorn im Auge. Am 20. Juni 1951, der Termin hat sich Martin ins Gedächtnis eingegraben, hatte sich Manfred Ewald zu einer Präsidiumssitzung des Fachausschusses Leichtathletik im Deutschen Sportausschuß der

DDR in Berlin-Pankow, dem ehemaligen Garbaty-Waisenhaus unmittelbar neben dem Viadukt am S-Bahnhof, angesagt.

Zur Debatte stand die Verbesserung der DDR-Leichtathletik, deren Leistungen der Bundesrepublik weit hinterherhinkten. Zu erwarten war eine Philippika Ewalds. Martin hat sich nach Absprache mit den Leipziger Aktiven gut vorbereitet. Ewald spricht wie erwartet, geht auf die Umstände, unter denen die DDR-Sportler damals trainieren, mit keinem Wort ein und stellt die Forderung, die Bundesrepublik in kürzester Frist zu überholen. Eine Utopie, das weiß jeder im Saal.

Dann geht Martin zum Rednerpult und zerpflückt Ewalds Rede durch Fakten aus der sportlichen Praxis. Stück für Stück. Donnernder Applaus, Ewald verläßt mit hochrotem Kopf die Tagung. Martin ist nie wieder mit ihm zusammengetroffen.

Sollte Martin nun doch noch zu seinem Befehlsempfänger werden?

Er verabschiedet sich von Horst Schubert und nimmt seine Arbeit beim Kinderbuchverlag auf.

Sich in die Entwicklungsstrategie des Verlages für Kinderliteratur einzuarbeiten und seine Erfahrungen mit dem internationalen Buchmarkt einzubringen, sind zunächst seine Ziele.

Zwei Ereignisse, die alles verändern, treten ein: Fred Rodrian wird mit schwerer Krankheit in die Charité eingeliefert, und die langjährige Kaderleiterin verläßt den Verlag. Bei einem der regelmäßigen Klinikbesuche sagt Rodrian: »Ich wage eigentlich nicht zu fragen.«

Er unterbricht sich.

»Aber wer weiß, wie lange ich noch hier liege. Ich brauche jemand, der vor allem in meiner Abwesenheit die Personalarbeit zuverlässig macht.«

Martin erspart Fred lange Erklärungen. Er sagt zu unter zwei Bedingungen: »Ich mache es, als Personalchef, und nur solange, wie du nicht da bist.«

Beschlossen. Keiner von beiden ahnt in diesem Augenblick, daß Fred Rodrian nie wieder in den Verlag zurückkehren wird. Er stirbt wenige Monate später. Martin bemüht sich, die Personalstruktur auf ihrem hohen Stand zu halten, Lücken vollwertig zu schließen, was beim Arbeitskräftemangel sehr schwer ist, fördert Nachwuchskräfte, wo er kann und sorgt mit der gesamten Leitung für ein harmonisches Betriebsklima. Das macht Freude, der Verlag ist weiter erfolgreich, die Lücke, die Freds Tod gerissen hat, ist allerdings nicht wieder zu schließen. Eine von Martins Maßnahmen, von den Mitarbeitern kaum wahrgenommen, ist die Entfernung des Verbindungsmannes, der von der Abwehr des MfS für den Verlag zuständig war.

Riskanter Rückfall

Von Zeit zu Zeit werden Martins Erfahrungen von seiner alten Truppe doch noch gebraucht. Er soll individuelle Lektionen erteilen. Ab und zu wird er von Manfred auch als eine Art Galionsfigur zu Schulungsveranstaltungen der Aufklärung in den Bezirksverwaltungen gebeten. Viele erkennen ihn an der Stimme wieder, sie hatten seine Vorlesung vom Band in der Hochschule gehört. Das sind nachträgliche Erfolgserlebnisse für ihn. Wie bei seinen Einzelseminaren glauben die Hörer nie recht daran, daß man unter »Fremder Flagge« so viele Jahre reibungslos arbeiten kann. Nun erwartet ihn jedesmal ein Riesenbeifall.

Eines Tages steht einer von Manfreds Leuten vor der Tür. »Wie fühlst du dich?« fragt er. »Hast du dein Englisch noch drauf?« Martin übt sich in Bescheidenheit. »Sprich mal englisch mit mir«, fordert ihn sein Gegenüber auf. Martin liebt solche Vorstellungen nicht, erfüllt die Bitte aber schließlich. Der Besucher ist begeistert. »Du mußt uns helfen!« ruft er.

Manfred und ein höherer Vorgesetzter erläutern die Aufgabe: Ein Oberst der Luftwaffe, Kommandeur eines Fliegerhorstes in der Nähe von Bonn, soll geworben werden. Er hat ein Verhältnis mit einer Frau aus Westberlin. Seine intensiven Telefonate mit ihr haben es an den Tag gebracht. Aber der junge Mann, der den Kontakt zu ihm herstellen soll, kann nicht an ihn herankommen. Martin soll als Engländer in die Bresche springen. Der ziert sich. Die Sache ist ihm zu riskant. Er hat in ein normales Leben zurückgefunden, nun soll er wieder ins Ungewisse. Auch Manfred scheint nicht überzeugt von diesem Einsatz, es ist ein Schnellschuß unter Erfolgsdruck.

Sie drängen, er nimmt sich vom Verlag ein paar Tage Urlaub. Der Oberst trifft sich mit seiner Freundin in München, Martin mietet sich im selben Hotel ein und lernt ihn dort kennen. Der Kontakt soll später mit Hilfe der Westberliner Freundin ausgebaut und von einem jungen Mitarbeiter weitergeführt werden. Doch über Kanäle, die Martin nicht kennt, schöpft Manfred Verdacht. Martin steigt aus. Die Operation wird eingestellt.

Im Verlag gibt es keine Spekulationen über seine vorübergehende Abwesenheit. In den Leitungsgremien wird die Rolle Gorbatschows in der Sowjetunion mit ihren potentiellen Auswirkungen auf die übrigen sozialistischen Länder und speziell die DDR hitzig debattiert. Die Autoren tragen Zündstoff in die Lektorate. In die Parteiversammlungen holt sich der Verlag renommierte Leute wie Klaus Gysi, einen weltoffenen Mann, bewährt in vielen Spitzenfunktionen, nun Staatssekretär für Kirchenfragen, oder André Brie mit großer politischer Auslandserfahrung. Es gibt heiße und offene Diskussionen. Mittlerweile wird die Unruhe in der Bevölkerung immer spürbarer. Martin bedauert, daß seine Verbindung zur Aufklärung ganz abgerissen ist. Er ist sich einig mit vielen: es muß etwas geschehen im Lande. Man setzt auf Hans Modrow und Leute seines Schlages, die geeignet wären, die alten Dogmatiker in der Führung der DDR abzulösen und das Land auf der Grundlage eines unverfälschten gegenwartsorientierten Sozialismus zu modernisieren. Martin wird die quälende Frage nicht los, warum sich niemand mit entsprechender Kompetenz in seiner alten Dienststelle findet, der den Mut zur Palastrevolution besitzt und das Wachregiment des MfS in Marsch setzt, um die Regierungs- und Parteispitze zu entmachten. Sein damaliges Unverständnis über Markus Wolfs Revirement ins Privatleben zur Pflege der Familientradition verstärkt sich. Aber dann verwirft er die ganze Gedankenkonstruktion als naiven Wunschtraum.

So konträr die Ansichten in dieser Zeit sind, es findet sich unter seinen Bekannten niemand, der die DDR hätte abschaffen wollen. Aber gründlich verändern, das eint die ehrlichen unter den Regimekritikern. Martin wähnt sie in der Überzahl.

Er irrt sich gründlich. Daß er in der Welt nicht der einzige ist, der die Wende in dieser Form nicht vorausgesehen hat, ist ihm weder Trost noch Entschuldigung für seine Passivität. Er erlebt die Wende in seinem Garten am Rande der Schorfheide. Der Urlaub ist zufällig und hat private

Gründe. Jetzt hat er niemanden, mit dem er sich austauschen kann. Zeit, um sich die Zukunft auszumalen. Er liebt es, in solchen Situationen extrem zu denken. Also stellt er sich auf das Schlimmste ein, um dann wenigstens noch positiv überrascht zu werden. Aber als er in den Verlag zurückkehrt, ist alles noch viel schlimmer, als er es sich in seiner Phantasie hätte ausmalen können. Dabei begreift er den Umschwung in seiner ganzen Tragweite erst allmählich. Ein Erkenntnisprozeß über Jahre hinweg.

Im Verlag geben sich Unternehmensberater und Investoren die Klinke in die Hand. Keiner ist an der Literatur interessiert. Die einen wollen die Immobilie, ein »Filetstück« im Zentrum Berlins, die anderen möchten die Autorenrechte vermarkten. Mit beidem kann der Verlag nicht dienen. Die Immobilie gehört der Humboldt-Universität. Der Verlag ist nur Mieter. Die Urheberrechte hat der Verlag an viele seiner Autoren weitsichtig und rechtzeitig zurückgegeben.

Also wird »abgewickelt«. Martins Gewöhnungsprozeß an die westlichen Fachausdrücke ist schmerzhaft, weil sie seelenlos und unmenschlich klingen – und sind. Sein Amt als Personalchef wird zum Alptraum. Ihm fällt es zu, die Mitarbeiter reihenweise zu entlassen, eine Aufgabe, die er zu DDR-Zeiten nicht kennengelernt hat. Einige, vor allem aus der Herstellungsabteilung, finden in Westberliner Druckereien Arbeit mit Lohnzusagen, die märchenhaft für DDR-Maßstäbe klingen, aber schnell schrumpfen, wenn man die neuen Kosten für den Lebensunterhalt zugrundelegt. Jüngere nehmen »Jobs« an. Alle Älteren werden vom neuen Betriebsrat mit einer Abfindung von 1 000 DM in Rente geschickt, darunter einige mit vierzigjähriger Verlagszugehörigkeit. Dadurch wird man sämtliche alten Genossen mit einem Schlag los. Martin selbst bleibt noch, weil zu seinem Aufgabenbereich auch das verlagseigene Erholungsheim gehört, das Hans-Fallada-Haus in Carwitz, der letzte Wohnort des Dichters. Er will es vor »Investoren«, wie er sie kennengelernt hat, schützen. Es gelingt bedingt. Über Umwege fällt es zunächst dem Schriftstellerverband in Mecklenburg-Vorpommern zu.

Im Herbst 1990 entläßt Martin sich selbst. Aber mittlerweile ist seine Rente von der neuen DDR-Regierung unter Lothar de Maizière auf 990 DM gesenkt worden und wird von der Regierung Kohl dann noch einmal auf 802 DM heruntergesetzt. Gleichzeitig steigt seine Wohnungsmiete ungefähr auf denselben Betrag. Wovon soll er leben? Rücklagen hat er nicht. Wozu auch? Seine Rente war sicher. Die Preise blieben stabil. Ein fataler Irrtum. Er sieht keine Möglichkeit, gegen die Rentenkürzung vorzugehen. Er hat weder Geld, um zu klagen, noch bietet die aufgeheizte öffentliche Meinung die Chance zur sachlichen Erörterung. Berechtigte Empörung über Verfolgungs- und Unterdrückungsmethoden der Mielke-Staatssicherheit werden verallgemeinert. Martin hat sich nie mit der Abwehr identifiziert. Das Ministerium für Staatssicherheit war für ihn als Dachorganisation eine Verwaltungslösung, die er als lästig, nicht aber als belastend empfand. Er hat selbst jahrelang mit Robert Havemann in einem Haus gewohnt und erlebt, mit welchen perfiden, aber zugleich lächerlichen Methoden dieser unter ständiger Bewachung stand, hat beide bedauert, die Beobachter ob ihrer würdelosen Tätigkeit und den Beobachteten.

Nun werden alle in einen Topf geworfen. Das stellt Martins Existenz in Frage und trifft ihn in seinem Rechtsempfinden. Vor allem aber verbaut es ihm jegliche Annäherung an die neue Realität. Gesprächspartner aus seinem Aufkärungsmilieu hätte er jetzt gern, aber er findet keine. Manfred ist der einzige, von dem er Namen und Adresse kennt. Aber der sitzt mit im Auflösungskomitee, einer Einrichtung des Runden Tisches zur Auflösung der Hauptverwaltung Aufklärung.

Manfred ist nicht erreichbar.

Sprachloses Wiedersehen

Aber der Zufall führt eine andere, hoffnungsvolle Begegnung herbei. Martin sitzt bei seinem Frisör. Drei Sessel weiter entdeckt er Achim, den er seit Jahren nicht gesehen hat. Die Frisöse schimpft heftig über »die Stasi«. Martin läßt es schweigend über sich ergehen, er weiß, die Tirade gilt Achim, der als Stammkunde für seine frühere Tätigkeit bekannt ist. Dennoch, für Martin ist es ein Hoffnungsschimmer, Achim als Gesprächspartner wiederzugewinnen, einfach um jemanden zu haben, mit dem er sich über alles aussprechen kann, was sich in ihm angestaut hat.

Achim ist eher fertig. Er geht an Martins Stuhl vorbei. Sie schauen sich an. Achim blickt starr durch ihn hindurch, aber Martin ist überzeugt, daß Achim draußen auf ihn wartet. Als er vor den Laden tritt, ist von ihm weit und breit nichts zu sehen. Martin ist grenzenlos enttäuscht. Er muß wohl seinen einsamen Weg weitergehen.

Da kommt ihm seine frühe Vergangenheit zu Hilfe. Der Brockhaus-Verlag bietet die neue 24bändige Enzyklopädie in den »neuen Bundesländern« an.

Martin hat immer noch ein persönliches Verhältnis zum Verlag. Mit Hubertus Brockhaus, dem Sohn des Verlagsinhabers Hans Brockhaus, drückte er dieselbe Schulbank in der Thomasschule. Dessen Name stand im Schülerverzeichnis direkt über seinem. Mit Hubertus und dessen älterem Bruder Eberhard, der schon in die Quarta ging, hat er in der Salomonstraße viele gemeinsame Stunden verbracht. Die Freundschaft endete nach Hitlers Machtantritt abrupt. Die Familie Brockhaus schickte ihre Söhne in der Schweiz zur Schule, um zu verhindern, daß sie im Dritten Reich »gleichgeschaltet« unterrichtet werden. Martin erfährt erst nach dem Kriege, daß beide jung gestorben sind.

Zum seinerzeit volkseigen gewordenen Leipziger Teil des Verlages und zum Cheflektor Dr. Beyer, mit dem er ebenfalls bei der »Leipziger Zeitung« war, hatte er gute und freundschaftliche Kontakte. Nun nimmt er mit dieser Lebenserfahrung die Chance wahr, für sich und für Brockhaus gleichermaßen etwas Gutes zu tun. Es ist ihm klar, daß es ihm mit seinen fast 70 Jahren schwerfallen wird, »hausieren« zu gehen. Aber es handelt sich ja um ein Produkt, das den Einsatz verdient. Verdient hat auch Martin daran, und zwar mehr als in allen seinen anderen Berufen zuvor. Seine Kindheitserfahrung bestätigt sich zur eigenen Überraschung: mit Handel und Wandel ist Geld zu machen.

Aber er ist schließlich auch froh, die Arbeit einstellen zu können, als die Auflage ausgeliefert ist und der Vertrieb mehr und mehr seine kulturelle Komponente verliert.

Nun lebt er wieder von der mageren Substanz. Da er keine Möglichkeit sieht, gegen seine Rentenkürzung vorzugehen, die er als ungerechtfertigte Bestrafung auffaßt, erwägt er niederzuschreiben, was er erlebt und getan hat. Er rekapituliert alle seine juristischen Vorkenntnisse, studiert die Haager Landkriegskonvention, findet nichts, was geheimdienstliche Aufklärung im Nachhinein strafbar machen würde. Er hat nie gegen für ihn geltendes Recht verstoßen. Seit er seinerzeit die Witwe des Massenmörders Heinrich Himmler, ehemals »Reichsführer SS«, im Stift Bethel bei Bielefeld interviewte, weiß er, daß von der Bundesregierung nicht einmal an den Renten der nationalsozialistischen Führer gerüttelt wurde, die vom Nürnberger Kriegsverbrechertribunal zum Tode verurteilt worden waren. Nur einmal in der deutschen Geschichte wurden bisher Renten strafrechtlich in Anspruch genommen: als sie den Juden von der Hitler-Diktatur abgesprochen wurden. Eine makabre Parallele.

Doch dann verwirft er den Gedanken, ein Buch zu schreiben, wieder, glaubt, daß die Sache mit Buchmacher für alle Zeiten verborgen bleiben wird, will also auch keine rekonstruierbaren Spuren hinterlassen. Als beschlossen wurde, die Akten der Hauptverwaltung Aufklärung zu vernichten, war Manfred auch dabei, ebenso, als der Beschluß in die Tat umgesetzt wurde. Martin kann sich auf diese Auskunft verlassen. Denkt er.

Wer ist Buchmacher?

Am 8. Dezember 1994, einem stürmischen, trüben Vormittag, der den Winter ahnen läßt, klingelt es bei Martin. Er meldet sich unwirsch über die Wechselsprechanlage. Da klopft es bereits an die Tür. Auf der Matte steht die Briefträgerin, läßt sich bestätigen, daß er der Mieter ist. »Dann habe ich eine Zustellung für Sie«, sagt sie, hält ihm einen amtlichen Brief vor die Nase und läßt ihn quittieren.

Zustellungen hat er bisher selten bekommen und wenn, enthielten sie stets Hiobsbotschaften. Die Vermutung trügt nicht. Allerdings: so erschreckt hat ihn bisher noch kein amtliches Schreiben. Briefkopf und Stempel weisen als Absender den Generalbundesanwalt beim Bundesgerichtshof in Karlsruhe aus.

Martin überfliegt den kurzen Text, der ihn »in dem Ermittlungsverfahren gegen DN Buchmacher wegen Verdachts des Landesverrates« als Zeuge vorlädt. Die Verhandlung soll wenige Tage später in Berlin stattfinden, in der Mauerstraße 34-38. Den übrigen Text der Zeugenbelehrung zu lesen, schenkt er sich. Er ist zu nervös. Nicht, daß ihn so eine Nachricht wie ein Blitz aus heiterem Himmel getroffen hätte. Im Unterbewußtsein hat er immer wieder damit gerechnet und ist gefaßt darauf, sich zu verantworten. Was ihn erschüttert, ist die Bezeichnung »DN Buchmacher«. Auf den Decknamen Buchmacher sind sie also gestoßen.

Was soll er tun, wie antworten, wenn der Staatsanwalt fragt: »Wer ist Buchmacher?«

Er weiß, daß er ein Zeugnisverweigerungsrecht hätte, wenn er selbst eines Unrechts bezichtigt würde. Da könnte er schweigen oder sogar falsch aussagen, um sich nicht zu belasten. Aber in diesem Fall ist er zur Aussage verpflichtet. Er befürchtet, daß die Staatsanwaltschaft Buchmachers Klarnamen von ihm erfahren will. Von ihm also würde es abhängen, ob gegen ihn vorgegangen wird oder nicht. Wie kann er das verhindern? Die Alternative, daß Buchmachers Klarname bereits bekannt ist und hier nur nicht verwendet wurde, schließt er aus. Warum sollten sie ihm den Namen vorenthalten, er kennt ihn doch sowieso? Außerdem: Woher könnten sie ihn überhaupt wissen, wo doch angeblich alle Akten vernichtet worden sind? Martin zermartert sich das Hirn. Das Kunstwerk seiner »Fremden Flagge« – sollte es Buchmacher doch noch zum Verhängnis werden? Er wendet sich an Manfred. Der bestätigt ihm noch einmal die Aktenvernichtung. Aber einen Rat kann er ihm auch nicht geben. Martin sucht einen Freund auf, der in der DDR-Justiz eine leitende Rolle gespielt hat. Sie beraten gemeinsam. Er bezeichnet den Fall als juristisch äußerst interessant, weil bei Buchmacher zwar eine objektive, aber nur bedingt eine subjektive Schuld vorliege. Nur: das ist ja jetzt gar nicht die Frage. Muß er Buchmacher verraten oder gibt es einen Ausweg? Soll er sich krank melden? Damit würde er die Sache höchstens hinausschieben.

Der 13. Dezember 1994 kommt. Vormittags hat er einen Termin beim Augenarzt. Soll er den im letzen Moment noch benutzen, um zu kneifen? Er geht zur Vernehmung. Er ist viel zu früh da und meldet sich im Erdgeschoß bei der Wache. Erinnerungen an den Tag seiner Werbung in der Leipziger Wächterstraße tauchen auf, damals begann alles, in ähnlicher Umgebung, was jetzt womöglich einem tragischen Ende zugeht. Dazwischen liegt ein langer Weg.

Zeit zum Grübeln ist nicht. Die Tür zum Treppenhaus geht auf, und in Begleitung eines Herrn kommt ihm Schorsch, einer seiner alten Kollegen, entgegen. Sie haben sich jahrelang nicht gesehen und begrüßen sich freundschaftlich. Im Gegensatz zu Schorsch bleibt Martin aber unsicher und befangen. Schorsch hat alles schon hinter sich.

Der Mann, der Schorsch begleitet hat, bringt Martin im Fahrstuhl zur zweiten Etage des Bürohauses. Sie gehen in eines der vielen Zimmer auf dem endlosen Flur. Es ist provisorisch als Vernehmungsraum eingerichtet. Als Martin den Raum betritt, erhebt sich am Schreibtisch ein korrekt gekleideter Herr, geht auf ihn zu, stellt sich als Staatsanwalt von der Bundesanwaltschaft in Karlsruhe vor und gleichzeitig den anderen Herrn als Vertreter des Bundeskriminalamts in Wiesbaden.

»Wir haben Sie als Zeuge in dem Ermittlungsverfahren gegen den Mann mit Decknamen Buchmacher gebeten«, sagt er einleitend. Dann nennt er den Klarnamen.

Martin fällt ein Stein vom Herzen. Er atmet auf. Die Frage, vor der er sich gefürchtet hat, wird nicht kommen. Eine andere Frage huscht ihm statt dessen durch den Kopf: Woher wissen sie den Namen?

Die Worte des Staatsanwalts unterbrechen seine Gedanken: »Wenn Sie meine Fragen nach bestem Wissen beantworten, kann Ihnen gar nichts passieren.«

Martin sagt dem Staatsanwalt das zu.

Der Staatsanwalt schildert die Entwicklung des Vorgangs Buchmacher in epischer Breite von den ersten Anfängen der Planung bis zum Abschluß. Martin erfährt Dinge, von denen er bisher keine Ahnung hatte, hört Namen, die ihm fremd sind, die ihm der Staatsanwalt erst erklären muß, indem er die dazugehörigen Deck- oder Vornamen nennt: es sind Achims Mitarbeiter, die den Vorgang jahrelang vom Hause aus begleitet haben. Jetzt tauchen sie aus ihrer Anonymität auf. Martin erfährt Tatsachen und Überlegungen aus den Ursprüngen, als der Vorgang oder die Idee dazu erst geboren wurde, die ihm konspirativ vorenthalten worden waren.

In seinem Kopf schwirren die Gedanken. Der Staatsanwalt weiß viel mehr als er selbst.

Was soll er ihm da noch sagen?

Jetzt muß er Buchmacher helfen. Die Fragen, die der Staatsanwalt stellt, beantwortet er korrekt. Ausführlich schildert er den Aufbau der »Fremden Flagge«, führt alles ins Feld, was Buchmacher entlasten könnte, was beweist, daß er sämtliche Materialien den Geschäftsleuten des englischen Bündnispartners lieferte. Er berichtet über seine Vorlesung an der Hochschule in Eiche und rät, dort im Archiv nachzuforschen, um vielleicht das Tonband noch ausfindig zu machen. Der Staatsanwalt erteilt dem Herrn vom Bundeskriminalamt einen entsprechenden Auftrag.

Die Atmosphäre der Vernehmung wird kollegial. Martin erzählt, wie freundschaftlich seine Zusammenarbeit mit Buchmacher im Laufe der Zeit wurde, weil sie beide eine ähnliche Vergangenheit mit humanistischer Schulbildung hatten. Der Staatsanwalt zitiert die erste Zeile der

Odyssee von Homer – und Martin ergänzt ihn mit den folgenden Strophen. Sie fallen ihm blitzartig ein. Er hatte sie jahrzehntelang nicht repetiert. Da ist das Eis gebrochen. Nur der Kriminalbeamte registriert es etwas indigniert. Der Feierabend des Vernehmungspersonals ist längst vorbei, weil die Zeit wie im Fluge vergeht. Nur in zwei Fragen verweigert sich Martin: Gar zu gern hätte der Staatsanwalt einmal gehört, wie Martin sein Deutsch mit englischem Akzent gesprochen hat. Aber Martin weicht aus, weil einfach die entsprechende Atmosphäre dazu gehört hätte.

Die zweite Frage ist gravierender. Beharrlich fragt der Staatsanwalt nach konkreten Informationen, die er erhalten hätte. Da stößt Martin auf die alte Wissenslücke, die er bei seinen eigenen Überlegungen bereits festgestellt hatte: der Inhalt seiner Lieferungen ist ihm weitestgehend verborgen geblieben, da er das fotografierte Material nie zu Gesicht bekam.

Aber einiges bringen sie zusammen, wie die Informationen über Nato-Manöver (Wintex), Waffentechnik, die BGS-Alarmsysteme, aktuelle Maßnahmen in Krisensituationen, Befehle und Maßnahmen vor dem Hintergrund des Kalten Krieges, Grenzregimefragen, interne Regierungsanweisungen. Aber was sie letztendlich über diese 17 Jahre Arbeit zusammentragen, das ist wenig. Martin spürt die Diskrepanz umso stärker, als er vom Staatsanwalt erfährt, daß ihm allein über den Ablauf des Vorgangs 28 Aktenbände vorliegen. Darin sind die Materiallieferungen nicht enthalten.

28 Aktenbände!

Wo stammen die her? Das beschäftigt Martin sehr, als die eigentliche Vernehmung schon beendet ist. Der Staatsanwalt bricht sie schließlich ab, er und der Herr aus Wiesbaden möchten noch ein Bier zusammen trinken. Auf dem Weg zum Parkplatz interessiert den Staatsanwalt, wie Martin mit dem neuen Leben zurechtkommt. Der kann nicht umhin, auf seine Sorgen wegen seiner Rente hinzuweisen. Das ist Zündstoff für den Staatsanwalt. Als Jurist und als politisch denkender Mensch empfindet er die Kürzungen als juristisch unhaltbar und politisch schwachsinnig: »Da braucht sich dann niemand mehr zu wundern, wenn hier alle PDS wählen.«

Jahre später erfährt Martin, das Ermittlungsverfahren gegen Buchmacher sei wegen Verjährung eingestellt worden. Ihm fällt eine Last von der Seele.

Unerwarteten Besuch von den Kollegen des MAD, dem Militärischen Abschirmdienst, bekommt Martin allerdings noch mehrmals. Das erste Mal stehen zwei Herren mittleren Alters unangemeldet vor seiner Tür, begrüßen ihn korrekt und halten ihm ihren Dienstausweis mit der Frage entgegen, ob er die Behörde kenne.

»Kennen schon«, erwidert Martin, »aber zu tun hatte ich noch nie etwas mit ihr.« Die Herren fragen höflich, ob sie eintreten dürften, Martin ist neugierig. Wegen Buchmacher dürften sie kaum hier sein. Seine Vermutung bestätigt sich: Sie kommen wegen des Fliegerobersten, mit dem er den späten Kontakt als Rentner gehabt hatte und wollen nur wissen, ob Martin etwas über Verbindungen dieses Obersten zum sowjetischen Geheimdienst weiß.

Martin hat keine Ahnung. Aufschlußreich ist es ihm schon, daß Anzeichen dafür vorhanden sind. Er fragt, was denn so ein Oberst für ein Gehalt bezogen hat, wenn er einen so zweifelhaften Nebenverdienst nötig hatte.

»Na, etwa 8 000 DM«, sagen die Ermittler. Martin in seiner Naivität findet es unbegreiflich, daß ein Mann in dieser Position und mit diesem Gehalt nach dem Mammon schielt und bereit ist – von seiner Sicht aus –, einen Pakt mit dem Teufel zu schließen.

Helfen kann er den Ermittlern nicht. Aber er erfährt von ihnen, daß sie von seiner Rolle im Werben um den Oberst unterrichtet waren und ihn bereits erwarteten, als er die Freundin des Obersten zum letzten vereinbarten Treff in Westberlin aufsuchen wollte. Für Martin ein kleiner verspäteter Triumph, den »Dienst« von der anderen Seite noch einmal um eine Nasenlänge geschlagen zu haben. Im übrigen bestätigen ihm die Herren, daß die Aktion von Martins Dienststelle überhastet vorbereitet worden war, sonst hätte man bemerken müssen, daß der Bruder der Freundin auf der anderen Seite nachrichtendienstlich tätig war. Sie kamen noch mehrmals, aber Martin konnte ihnen nicht helfen. Aufschlußreich bleibt dennoch, daß die Vertreter des MAD so ziemlich alles über ihn wissen: sie kennen den Vorgang Buchmacher, den Staatsanwalt, der Martin vernommen hat. Sie kennen sein Privatleben, fragen, ob er seinen Garten noch hätte, kurz – es muß umfangreiches Material über ihn und sein Wirken für die Hauptverwaltung Aufklärung vorhanden sein. Martin ist überzeugt, daß ihre Kenntnisse nicht das Resultat eigener Ermittlungen sind – ihnen liegen offensichtlich Akten der Hauptverwaltung Aufklärung zugrunde, die nach Manfreds Auskunft, der selbst an der Aktion beteiligt war, angeblich rechtzeitig vernichtet worden sind. Es muß sich also um Kopien auf unterschiedlichen Datenträgern handeln, die dezentralisiert gelagert und gerade deshalb aufgefunden wurden. An Verrat glaubt er nicht. Seine Aversion gegen die unheilvolle Allianz von Aufklärung und Abwehr unter dem Dach des Ministeriums für Staatsicherheit bestätigt sich noch einmal auf makabre Weise.

Wie verschlagen die Abwehr mit konspirativen Mitteln gegen die eigenen Leute der Aufklärung vorging, wird ihm bewußt, als er erfährt, daß 1978 auf Befehl Mielkes ein Teil der Abteilung II der Hauptverwaltung Abwehr in die Hauptverwaltung Aufklärung eingegliedert wurde. Sie befaßte sich mit der Spionageaufklärung in den Geheimdiensten der Bundesrepublik. Der Stellenwechsel schien plausibel abgedeckt, aber der wahre Grund für den Strukturwandel könnte auch darin bestanden haben, die Aufklärung von innen heraus zu kontrollieren. Jedenfalls versetzte Wolf den Leiter der Gruppe Mitte der achtziger Jahre auf einen Verwaltungsposten im Stab der HVA, wo er keinen Schaden mehr anrichten konnte. Seine Männer aber waren bereits in die Hauptverwaltung Aufklärung infiltriert.

Heimkehr

Martin sucht seinen Platz im neuen Leben, aber das scheint einen Bogen um ihn zu machen. Es hat ihn stets aus dem Mittelmaß zur Spitze gedrängt. Jetzt steht er im Abseits. War alles umsonst? Der ganze Einsatz, das hohe Risiko, sein ganzes ungewöhnliches Leben in einer ungewöhnlichen Zeit?

Unerwartet erreicht ihn ein Anruf aus Leipzig. Ein Dr. Krämer fragt, ob er sich noch an seinen Namen erinnern könne. Im selben Moment steht der Mensch, der zu diesem Namen gehört, vor Martins geistigem Auge: ein langer, schlaksiger, sportbegeisterter Medizinstudent, der zu Martins Leichtathletik-Trainingsgruppe gestoßen war und sich in verschiedenen Disziplinen versuchte. Der große Wurf gelang ihm nicht, aber er wurde unentbehrlich, weil er überall und immer einsetzbar und als Statistiker aus der gesamten sächsischen Leichtathletikszene nicht wegzudenken war.

»Wir suchen dich seit Jahren«, sagt er, »jetzt endlich sind wir durch einen Zufall und über mehrere Ecken auf dich gestoßen.« Martins Herz klopft. Unterschiedliche Gefühle stürmen auf ihn ein. Er war jahrelang kaum in Leipzig gewesen. Verwandte von ihm leben dort nicht mehr. Der Kontakt zu Freunden und Bekannten war infolge der örtlichen Trennung und seiner beruflichen Isolierung abgerissen. Unwiederbringlich, wie er glaubte. Aber stets, wenn er an »zu Hause« dachte, ob im Urlaub oder früher auch dienstlich unterwegs, verband sich das für ihn mit seiner Vaterstadt Leipzig. Nirgendwo anders war er wirklich heimisch geworden. Auf den Tag genau eine Woche vor Krämers Anruf hatte sich Martins Schwager aus Leipzig gemeldet. Derselbe, der ihm vor Jahrzehnten in Köln fast in die Arme gelaufen wäre, ohne das bis heute zu wissen. Er kommt gewöhnlich einmal im Jahr mit Martins Schwester nach Leipzig zur Pflege der Gräber und um Kontakte zu seiner eigenen Leipziger Vergangenheit zu halten. Meist haben sie sich dann getroffen. Auch diesmal war Martin hingefahren, aber in erster Linie, um nach Jahrzehnten die alten Sportstätten wiederzusehen. Dieser Wunsch danach war in letzter Zeit immer fordernder geworden. Er hatte das Stadion in Probstheida aufgesucht, wo er als Kind an der Hand des Vaters zum ersten Mal einem Fußballspiel zugeschaut hatte, den Platz in Schleußig, den der feine Leipziger Sportclub »LSC« wieder in Besitz genommen hatte. Hier war dem talentierten Weitspringer Martin auf Vermittlung des Reichstrainers »Gigi« Richter unentgeltlich sportliches Asyl gewährt worden, und schließlich war er auch zum »Charlottenhof« in Lindenau gefahren, wo er seine Hauptzeit als aktiver Leichtathlet und Handballer verbracht hatte. Die Erinnerung daran ist noch frisch, als Krämer anruft. Die Altrepräsentativen träfen sich seit einiger Zeit in regelmäßigen Abständen, erfährt er. Die nächste Zusammenkunft fände schon in wenigen Wochen statt: im Charlottenhof! Die anderen wären bereits informiert, daß er Martin aufgestöbert hätte. Sie wären enttäuscht, wenn er nicht käme.

Martin überlegt keine Sekunde und sagt zu.

Er ist glücklich. Man hat ihn nicht vergessen, hat ihn gesucht, im Moment, als er sich im Abseits wähnte. Eine Rückkehr zu Jugend und Kindheit wird es nicht werden. Die Jahrzehnte dazwischen kann er weder überspringen noch verleugnen. Aber vielleicht hilft ihm die Heimkehr zu seinen sportlichen Idealen bei der Suche nach seinem Platz im Leben.

Er wappnet sich gegen Enttäuschungen, ehe er losfährt. Er hat von Klassentreffen gehört, die sich in wehmütiger Nostalgie erschöpften und nichts brachten als einen schalen Nachgeschmack. Auch darauf ist er gefaßt. Der Sportplatz im Charlottenhof liegt an diesem herrlichen Spätsommertag so schön vor ihm, wie er früher nie war. Der TUSV Leipzig-Lindenau von 1848, der ihn in diesem Fabrik- und Arbeitervorort angelegt hatte, war kein reicher Verein. Die Betriebssportgemeinschaft »Konsum«, die ihn in der DDR nutzte, mußte bei ihrem »Trägerbetrieb« unermüdlich um die Mittel für die Instandhaltung kämpfen. Martin hatte vor seiner Abreise einen ausführlichen Artikel für die Leipziger Tagespresse aus seinen Akten gefischt, mit dem er dem Konsum damals erfolgreich auf die Sprünge geholfen hatte. Aber der Platz blieb unscheinbar und lebte von den Sportlern, die ihn bekannt machten. An diesem sonnigen Morgen gehört er Martin ganz allein. Die Spielfelder leuchten in sattem Grün, das mit dem ziegelroten Oval der Laufbahn kontrastiert. Kleinfelder sind neben dem Hauptplatz entstanden, auch Tennisplätze. Im Klubhaus eine griechische Gaststätte mit dem Namen »Herakles« – nomen est omen! Allmählich treffen die alten Kämpen ein. Als erster Walter Kiessling, Klassesprinter der Nachkriegsjahre. Er ist einer der ganz wenigen, die Martin auf den ersten Blick wiedererkennt. Kurz darauf erscheint »Karli« Scholz, damals der Vielseitigste von ihnen in Sprint und Sprung. Auch er im Gesicht kaum verändert. Die Umarmungen zur Begrüßung sind spontan, herzlich und voller Erwartung. Die nächsten kommen meist in Grüppchen, für sie ist das Wiedersehen keine Premiere, sie haben sich in den vergangenen Jahren bereits mehrmals getroffen, halten vielfach Kontakt untereinander und sind nicht so unsicher wie Martin und andere »Neulinge«.

Für Martin beginnt das große Wiedererkennen. Jede Vorstellung wird für beide Seiten zum Aha-Erlebnis. Insgesamt mögen es 30 bis 40 Leute sein, und ähnlich wie bei anderen derartigen Treffen ist es zunächst schwer, mit denen ins Gespräch zu kommen, für die man sich besonders interessiert. Alle haben sich viel zu erzählen, wandern von Tisch zu Tisch. Die Unterhaltungen werden hastig geführt, weil man sich am liebsten alles auf einmal sagen möchte, was sich in fast einem halben Jahrhundert aufgestaut hat. Für Martin werden sie zu beglückenden Erlebnissen. Daß man ihn überhaupt gesucht und gefunden hat, war schon eine frohe Überraschung. Viele Jüngere fragen ihn nach dem Börsenverein und dem Börsenblatt. Einer hat ihm einen Zeitungsausschnitt mitgebracht mit einem Artikel zum 175. Geburtstag des Börsenvereins. Bitter, daß so ein Jubiläum ohne ihn stattgefunden hatte. Schließlich war er zwölf Jahre lang Chefredakteur des Börsenblattes gewesen. Sie erzählen ihm, daß »seine« Thomasschule in neuer Schönheit wieder aufgebaut wurde. »Wenn du nach Hause fährst – das mußt du dir unbedingt noch ansehen.« Sie erinnern sich nicht nur an den Sportler Martin, sondern an den ganzen Menschen mit seinen Eigenschaften und Überzeugungen, die sie nicht immer teilten, aber respektierten. Manfred Görlitz, langjähriger Handballnationalspieler, entsinnt

sich, wie Martin ihm seinerzeit geduldig auszureden versucht hat, einem Ruf nach Minden zu folgen, damals eine Handballhochburg in der Bundesrepublik. Martin hat das längst vergessen. »Ich bin dann hier geblieben«, sagt Görlitz, »und habe es nicht bereut.«
Die Frau eines Handballers hat einen Artikel Martins, den er seinerzeit über die Frauenmannschaft des Vereins geschrieben hatte, säuberlich ausgeschnitten und mit anderen Bildern in ein Album geklebt, das sie ihm wie ein Kleinod präsentiert. Schließlich wird er von der Tochter des damaligen technischen Leiters, Hans Fischer, die noch in der Geschäftsstelle arbeitet, beiseite genommen: »Wir brauchen ein Gutachten von dir.« Ein Gutachten? Hat er sich da verhört? Es stellt sich heraus, daß sich der Verein teure Tartanbeläge für die Hoch- und Weitsprunganlagen geleistet hat, aber fürchtet, daß der Weitsprunganlauf zu weich ist. Das soll er prüfen. Noch während er sich sträubt, wird die Sicherheitsbarriere beiseite geräumt. Wohl oder übel, er muß ran, betritt die Bahn zögernd, fast ehrfürchtig – er war in seiner aktiven Zeit nie auf Tartan gesprungen. Der Anlauf ist wunderbar elastisch. Was muß es für Spaß machen, hier zu springen! Aber die Bahn ist in der Tat für Weitspringer zu weich. Er rät dem Verein zur Reklamation bei der Herstellerfirma.

Nein, sie haben ihn nicht nur nicht vergessen, er lebt noch mitten unter ihnen. Die überraschendste Begegnung hat er mit Kurt Scheibner, einem Sportler, der seines Wissens am Anfang der fünfziger Jahre in den Westen ging. Martin verlor ihn aus den Augen, kann sich nur noch vage an ihn erinnern. Dr. Krämer hatte ihn am Telefon darauf vorbereitet, daß Kurt Scheibner sich besonders auf ihn freue. Er hatte im Westen Karriere als Sportwissenschaftler gemacht und bedankt sich jetzt bei Martin. »Du hast mir die Grundlagen für meine ganze weitere Laufbahn mit auf den Weg gegeben.« Damit meint er wohl Martins Zwischenspiel als Assistent am »Institut für Körperliche Erziehung und Schulhygiene« an der Universität Leipzig. Martin berührt es, so tiefe Spuren hinterlassen zu haben.
Es sind auch etliche da, die zu DDR-Zeiten nach dem Westen gegangen und erst nach der Wende wieder zurückgekommen sind. Das belastet die Atmosphäre zu Martins Überrraschung gar nicht. Das Leben

ist eben so. Die Sachsen sind praktische Leute. Sie machen »gee großes Gemähre«.

Und Sachsen sind sie alle geblieben, egal, wohin es sie auch verschlug: »Karli« Scholz nach Wismar oder Hans Bemm, ein großes Talent als Hürdenläufer, der seine Sportkarriere wegen Krankheit aufgeben mußte, als Arzt nach Schweden. Walter Kiessling hat seit Anfang der fünfziger Jahre in Frankfurt am Main als Ingenieur gearbeitet, sich aber immer intensiv mit sächsischer Geschichte beschäftigt und darüber zahlreiche Beiträge veröffentlicht. Schließlich hat er ein Buch geschrieben mit dem frappierenden Titel: »Goethe war ein Sachse«. Unterzeile: »Eine Liebeserklärung an Sachsen«.

Und Martin? Er ist wohl auch Sachse geblieben. Von hier aus ist er aufgebrochen aus bescheidenen Verhältnissen, behütet von einem harmonischen Elternhaus und beseelt von dem starken Ehrgeiz der Mutter, »... die Kinder sollen es einmal besser haben«.

Aber er gehört zum verheizten Jahrgang 1922. Das Trauma des Krieges schürte fortan seinen Einsatz für den Frieden. Frieden um jeden Preis! Das schärfte seinen Blick für das erklärte Ziel und schränkte sein Gesichtsfeld gleichzeitig ein. Er nimmt zwar Fehler um sich herum wahr, schloß aber die Augen davor – besser: entschuldigte sie im Interesse der guten Sache. Eigentlich hat er jahrelang gar nicht in seinem Land gelebt, sondern in einem mentalen Ausnahmezustand – ein Sachse, als Angelsachse auf Zeit.

Die Presse hat Wind von dem Treffen bekommen und einen Fotografen geschickt. Das Bild mit Text tags darauf in der »Leipziger Volkszeitung« hat zur Folge, daß sich noch weitere Sportler melden, die den Kontakt zu Martin suchen, nachdem sie erfahren haben, daß er noch lebt. Er soll bald wiederkommen. Er wird es tun.

Seitdem ihn seine Leipziger Sportler wie einen verlorenen Sohn empfangen haben, fühlt er sich nicht mehr im Abseits.

Nachtrag

Niendorf, Timmendorfer Strand, im Februar 2002.
Der alte Hafen, in dem sich während der Saison neben den Kuttern der Fischer die Luxusyachten der Urlauber drängen, liegt verlassen. Ein wolkenverhangener Himmel taucht die Ostsee in bleiernes Grau. Erste Regentropfen fallen. Die kleine Schar städtisch gekleideter Menschen an der Pier wirkt wie ein Fremdkörper in der tristen Umwelt, die erst im Frühling wieder ihre Schönheit entfalten wird. Die Leute gehen zielstrebig auf die elegante Yacht »Marina« zu, die am Kai festgemacht hat, werden dort erwartet von der jungen Kapitänin und dem älteren Steuermann und gehen an Bord. Sie sind die einzigen Passagiere. Die Yacht legt ab und nimmt Kurs aufs offene Meer. Die See ist ruhig, auf dem Radarschirm in der Kajüte können die Passagiere verfolgen, wie nach kurzer Fahrt die Dreimeilenzone passiert und internationales Gewässer erreicht wird. Wenig später stoppt die Maschine. Die Yacht ist an ihrem Ziel, das durch Koordinaten auf der Seekarte gekennzeichnet wird.

Die Fracht des Schiffes ist eine blumengeschmückte Urne mit der Asche einer Toten. Die Kapitänin spricht nach Seemannsbrauch schlichte Abschiedsworte. Die Passagiere streifen ihre Mäntel über und begeben sich an der Reling entlang steuerbord an Deck. Über den Bordfunk erklingt ein Trompetensolo. Dann übergibt die Kapitänin die Amphore dem Meer. In 24 Stunden wird sich das Salz, aus dem sie besteht, aufgelöst haben. Der Kreislauf der Natur hat sich geschlossen.

Plötzlich durchbricht die Schiffssirene die andächtige Stille dreimal, zweimal kurz, einmal lang, der Motor springt wieder an und der Steuermann zieht einen weiten Bogen um die Stelle, an der die Urne versenkt worden war. Die Bugwelle der Yacht setzt der sanften Dünung der Ostsee für kurze Zeit eine Barriere entgegen, und es entsteht eine kreisrunde, spiegelglatte Fläche mit riesigem Radius. Das Schiff stoppt noch einmal kurz, die Flagge, die auf Halbmast gesetzt war, wird eingeholt – in diesem Moment bricht die Sonne einen Augenblick durch den diesigen Himmel und taucht das schweigende Meer in gleißendes Gegenlicht. Martin kann sich an kein Ereignis erinnern, das ihn so ergriffen hätte. Keiner schämt sich seiner Tränen.

Martins Geschichte, beginnend mit seinem 34. Geburtstag, verlangt einen Nachtrag: die Familie. Gab es sie überhaupt?

Es gab sie. Im Plural.

Die Seebestattung war der letzte Wille seiner ersten, im Alter von 78 Jahren gestorbenen Frau Käthe gewesen. Kennengelernt hatte er sie nach Kriegsende in Kiel. Eigentlich galt sein Interesse ihrer Freundin, aber als zum Rendezvous Käthe mitkam, verliebte er sich Hals über Kopf in sie mit einer Leidenschaft, die Berge versetzt hätte, eigene leise Bedenken und die Warnung von Freunden und Bekannten verdrängte, sogar die Zonengrenze, die beide trennte, überwand. In einer abenteuerlichen Aktion holte er sie zu sich nach Leipzig und heiratete sie. Da war er 26 Jahre alt, gerade ins Neuland eines noch unbekannten Berufes gestartet und nach sechs Jahren Krieg ohne Erfahrung im Leben und in der Liebe. Käthe war seine erste Frau im wahrsten Sinne des Wortes. Sie fanden nach mehreren Versuchen eine schöne Wohnung im Leipziger Villenvorort Markkleeberg. Martin stürzte sich in seine Arbeit, genoß die Aufgaben, die auf ihn zukamen und feierte gleichzeitig seine größten sportlichen Erfolge.

Tochter Martina wurde geboren. Käthe arbeitete nicht und wurde von seiner Mutter, die in der Nähe wohnte, im Haushalt und bei der Betreuung des Kindes unterstützt. Der Bekannten- und Freundeskreis um die junge Familie wuchs ständig. Sie waren in Leipzig etabliert und genossen ihr Renommee in vollen Zügen. Martin bezog die junge Frau nach Möglichkeit in sein berufliches, gesellschaftliches und sportliches Umfeld mit ein. Doch was weder ihm noch seiner Frau bewußt wurde: Er führte sein eigenes Leben. Es geschah nichts, was er nicht auch allein hätte unternehmen können. Freunde und Bekannte, selten Verwandte, wurden besucht. Urlaub an der Ostsee, fast immer nach Prerow, Theater und Kinobesuche. An Abwechslung fehlte es nie. Doch die Leidenschaft, die ihre Ehe begründet hatte, kühlte sich schnell ab. Beide fühlten es, da half das zuweilen heilsame Korsett ehelicher Gewohnheiten irgendwann auch nicht mehr. Martin mußte oft an die Tage unmittelbar vor ihrer Heirat denken, als er sich, plötzlich wankelmütig geworden, aufs Rad geschwungen und noch nachts seinen alten Lehrer Walter Gilbricht zu Rate gezogen hatte. Der allerdings hatte ihn vor einem Sinneswandel gewarnt. Nun war eingetreten, was er damals befürchtet hatte: Er vermißte den »Liebeswahn«, der die Ehe begründet hatte. Die schlechten Tage häuften sich, von denen der Pfarrer gesprochen hatte.

Nach sieben Jahren Ehe ließ er sich von Käthe scheiden. Eine andere Frau war in sein Leben getreten, und Martin brachte ihr seine ganze Leidenschaft entgegen. In zähen und quälenden Gesprächen versuchte er, Käthe zu erklären, was für ihn einer Fortsetzung der Ehe im Wege stand. Käthe hielt an ihrer Schuldlosigkeit fest und hatte recht damit. Martin konnte nur seine verlorene Liebe als Argument ins Feld führen, damit überzeugte er weder seine Frau noch das Gericht – noch sich selbst.

Kriegszeit erwies sich für Martin nicht nur als verlorene Lebenszeit, sondern hinterließ auch ein Defizit an Erfahrungen, die er für den rauhen Ehealltag gebraucht hätte.

Vor sich selbst rechtfertigte er sich für sein Scheitern mit der Lauterkeit, die von der Mutter in der Familie vorgelebt wurde und Maßstäbe setzte, die ihn in jeder Hinsicht unschuldig in diese Ehe eintreten ließ.

Daß ausgerechnet die Mutter Martins Scheidung von Käthe ermöglichte, weil sie sich bereit erklärte, Martina zu betreuen, ist nur scheinbar ein Widerspruch. Das liebevolle »Familiendogma« erwies sich nun als Vorzug. Von jetzt an war es Martina, für die sich seine Mutter aufopferte, bis Martin seine Tochter nach Berlin holte und an eine Sportschule brachte.

In der Aufbruchstimmung, die seiner Scheidung voranging, tat es ihm eine junge, schöne und kokette Buchhändlerin zur Leipziger Buchmesse am Stand des Kinderbuchverlags an. Er landete bei Irene – und es war um ihn wieder geschehen. Fernab jeder Moral, rücksichtslos gegen andere, die ihm vermeintlich im Wege standen, vor allem aber auch leichtsinnig gegen sich selbst, setzte er sich über jegliche Konventionen hinweg. Noch ehe die Scheidungsformalitäten mit Käthe geregelt waren, zeigte er sich mit Irene auf Empfängen und offiziellen Veranstaltungen, tanzte mit ihr im wahrsten Sinne des Wortes vor den Augen der Obrigkeit – auch wenn es Kritik gegeben haben sollte, drang sie nie an sein Ohr. Seine Probleme waren ganz anderer Natur: Er hatte Schwierigkeiten, Irene von seiner Liebe zu überzeugen und ihre Zuneigung zu wecken. Erschwerend kam hinzu, daß er noch verheiratet war und sie in Berlin »in einer Beziehung« lebte. Daß sie elf Jahre jünger war als er, irritierte ihn nicht. Martin, einmal unterwegs, war nicht zu halten. Er löste alle Bindungen, forcierte seine Scheidung, die ihm niemand übelzunehmen schien, zerstreute Irenes Bedenken und holte sie nach Leipzig. Hier begann der Alltag wieder mit der Wohnungssuche. Die alte Wohnung in Markkleeberg behielt Käthe samt Mobiliar. Mit Hilfe der Börsenblattredaktion, seiner Handballmannschaft, vieler Freunde und Bekannten wurde die Quartierfrage unbürokratisch, wenn auch zunächst provisorisch gelöst. Das Wohnungsamt wies ihnen eine »Teilhauptmiete« im vornehmen »Musikerviertel« rund um das kriegszerstörte Gewandhaus zu. Dort wohnten sie, als ihre Tochter Daisy geboren wurde, und dort stand zu Martins 34. Geburtstag der Volkspolizist mit der Schicksalsnachricht vor der Tür. Damals spielte seine Entscheidung für das Familienleben überhaupt keine Rolle. Äußerlich veränderte sich zunächst nichts. Seine berufliche Position war unerschütterlich, als Handballtorwart war er unentbehrlich. Die Voraussetzungen für seine Ehe waren ungleich solider als beim ersten Versuch. Beide kamen sie aus der gleichen beruflichen Umgebung. Nicht nur ihre Interessen harmonierten, sondern vielfach hatten beide auch dieselben Bekannten und Freunde. Ihre Verbindung wurde von der Leipziger Gesellschaft ohne Vorbehalt anerkannt. Irene, ehrgeizig und intelligent, kehrte bald nach der Geburt ihrer Tochter in ihren Buchhändlerberuf zurück, leitete während der Sommersaison eine Buchhandlung in Sellin auf der Insel Rügen. Dorthin nahm sie auch Daisy mit, auch Martin profitierte davon, der auf diese Weise oft Gelegenheit fand, außer seinen Lieben auch die Ostsee zu besuchen.

War Martins Position in Leipzig vorher schon stark, so gab es jetzt nur wenige, mit denen er nicht auf Augenhöhe hätte verkehren können. Daran hatte Irene großen Anteil. Sie begann ein Fernstudium an der Theaterhochschule und erweiterte damit den kulturellen Horizont der ganzen Familie. Selbst ihre Urlaubsreisen schufen neuen, interessanten Umgang, ob im internationalen Journalistenheim im bulgarischen Varna oder an der Ostsee, wo es sie immer wieder hinzog. In Lubmin am Greifswalder Bodden stießen sie auf Hermann Kant, der damals am Beginn seiner schriftstellerischen Karriere stand und ihnen aus dem Manuskript seines Erstlings »Ein bißchen Südsee« vorlas. Das Leben war interessant und abwechslungsreich.

Martins Berufung zum Journalistenverband nach Berlin versprach eine weitere Steigerung. Sie begriffen beide den Orts- und Berufswechsel als Herausforderung und neue Aufstiegschance. Dann dauerte es noch drei Jahre, bis Martin eine Wohnung in Berlin bekam, und ohne Irenes Brandbrief an seinen Chef hätten sie wahrscheinlich noch länger gewartet. In der Zwischenzeit lebten sie getrennt, doch Wochenenden und Stippvisiten reichten nicht, das beginnende Eis der Entfremdung wieder zu schmelzen. Die Einheit im Denken und Fühlen, auf die sie so stolz gewesen waren, verblich auf der Strecke – zwischen Leipzig und Berlin.

In Berlin warteten neue berufliche Herausforderungen auf Irene, die sie begeistert annahm. Sie trat in die Redaktion der Wochenzeitung »Sonntag« ein, qualifizierte sich in ihrem neuen Journalistenberuf und kümmerte sich gleichzeitig um Daisys Eingewöhnung in die Schule. Inmitten dieses Trubels begannen sie nebeneinander herzuleben, hatten weniger Zeit füreinander. Und: Achim war überraschend wieder aufgetaucht.

Doch der wahre Grund für das Scheitern dieser Ehe waren seine Gefühle, die längst auf Wanderschaft waren, als Irene noch tapfer gegen die drohende Scheidung ankämpfte. In einem sonnigen September hatten sie noch in Ahlbeck auf Usedom Urlaub gemacht, wurden in einem Strandrestaurant sogar zum »idealen Ehepaar« gekürt, gewannen das Unterhaltungsspiel und wußten beide, dies war ein unverdienter Sieg.

Nach acht überwiegend glücklichen Ehejahren wurden sie geschieden. Daisy blieb bei der Mutter. Martin war auch diesmal schuld.

Schon vor der Trennung hatte ihn eine neue Leidenschaft für eine andere Frau gepackt, für Ortrun, eine junge Servierin im Haus der Presse. Sie war zweiundzwanzig Jahre jünger als er, was seine persönliche Umgebung schockierte, ihn jedoch nicht im mindesten.

Es war zu dem Zeitpunkt, da er den Journalistenverband verließ, um mit Achim in jenen Lebensbereich einzutauchen, der dann seine weitere Tätigkeit bestimmte.

Er heiratete Ortrun so überstürzt, daß die »Beauftragte für das Personenstandswesen« völlig konsterniert feststellte: »Sie können doch gar nicht heiraten.«

»Warum?«

»Weil Sie noch verheiratet sind.«

Martin hatte in der Eile vergessen, seinen Personalausweis ändern zu lassen. Die Eheschließung fand in Wismar fern von allen Verwandten und Bekannten statt, anschließend blieben sie einige Wochen in Prerow. Inzwischen hatten sich in Berlin die Wogen geglättet. Aber Martin litt trotz jungen Eheglücks schlimm unter dem Verlust von Irene und Daisy. Das änderte sich erst, als Ortrun eines Morgens beim Frühstück sein Lamento rigoros mit den Worten beendete, er solle doch endlich mit seinem Selbstmitleid aufhören. Das saß. Denn sie hatte recht.

Die Ehe zwischen den scheinbar ungleichen Partnern funktionierte besser, als von vielen erwartet. In jeder seiner Ehen war Martin bestrebt, seine Frauen zu »qualifizieren«. Was zumeist Unmut hervorrief, fand jetzt volle Zustimmung. In den natürlichen zwischenmenschlichen Beziehungen wiesen beide etwa den gleichen Entwicklungsstand auf. Er hatte endlich die Frau, die unschuldig in die Ehe kam. Von ihrer Umwelt, abgesehen von Nachbarn und unmittelbaren Verwandten, lebten sie abgeschirmt, so daß die beruflich verordnete Isolierung Martins leicht einzuhalten war. Als Martins Sohn Thomas geboren wurde, war die kleine Familie komplett, die in Anspruch und Möglichkeit entsprechend glücklich miteinander lebte. Martins Mutter akzeptierte nach anfänglichem Befremden die neue Schwiegertochter. Ortruns Eltern hingegen entpuppten sich als geradezu ideale Schwiegereltern. Jahrelang verbrachten sie ihre freien Wochenenden bei ihnen. Martin baute im Haus der Schwiegereltern das Souterrain als Ferienwohnung für sich aus, sie verstanden sich prächtig. Ortruns Eltern, von Natur aus wortkarg, stellten keine unbequemen Fragen und blieben Dritten gegenüber verschwiegen. Sie hatten, aus Thüringen stammend, keine Verwandten in Berlin. Auch Ortrun stellte keine neugierigen Fragen. Martin hatte für seinen neuen Beruf ideale Familienbedingungen gefunden. Unersetzlich war Anita, seine Schwiegermutter, sie umsorgte die Familie in jeder Beziehung. Thomas besuchte eine Sportschule, spielte Fußball und entwickelte sich zu einem begabten Nachwuchstorwart.

Die Schatten, die auch auf diese Ehe nach vielen glücklichen Jahren fielen, gingen erstmals nicht von ihm aus. Die Arbeit im Hotelwesen machte die häusliche Enklave für Ortun eng und unbefriedigend. Ihr angeborenes Fernweh löste sie allmählich aus der Familienbindung. Zweimal nahm sie Anlauf zu einer Scheidung, zog den Antrag doch jedes Mal zurück. Nach dreizehn Jahren wurde die Ehe dann doch geschieden. Martin wehrte sich nicht dagegen. Die Bindung zwischen ihnen war längst zerrissen. Thomas blieb bei Martin, das war seine einzige Bedingung, die auch unbestritten blieb und vom Gericht sofort akzeptiert wurde. Das hätte sich allerdings nie verwirklichen lassen, wenn Martins Bindung zu seinen Schwiegereltern nicht unverändert bestehen geblieben wäre. Martin suchte für sich und Thomas eine kleine Wohnung, nicht weit von der Sportschule und dem Stadion entfernt, er lebte mit seinem Sohn vier glückliche Jahre allein. War Martin wochenlang auf Reisen, sprang die Schwiegermutter ein, versorgte den Sohn und sah in der Wohnung nach dem Rechten.

War er jedoch im Lande, dann füllten ihn Hausarbeit, berufliche Pflichten und Teilnahme an Thomas' Training und Spielen sowie gesellschaftliche Arbeit voll aus. Eine Frau an seiner Seite vermißte er nicht. Das Thema wähnte er abgeschlossen. Sein Wunschtraum allerdings war: ein Haus für seinen Sohn und sich. Weiter dachte er nicht.

Damals wurden in der DDR die sogenannten Neckermann-Häuser zu günstigen Bedingungen angeboten. Das Problem war nicht das Haus, sondern ein Grundstück.

Er mobilisierte seine Bekannten, und das Echo kam überraschend schnell. Freunde aus Dierhagen machten auf eine ungarische Kollegin aufmerksam, die in Bernau ein Grundstück besaß, das sie loswerden mußte, weil sie nach Ungarn ausreisen wollte und Ausländer nach DDR-Recht keine Grundstücke besitzen durften. Er besichtigte das Grundstück zusammen mit Adrienne, der Eigentümerin, kaufte es, obwohl es für seine Zwecke nicht taugte, übereignete es seiner Tochter Martina und heiratete Adrienne, die Ungarin, von der Stelle weg. Da war er als Aufklärer schon ausgemustert, aber nach wie vor ein Mann der schnellen Entschlüsse.

War das jetzt eine Vernunftehe? Keine Heirat im »Liebeswahn«, wie in alten Zeiten? Im Gegenteil. Wie kostbar seine Liebe war, wurde ihm von der Post in Mark und Pfennig präsentiert. Die Rechnungen für seine Telefonate von Berlin nach Budapest kletterten in so astronomische Dimensionen, daß sogar die Post sich dies nur als Irrtum erklären konnte und auf die Zahlung verzichtete.

Sein unstetes Lebens ist aufregend geblieben, hat mit den Jahren eine Familienbilanz ergeben, die mit vier Enkeln überraschend normal ausfällt und steuert jetzt auf die Silberhochzeit mit Adrienne zu.

Gunnar Müller-Waldeck (Hrsg.)

Pegasus am Ostseestrand

Zwischen Trave, Oder, Küste & Seenplatte

Herausgegeben im Auftrag des
Hans Fallada Vereins Greifswald e.V.

432 Seiten, gebunden, 53 Abbildungen
€ 12,50
ISBN 3-86167-096-8

Die literarischen Gegebenheiten in Vergangenheit und Gegenwart Mecklenburg-Vorpommerns widerlegen das alte Vorurteil, dieser Landstrich sei keine Gegend großer Dichtung gewesen. Über Jahrhunderte hat sich eben doch ein beachtlicher Fundus an Namen und Werken versammelt, den die Autoren gesichtet haben. Die erste umfassende Bestandsaufnahme zur Literaturgeschichte Mecklenburg-Vorpommerns bietet neben Bekanntem wichtige Neuentdeckungen. Sie weist auch über die Landesgrenzen hinaus auf berühmte Autoren, die den Geburtsort beizeiten verlassen haben, auf jene, die von anderswo kommend hier Heimat fanden und natürlich auf die Gäste und Durchreisenden, die ihre Eindrücke zu Papier brachten.
Die ausgewählten hundert Texte im Lesebuchteil veranschaulichen die Fülle und Reichhaltigkeit der Literatur zwischen Trave, Oder, Ostseeküste und Seenplatte.

Hans Werner Bohl / Karsten Schröder

Bomben auf Rostock

Berichte, Dokumente,
Erinnerungen und Fotos
zur Geschichte der Luftangriffe
auf Rostock

3. Auflage, 240 Seiten,
150 Abbildungen und Dokumente,
zweifarbiger Einband, cellophaniert, gebunden
€ 18,00
ISBN 3-86167-071-2

*„Wenn wir begreifen,
daß Gewalt und Krieg
nicht Probleme lösen,
sondern neue, ungleich
größere, unsere
Existenz bedrohende
schaffen,
wird dieses Buch
eine seiner Aufgaben
erfüllt haben"*

Nach Lübeck war Rostock die zweite deutsche Großstadt, die im Zweiten Weltkrieg ein Vernichtungsbombardement über sich ergehen lassen mußte. Am 1. Mai 1945, dem Tag der Besetzung durch die Rote Armee, gehörte Rostock – mehr als 15 mal schwer bombardiert – zu den am meisten zerstörten Städten Deutschlands.
Erinnerungen, Briefe, Tagebuchaufzeichnungen, Dokumente und mehr als 100 Fotos, Karten und Faksimile führen in dieses dunkle Kapitel Stadtgeschichte. Sie zeigen oft persönlich, aber immer authentisch ein Bild der Zerstörung, des Grauens, des Todes und der Hilflosigkeit genauso wie die großen und kleinen Probleme des Kriegsalltages in einer vom NS-Regime beherrschten Stadt.
Ein Buch, das betroffen macht, eine umfassende und einmalige Dokumentation.